평론가가
뽑은

좋은 수필

2026

평론가가
뽑은

좋은 수필

김애자 외 54인 지음

한혜경·이방주·유종인
신상조·권대근·나윤옥 평설

연암서가

평론가가 뽑은 좋은 수필 2026

2025년 11월 20일 초판 1쇄 발행
2025년 12월 20일 초판 2쇄 발행

기　획 | 김철희·이경은
지은이 | 김애자 외 54인
평　설 | 한혜경·이방주·유종인·신상조·권대근·나윤옥
펴낸이 | 권오상
펴낸곳 | 연암서가

등　록 | 2007년 10월 8일(제396-2007-00107호)
주　소 | 경기도 고양시 일산서구 호수로 896, 402-1101
전　화 | 031-907-3010
팩　스 | 031-912-3012
이메일 | yeonamseoga@naver.com
ISBN | 979-11-6087-150-0 03810

값 20,000원

| 발간사 |

수필과 평설, 그 아름다운 조화

AI 시대에도 문예지는 출간되지만, 종이책보다 스마트 폰을 더 많이 들여다보는 게 현재 실제 상황이다. 우리는 책에 나온 약력보다는 포털 검색으로 인지도를 측정하고, 많이 언급될수록 유명하다고 여겨지는 환경 속에서 살고 있다. 이제 더 이상 문예지에만 글을 발표하는 게 능사가 아니라는 생각이 들어, 가장 신속하게 독자의 반응을 살필 수 있는 '포털 사이트'라는 공간을 활용해 보기로 했다.

3년 전, 일본 도쿄 문학기행에 동행한 이경은·이명지 수필가를 국내 문학 심포지엄에서 다시 만나 '새로운 수필'이 필요하다는 인식을 함께하고, 그동안 구상하고 있던 일들을 하나씩 실천에 옮겼다. 그 시도의 일환으로 '나를 사로잡은 문장', '디카 에세이', 그리고 최근에는 '독서 에세이'를 연재하여 새로운 글맛을 선보였다.

또한 매주 작가들이 문화에 대한 전문가적인 관점에서 '문화 에세이'라는 새로운 형태의 수필을 창출할 기회를 만들기도 했다.

한 걸음 더 나아가 '좋은 수필'을 찾아 매주 연재해 보자는 데 의견을 모았다. 수필가와 문예지가 선정하는 것이 아니라 비평적 안목을 가진 문학평론가가 뽑는 글이라면 어떨까 하는 논의 끝에, 2024년부터 매주 화요일 한 편씩 작품을 선정해 포털 사이트에 발표했다. 수필과 평설의 무게 추가 엇비슷한 볼륨이라 색다른 도전이었다.

연재가 이어지는 동안 무엇보다 '평설의 아름다움'을 새삼 느끼게 되었다. 각 평론가들은 평설의 미학적인 시각과 신선하고 감각적인 필력으로 '수필의 격'을 높였고, 눈여겨보지 못한 수필의 '숨은 꽃'을 찾아 활짝 피워내었다. 앞으로 55송이의 꽃들이 내는 다채로운 색깔과 고아한 향기가 수필의 땅을 신선한 공기로 가득 채울 것이며, 그 의미와 가치는 무엇보다 드높아질 것이다.

『평론가가 뽑은 좋은 수필』은 우리나라에서는 처음으로 네이버라는 포털 사이트를 통해 독자와 소통의 공간을 직접적으로 연결한 책이라는 점이 특징이자 장점이라고 할 수 있다. 지면이 아닌 사이버 공간에 작가의 이름과 작품을 널리 알리는 훌륭한 기폭제가 됐다. 수필다운 수필, 감동으로 물든 글이 독자들로부터 사랑을 받기 위해서는 이러한 새로운 공간에 제대로 자리 잡을 '좋은 수필'이 계속 나와야 한다. 이 책이 그 밑알이 되기를 바라는 마음이다.

첫 책의 키워드를 '미래'로 잡았다. 미래의 수필은 보다 자유롭고 다양하여 그 경계가 없을 때 수필의 미래가 빛날 것이며, 다음 세대로 자연스럽게 이어질 것이다.

이 책이 나오기까지 많은 분들의 수고가 있었다. 기획 및 편집의 자문 역할을 해준 이경은 수필가와 좋은 수필을 선정하고 평설을 써온 한혜경·이방주·유종인·신상조·권대근·나윤옥 평론가, 좋은 수필을 쓰신 작가들께 깊이 감사드린다. 그리고 매주 이 연재를 기다리며 읽어 주고, 뜨거운 호응을 보내주신 독자분들께 깊은 감사를 드린다.

출판을 맡아준 연암서가와 지면을 허락해준 한국아이닷컴 조상현 대표에게도 감사의 인사를 전한다.

2025. 10.
김철희_데일리한국 대구경북 지사장

발간사 수필과 평설, 그 아름다운 조화 5

1부___엄정하고도 아름다운

김애자 「하현달 아래서」___엄정하고도 아름다운 12
정태헌 「푸른 비망록」___인연, 투명하고도 푸른 흔적 18
조헌 「눈물, 그 소중한 기능」___눈물은 영혼의 언어 24
이경은 「바깥」___바깥에 대한 전복적 시선 30
황진숙 「포구에서」___껍데기를 벗고 순정한 자아로 36
이명지 「성당 가는 길」___이토록 유쾌한 자기 긍정 42
노혜숙 「적막이 풍경이 될 때」___광장이 일류가 되는 날 50
송명화 「뿌리혹」___탄탄한 중층구조와 연민의 치유시학 56
송혜영 「사라지는 사람들」___사라지는 사랑의 붐빔을 걱정하다 63
박태선 「두모가치」___아버지라는 책 68
고경서(경숙) 「회광반조(回光返照)」___슬픔의 환치 75

2부___빗장을 풀고 존재로 나아가기

강현자 「대문 즘 열어 봐유」___빗장을 풀고 존재로 나아가기 84
백송자 「소대(燒臺)」___소대, 죽음에 대한 원형상징의 공간 91
손봉호 「보일러 속이기」___명징하면서 유쾌한 97
최윤정 「별안간」___'별의 안간'에는 사랑의 꽃이 핀다 103
김백윤 「아내의 바다」___삶으로 빚어진 글 109
신금철 「소반다듬이」___전략적 상상으로 해석하고 문장의 신비로 형상화 116
김진숙 「중독 유감」___중독의 패러다임에 관하여 122
이승애 「요변(窯變)」___변화를 받아들이는 일 130
홍재숙 「마음이 눈을 만나 뛰어나오고」___눈(雪)의 표정은 이중적이다 136
이명진 「미여지뱅듸」___슬픔에 대한 예의 142
권순이 「손끝에 혼을 담다」___예와 정성으로 몸을 가리다 149

3부 ____ 도시적 풍물의 '사이'론

김철희 「모탕의 시간」____ 볼품없는 존재에 대한 경의 156
조재형 「묘한 이야기」____ 뜻밖의 정경, 고양이와의 시적(詩的) 조우 161
이혜연 「거품 실종 신고」____ 통섭하면 보이는 새로운 세계 168
최운숙 「획을 새기다」____ 살아냄으로써 용서하기 174
이재헌 「불이 꺼지지 않는 방」____ '불이 꺼지지 않는 방', 사랑의 메타포 181
김정애 「고목과 나비」____ '아하 모먼트'의 발견과 전이 시학의 전개 187
권경자 「깨진 유리창론」____ 친밀하게 바라보는 사물은 그 시선에 응답한다 196
박소윤 「사이, 그 사이」____ 도시적 풍물의 '사이'론(論) 203
강표성 「초록을 품다」____ 초록으로 이루는 영혼의 광합성 209
김은숙 「그랴」____ 말은 마음을 담은 기호 216
임이송 「인간의 얼룩」____ 얼룩과 무늬의 상호적 탄생 224

4부 ____ 권태, 그 현대적 불안

김귀선 「기다리다 못하여서」____ 닫힌 문 앞의 삶을 기억하다 232
이신애 「빨래 널기」____ 초기화할 수 없는 기억 238
윤성근 「권태 vs 권태」____ 권태, 그 현대적 불안 244
김경혜 「남편의 방」____ 부부, 역할과 존재의 관계 251
이춘희(봄희) 「섬에 들다」____ 나의 이름을 찾아서 258
김종희 「바닥, 그 깊은 언어」____ 언어, 사유를 이끄는 변환의 에너지 265
노상비 「푸른 슬픔」____ 후회 없는 삶에 바치는 푸른 송가(頌歌) 271
이호윤 「로고스의 물임을」____ 로고스의 물, 인간과 우주의 존재 원리 277
정옥순 「오늘도 봄동」____ 날것에서 숙성으로 283
장은경 「달의 뒷면」____ 종도 안 쳤는데 내게 온 빛 289
임미옥 「그해 눈 오던 날」____ 고백 없는 길에 대한 그리움 295

5부 ___ 막장에 피는 꽃

김정화 「막장」___일제의 잔재, 막장에 피는 꽃 304

임병미 「물방울이 튄다」___'엄마'라는 존재를 생각하다 311

전미란 「압구정 전단지」___불온한 삶을 챙기다 317

김정태 「감꽃 핀 자리」___자연에서 찾은 생(生)의 시원(始原) 324

추선희 「율원에 산다」___무용(無用)함을 예찬한다 331

김미경 「고흐의 별, 나선은하 M51a」___별, 경이로운 예술의 시원(始原) 337

이난영 「박물관에 안긴 어머니」___회광(回光)하여 반조(返照)하는 사랑 344

황혜란 「진혼굿」___울음으로 완성되는 공감의 장(場) 350

강길수 「어떤 연」___자연의 시각으로 바라보는 자연 359

박지니 「막걸리 한 잔」___반추하는 술의 모멘텀 366

임승주 「꽉」___얼어붙은 바다를 깨는 여정 373

편집 후기 380

1부

엄정하고도 아름다운

하현달 아래서

김애자

그이는 하현달 아래서 생의 층계를 내려가고 있다. 희미한 그림자를 앞세우고 천천히 가벼운 걸음으로 내려가고 있다. 가장으로서의 책임, 직장이란 조직에서 성과 비율에 따른 경쟁과 갈등에서 벗어난 지 25년이다.

그 무방한 세월이 그를 달관시켰다. 어제와 그제, 그리고 오늘과 내일이 별반 다르지 않다. 굴곡 없는 수평적인 일상의 연속이지만 그는 높은 것과 낮은 것의 차이란 결국엔 아무것도 아니란 것을 안다. 부자란 개념도 현재 내가 가진 것보다 더 원하지 않으면 평온한 삶을 유지할 수 있다는 것을 가을 산에서 나뭇잎 떨어지는 걸 보고 깨달았다고 한다.

가을이 깊어지면 나무들은 열매와 잎을 모조리 땅으로 내려보낸다. 다 털어버리고 가벼워져야 폭설과 삭풍에 다치지 않음을 스스로 알기 때문이다.

사람이 살아가는 일도 이와 다르지 않다. 지독한 유물론자로 혹은 대의명분을 내세워 정치판에서 내로라하는 권력을 지키기 위해 한 생을 소모했어도 죽음 앞에선 새 한 마리 목숨보다 낫지 않다. 날숨과 들숨이 멈추면 생전에 누렸던 권력과 명예, 재산도 쓰임이 없어진다. 그걸 거머잡고 놓치지 않으려고 폭설과 삭풍에 수없이 매를 맞으며 고달프게 살아왔을 뿐이다.

우린 80평생을 서민으로 살아왔다. 나는 주부로 살림을 맡았고, 그는 축산학과 출신으로 우수한 소의 혈통으로 축산사업 발전에 30년간 기여하고 돌아왔으니 버릴 것도 털어낼 것도 없다. 그 가벼움이 안분지족이란 둥우리를 만들어 주었고, 삶의 여백을 안겨주었다. 그래 우린 해마다 섣달그믐날 밤이면 캔 맥주 두 개를 따서 들고 건배하면서 행복 리스트를 점검한다. '매일 감사하기', '매일 만족하며 살기', '내가 가진 것 조금 덜 쓰고 나누기', '운동 꾸준히 하기', '서로 자기주장 내세우지 않기'로 정해 놓고 실천의 성과를 조율한다. 그리곤 끝으로 로버트 번스의 <올드 랭 사인>을 듣는다.

다섯 가지 원칙 안에서 그가 가장 성실하게 실천하는 루틴은 아침 운동이다. 눈만 뜨면 곧바로 양치질을 한 다음 20여 가지 운동으로 하루를 연다. 운동 한 시간 후에 아침 식사하기, 아침 먹고 나면 밥값으로 아내가 정해준 자기 방 청소를 시작한다. 매번 밀대로 방바닥을 닦을 적마다 <매기의 추억>을 흥얼거린다. '옛날에 금잔디 동산에 앉아서 놀던 곳'으로 시작하는 이 노래는 1960년대 초 충북대학 캠퍼스에서 친구들과 막걸리를 마시고 떼창으로 부르던 발라드풍의 번안 가요다.

그에게 매기의 추억은 청춘에 대한 그리움의 광장일 터이다. 갓

대학에 들어간 스물한 살 청년이 선배 혹은 친구들과 막걸리잔을 부딪치면서 건배를 목청껏 외치면서 술잔을 입술에 댈 적마다 막걸리의 특유한 향은 짜릿할 정도로 미각을 자극했을 것이다. 취기가 온몸으로 번지면 태산이라도 들어 올릴 것 같은 쾌활한 호기를 부리며 스크럼을 짜고 캠퍼스 잔디밭으로 몰려가 불렀던 노래를 기억의 파일에서 꺼내 들고 밀대로 방바닥을 닦으며 흥얼거린다.

사람은 생물학적으로 육체가 노쇠해지면 지나간 날들을 그리워하게 된다. 서쪽으로 기울어가는 시간의 속도는 점점 빨라지는데, 할 일 없이 적막한 일상에 갇히면 궁핍으로 얼룩졌어도, 배신과 화해의 경계에서 골머리를 앓게 했던 사건들마저도 그리움으로 윤색된다. 별것 아닌 사소한 것들조차 그리움의 너울을 쓰고 웅얼거림으로 다가온다.

아내와 청소를 마치면 커피 타임으로 들어간다. 아내가 타준 커피를 마시는 그는 늙은 아내가 눈부처다. 삼시세끼 꼬박꼬박 밥상 차려주는 아내는 중력과 인력의 법칙 안에서 존재하는 80억 인구 중에서 만난 사람이고, 가장 오랫동안 함께 살아온 사이다. 아내 역시 남편이 눈부처다. 그가 없으면 무슨 재미로 삼시세끼 밥상을 차리겠는가.

아내와 커피 타임이 끝나면 자기 방으로 들어가 중앙지와 지방 신문을 읽는다. 그다음은 한 시간 산책하고 돌아와 두 시간 정도 낮잠을 즐긴다. 대신 밤이면 이슥하도록 고전을 읽는다. 그는 하현달 아래서 눈부처를 믿고 마음 내키는 대로 인생의 뜰을 거니는 천진한 지구의 소요인(逍遙人)이다. **《계간수필》 2024년 여름호**

●
김애자
1991년 《수필문학》 등단 / 수필집 『젊은 생명이다』, 『벽틈 사이로 빛이』 외 4권
kim30308712@daum.net

| 평설 | **엄정하고도 아름다운** | 한 혜 경 |

　작가의 시선은 대상의 정수(精髓), 곧 핵심에 가 닿아야 한다. 동시에 그를 가로지르며 그 너머를 향해야 한다. 이때 상상력은 빛나는 날개를 펴고 연결될 것 같지 않은 두 대상 사이의 유사성을 찾아내어 새로운 의미로 탄생시킨다.

　김애자의 「하현달 아래서」는 노년의 시간을 '하현달 아래'라는 아름다운 공간적 이미지로 전이시켜, 달관에 이른 노년 풍경을 완성한다. "그이는 하현달 아래서 생의 층계를 내려가고 있다." 첫 문장은 하현달의 희미한 빛 아래 생의 층계를 내려가고 있는 그이의 이미지를 통해 몽환적인 장면을 그려낸다. 인생의 밤에 접어들었으나 달빛이 감싸고 있으므로, 밤과 '하현달' '아래' '내려가다'로 중첩된 하강의 강도가 묽어진다. 이 느낌은 이어지는 문장 "천천히 가벼운 걸음으로 내려가고 있다."에서 확고해진다. 내려가고 있지만 서글프지 않고, 억울함이나 미련, 노욕에서 자유로운 것이다. 가을이 깊어지면 나무들이 열매와 잎을 땅으로 내려보내듯, 다 털어내 가벼워진 상태인 것이다.

　이러한 태도가 몸에 배기까지엔 성실하게 살아온 80년의 시간이 존재한다. 가장으로서의 책임과 30년간의 직장생활을 충실히 마쳤고, 그 책임으로부터 벗어난 지 25년이란 시간이 흘렀다. "그 무방한 세월이 그를 달관"시켜 "굴곡 없는 수평적인 일상의 연속" 속에서 "높은 것과 낮은 것의 차이란 결국엔 아무것도 아니란 것"을 알며, "현재 내가 가진 것보다 더 원하지 않으면 평온한 삶을 유지할 수 있다는 것"을 깨닫기에 이른다. 그리고 이런 가벼움이 "안분지족이란 둥우리"와 "삶의 여백"을 안겨주었음을 인식한다.

두 사람은 "가장 오랫동안 함께 살아온 사이"로 서로에게 '눈부처'이므로, 남편의 행동과 생각은 작가의 것이기도 하다. 그러나 객관적 시선을 유지하고 있어 핵심을 비껴가지 않는다. 그가 방 청소를 하며 대학시절 친구들과 부르던 <매기의 추억>을 흥얼거리는 모습에서 그의 젊은 날을 상상하는 한편으로 시간이 지나면 그리움으로 포장된다는 사실을 놓치지 않는 데서 잘 드러난다. "골머리를 앓게 했던 사건들마저도 그리움으로 윤색된다." "사소한 것들조차 그리움의 너울을 쓰고" 다가온다는 문장은 이런 시선에서 가능한 것이다.

이로써 이 글은 성실하되 엄정한 삶의 태도에서 우러나올 때 아름다운 비유와 이미지는 장식이 아니라 삶과 글의 핵심임을 보여준다. 마지막 문장을 "마음 내키는 대로 인생의 뜰을 거니는 천진한 지구의 소요인(逍遙人)이다."로 첫 문장을 변주함으로써, 공자의 '종심소욕 불유구(從心所慾 不踰矩)'에 이른 노년을 제시하는 동시에 수미상관 구조로 원숙하게 마무리하고 있다.

푸른 비망록

정태헌

　새벽을 깨운다. 여름 아침은 새소리로 눈을 뜬다. 귀청으로 밀려오는 영롱한 선율, 창문을 열면 바로 울창한 숲이다. 도심에서 산촌으로 이거 후, 누리는 청복 중 하나는 뻐꾹새의 선창으로 해종일 번갈아 우짖는 멧비둘기 물까치 딱따구리 찌르레기 곤줄박이 등 새소리들이다. 희붐한 상태라 아직 합창까진 이르나, 한 놈이 먼저 목청을 열어 아침을 깨우고 있다. 그 가락은 투명한 노래다.
　새소리에 기대 새날을 공손히 맞는다. 차츰 날이 밝아오고 새소리에 맞춰 어둠에 묻혔던 물상들은 돌아난다. 어찌 일어나지 않을 수 있으랴. 몸을 일으켜 창문 앞으로 다가선다. 갓난아이의 주먹만 한 작은 새 한 마리, 생강나무 회갈색 가지 초리에 함초롬 앉아 있다. 몸을 일으키게 한 그놈이렷다. 배와 뺨이 흰색이며, 배 가운데로 넥타이 같은 검은 줄무늬로 봐서 박새다. 아침 햇살이 번지는 숲, 예불 후 참선에 든 자태다. 어디에 울림통을 내장하고 있길래 저리 청아한 음률을 우려내고 있는 걸까.
　가만히 창문을 연다. 눈길이 마주치자 울음을 뚝 그친다. 인적이 뜨음한 산촌이라 사람을 두려워하지 않는다. 서로 응시한다. 좁쌀만 한 박새의 눈동자는 햇살 속에 고요를 담고 있다. 고요 속의 침묵이다. 가을걷이 후 그루터기에 파랗게 돋아난 움벼 같다. 명주실 같은 여린 햇살 곁에 빚어 놓은 새싹처럼. 그날 그때가 고개를 슬며시 든다.

　삶이 뿌리째 흔들리던 스물세 살 겨울. 천 길 낭떠러지에 서 있었다. 눈길 고운 이를 잃은 상실과 좌절로 허물어진 가슴을 추스르기 위해 장성 산기슭에 있는 깊숙한 암자로 향했다. 그곳에서 동면하는 짐승처럼 십여 일 칩거할 작정이었다. 인적이 끊긴 그곳엔 길길이 쌓인 눈과 솔바람 소리 그리고 저편 계곡에서 끊임없이 들려오는 설해목 넘어지는 소리만 계곡에 낭자했다.

　사흘째 날 이슥한 밤, 귀 기울이면 눈 오는 소리조차 방안에서 들릴 정도로 고요한 밤이었다. 창밖에서 눈밭 위를 밟는 발소리가 어렴풋이 들리지 않는가. 귀를 세워 소리를 붙잡으려 했지만 분간할 수가 없었다. 바람 소리도 아니고, 그렇다고 깊은 산에 인적이 있을 리는 만무했다. 산자락 밑 산사(寺)와 두 마장은 됐으니까. 몹시 궁금하고 온 신경이 창밖으로 쏠릴 수밖에. 뙤창으로 엿보아도 아무것도 감지할 수 없었다. 가만히 문을 열었다. 역시 아무 흔적도 보이질 않았다. 툇마루에 서서 바라본 바깥 풍경은 온통 달빛에 젖은 눈 덮인 세상일 뿐. 잘못 들었겠지, 하며 돌아서려는데 언뜻 스치는 게 눈에 잡혔다. 툇마루에서 대여섯 걸음 떨어진 곳, 청미래덩굴 밑둥치에 조그만 물체가 웅숭그리고 있는 게 아닌가. 고개만은 곧추세운 채였다. 찬찬히 바라보니 꽁지가 긴 알록달록한 장끼였다.

장끼는 툇마루의 사람과, 방에서 흘러나온 남포등 불빛을 물끄러미 바라보았다. 눈밭의 달빛과 남포 불빛에 반사된 장끼의 투명한 눈빛을 나도 묵연히 바라볼 뿐. 깊은 밤에 산속을 홀로 헤매다가 불빛을 보고 찾아 들었겠지. 그 투명한 눈빛 속엔 솔바람이 그득 담겨 있을 성싶었다. 뿐이랴. 달빛과 제 그림자조차 들어앉아 있을 테고. 잠시 후, 장끼는 고개를 외로 틀더니 발길을 돌려 짙은 어둠 속으로 가뭇없이 사라졌다. 다음 날 아침, 오른 지 닷새 만에 영육을 추슬러 산 밑으로 내려왔다.

박새는 몸통을 움찔거리며 날개를 움직이기 시작한다. 꽁지를 까딱거리고 고개를 상하로 끄덕대더니 포르르 날아올라 저편 솔수펑으로 사라진다. 그 겨울 장끼가 어둠 속으로 사라진 것처럼. 가느다란 나뭇가지가 고요 속에 미세하게 흔들린다. 순간 가슴에 물무늬가 인다. 뜻밖의 인연이요 흔적이다. 나뭇가지에 맑은 인연 한 점 떨구어 놓고 떠난 거다. 새가 한 번도 내려앉지 않은 나뭇가지가 얼마나 많겠는가. 새와 나의 눈 맞춤은 깊은 시절 인연으로 맺어진 조우가 아니겠는가. 이른 아침 박새가 그 사람과 장끼를 불러들인 게다.

투명한 눈빛과 고요한 눈길이 그리웠던 걸까. 그 눈길 여태 잊지 못하고 있었던 모양이다. 아니 내 안에 당초무늬로 새겨져 있었던 게다. 이 아침, 장끼의 투명한 눈빛과 박새의 애초롬한 눈길을 되새기다 보니 살아온 삶의 흐린 발자국들이 속절없이 자맥질한다.

몸의 등불, 장끼처럼 숲길을 걷다 보면 불빛을 만날 수 있고 투명한 눈빛이 될 수 있을까. 침묵의 돌계단, 박새처럼 창자를 비워 허공에 머무르면 고요 속에 도달할 수 있는 걸까. 그날, 암자에서 행장을 꾸려 앞당겨 하산한 까닭을 다시 되작거린다. 비로소 채색된 무늬, 박새 날아간 아득한 하늘길을 무연히 바라본다.

《한국수필》 2025년 6월호

●

정태헌
1998년 《월간문학》 등단 / 수필집 『바람의 길』, 『낮고 높은 풍경』 외 4권
lovy-123@daum.net

| 평설 | **인연, 투명하고도 푸른 흔적** | 한 혜 경 |

기억 저 아래 까마득히 묻혀 있던 일이 되살아나는 순간이 있다. 서툴게 똥땅거리는 피아노 소리, 마가린 바른 토스트의 맛, 낯선 길모퉁이에서 불쑥 마주친 풍경 앞에서 아득해지는 때가 있다. "누군가 꺼버린 우리 몸속의 방에 반짝 전원이 켜진다."(게오르기 고스포디노프, 『타임 셸터』)

프루스트는 『잃어버린 시간을 찾아서』에서 '의지적인 기억' 곧 지성에 의해 기억하는 것은 "죽은 것이나 다름없었다"고 하면서, 의지와 무관하게 기억이 떠오르는 순간을 그 유명한 마들렌 장면으로 형상화했다. 마들렌 조각이 녹아든 홍차 한 모금이 입천장에 닿는 순간, "이유를 알 수 없는 어떤 감미로운 기쁨이 나를 사로잡으며 고립시켰다."라는 문장으로 시작하는.

정태헌의 「푸른 비망록」은 이러한 '비의지적 기억'의 흔적을 '인연'으로 받아들이며 "삶의 흐린 발자국들"을 되새긴 아름다운 글이다.

여름날 새벽, 새소리로 눈을 뜬 작가는 창밖 나뭇가지에 앉아 있는 새 한 마리를 본다. "갓난아이의 주먹만 한" 작은 박새. 가만히 창문을 열고 새를 응시한다. "좁쌀만 한 박새의 눈동자"로부터 "그날 그때가 고개를 슬며시 든다."

"삶이 뿌리째 흔들리던 스물세 살 겨울", "눈길 고운 이를 잃은 상실과 좌절로 허물어진 가슴을 추스르기 위해" 깊은 산골 암자에서 칩

거하던 때. 사흘째 날 밤, 눈 오는 소리조차 방안에서 들릴 정도로 고요한 밤, 눈밭 위를 밟는 발소리가 어렴풋이 들린다.

가만히 문을 여니 "온통 달빛에 젖은 눈 덮인 세상" 속에 웅숭그리고 있는 조그만 물체가 있었다. 장끼였다. 작가는 "눈밭의 달빛과 남포 불빛에 반사된 장끼의 투명한 눈빛"을 묵연히 바라본다. 잠시 후 장끼는 사라졌고, 다음 날 아침 작가는 십여 일 칩거하려던 결심을 허물고 산을 내려온다.

여름 새벽인 현재와 수십 년 전 겨울밤, 전혀 다른 시공간에서 일어난 새와의 눈맞춤은 "뜻밖의 인연이요 흔적"이 아닐 수 없다. 그 흔적의 길을 거슬러 올라가면, 그 끝에 '그 사람'이 있다. 작가는 그의 "투명한 눈빛과 고요한 눈길"을 "여태 잊지 못하고 있었"음을, 그 눈길이 '당초무늬'로 새겨져 있음을 깨닫는다.

이 깨달음에 이르기까지의 도정은 "침묵의 돌계단"을 오르는 묵언 수행과도 같다. 여섯 번에 걸쳐 나타나는 '고요', 두 번 나오는 '가만히', '묵연히'와 같은 어휘가 빛무리처럼 글을 에워싸고 있으므로, 독자 역시 이 고요한 침잠에 동행하면서 지나온 시간을 돌아보게 된다.

이 고요는 맑고 청아한 새벽처럼 '투명'하면서 '푸른' 빛을 띤다. 살다 보면 상실과 좌절로 허물어지는 때도 있지만, "뜻밖의 인연"과 조우할 수도 있으며, "천 길 낭떠러지"에 서 있다가도 불빛을 만날 수도 있음을 알게 되었으니, 이를 기록한 글은 응당 푸른빛이어야 하리라.

눈물, 그 소중한 기능

조헌

홀로 하는 늦가을 산행, 타박타박 하산하는 길이다.

갈색의 바짝 마른 낙엽들이 여기저기 무더기로 나부낀다. 빽빽한 전나무 숲을 빠져나오자 봉긋봉긋 수십 기의 무덤 사이로 가느다란 길이 호젓하다. 길이 거의 끝나갈 즈음, 그늘 밑 바위에 걸터앉아 쇠락의 섭리를 바라보며 작게 한숨을 내쉬었다. 본래의 자리로 돌아가는 숨 가쁜 행보. 버림의 의식이 저렇듯 아름다운 것인가. 다시 한번 나뭇잎들이 우수수 날리며 무덤 위로 내려앉는다.

혼자여서일까. 아니 텅 빈 듯 소슬한 계절 탓이리라. 돌연 코끝이 매캐해지더니 느닷없이 주르륵 눈물이 흘렀다. 전에 없던 일이라, 적이 당황하며 서둘러 눈가를 훔치고 빈 하늘을 쳐다본다.

늙은 남자의 눈물은 나이 탓이라고들 한다. 그런데 나이가 들면서 감수성이나 인간성이 넉넉해져서가 아니라 감정 억제를 담당하는 전두엽 기능의 감퇴 때문이라는 쉿소리 나는 이유가 적잖이 충격이다. 호르몬 변화에 따른 피할 수 없는 증상이라는 것도 흔히 들어서 알고 있다. 스스로 참담해 인정하고 싶진 않지만 서글프기 그지없다.

눈물에는 뜻밖에 소중한 기능이 많다고 한다. 마음의 정화나 진심의 토로, 타인에 대한 공감 등 긍정적 효능이 보석처럼 박혀있다.

비가 내리면 대지가 촉촉해지고 풍경이 맑아져 이전과 사뭇 달라지는 것처럼 눈물을 흘리고 난 후 세상이 달리 보이는 것은, 슬픔이나 우울을 정화하는 데는 웃음과 약물보다 눈물이 더 큰 효과가 있기 때문이라고 한다. 걷잡을 수 없이 엉클어진 마음을 적시고 씻어내 차분하게 다듬어주는 빗줄기와 같아서 눈물을 흔히 '치유의 샘물'이라고도 한다.

하지만 눈물에 대해 과학적으로 밝혀진 것은 아직 그리 많지 않다. 눈물이 왜 나는지, 어떻게 나는지, 눈물을 흘리고 난 후 왜 심리적으로 안정되는지는 여전히 베일에 싸여 있다. 아직은 여러모로 불분명하지만 한 가지 확실한 것은 눈물이 감정의 분출구 역할을 한다는 것이다. 정신과 전문의들은 '눈물이야말로 오랜 진화 과정을 거쳐 생겨난, 사람의 생존에 절대적으로 필요한 기능'이라고 말한다. 따라서 울음은 무조건 참는 대신 적절한 시기에 울고 싶은 만큼 우는 법을 배워야 한다고 권한다.

한편, 눈물은 자신의 진심을 나타내는 가장 극적이고 효과적인 언어 노릇을 할 때가 많다. 도저히 표현할 수 없는 기막힌 속내를 솔직하게 드러낼 수 있도록, 몸이 만들어내는 적합하고 요긴한 언어다.

어느 심리학 세미나에서였다. 무참한 사고로 두 아들을 모두 잃은 어머니가 자신이 겪은 감정을 말하는 도중 눈물이 복받쳐 말을 잇지 못하고 흐느끼자, 발표가 중단되었다. 한참을 울음이 계속되었지만, 그 누구도 그녀의 오열을 막지 않고 조용히 그리고 아무 내색 없이 기다렸다. 얼마 후 사회자가 그녀 곁에 다가와 물 한 컵을 건네며 나직이 말했다.

"눈물도 말(言)이에요. 아프지만 가장 진솔한 말씀을 하신 겁니다. 잘 들었습니다."

사회자가 그녀를 부축해 강단을 내려서자, 참가자들은 진심으로 그녀를 위로하며 오랫동안 뜨거운 박수를 보냈다. 어떤 말보다도 더 절절한 외침과 몸짓에 모든 사람은 고개를 끄덕이며 눈시울을 붉혔다.

또 눈물에는 상대에 대한 공감의 기능이 있다. 타인에 대한 진심 어린 공감은 남에 대한 따듯한 배려이자 보이지 않는 힘을 발휘한다.

어느 유치원 교사에게서 들은 말이다.

"친구가 이유 없이 울음을 터트릴 때 주변 아이들의 반응은 거의 한결같습니다. 그냥 함께 울어줍니다. 아무것도 묻지 않고, 너무나 자연스럽게 옆 사람의 눈물을 함께 해주는 겁니다."

울던 아이는 그 공감에 위로받으며 슬그머니 울음을 그치고 서로를 향해 해맑게 웃으며 곧 일상으로 돌아간다는 것이다. 공감이 가진 치유의 힘이다.

"너 갑자기 왜 그래?", "어디 아프니?", "내가 무슨 잘못이라도 했어?"라고 성급히 따져 묻는 어른들에 비해 이렇듯 조건 없이 함께하는 눈물이야말로 누군가의 슬픔에 대한 가장 순수한 반응이며 구원의 손길이 아닐까. 타인의 아픔에 대한 진실한 공감 능력이 자신의 아픔까지 치유할 수 있다는 사실, 요즘같이 거칠고 모진 시절 우리가 다시금 생각해봐야 할 일이다.

눈물은 고등동물에게 주어진 특권이다. 눈물은 가두어 둔 감정을 풀어주며 말로 표현할 수 없는 것을 드러내고 좌절감을 완화하며 스트레스를 줄여준다. 매미는 천년을 울어도 눈물이 없다. 인디언들은 '눈물 없는 자의 영혼에는 무지개가 뜨지 않는다.'고 한다.

나이가 들면서 눈물이 많아지는 것은 다른 이유에 앞서 아마도 좀 더 주변을 따뜻하게 보살피고 측은하게 생각하며 간절한 마음으로 남들과 공감하면서 생을 마무리하라는 자연의 고귀한 가르침이 아닐까? 《수필과비평》 2025년 1월호

조헌
2006년 《수필춘추》 등단 / 수필집 『추전역을 아시나요?』, 『나는 매일 아침 솔숲에 다녀온다』 외 2권 chohun426@hanmail.net

| 평설 | **눈물은 영혼의 언어** | 이 방 주 |

"사람들은 약해서 우는 것이 아니다. 너무 오랫동안 강했기 때문에 우는 것이다."

할리우드에서 인기를 누리고 있는 영화배우 조니 뎁의 말이다. 배우는 다양한 인생을 경험하기 때문에 눈물의 원인과 효과, 그리고 속성 또한 다양하게 연기해봤을 것이다. 슬픔뿐 아니라 기쁨, 분노, 행복, 감동 등 어떤 눈물을 두고 이런 말을 했는지 확실하게 알 수는 없다. 그러나 눈물은 감정을 강인하게 참아왔기에 아무도 보지 않는 자리에서, 다만 나의 영혼을 모두 알고 사랑하고 받아줄 수 있는 절대적인 대상 앞에서나 보이는 것이므로 영혼의 언어라고 규정할 수 있다. 그 절대자는 어머니일 수도 있고, 신앙의 대상일 수도 있다. 혹은 사랑하는 사람일 수도 있을 것이다. 기쁨의 눈물이든 슬픔의 눈물이든 받아주는 대상이 있을 때 그 속성에 따라 정화와 치유를 가져온다.

조헌의 「눈물, 그 소중한 기능」은 눈물의 기능을 통하여 '눈물은 영혼의 언어'라는 속성을 주제로 받아들였다. 작가는 자신이 혼자 있을 때 눈물이 났던 기억을 소환하여 눈물의 기능을 묘사적으로 설명하였다. 작품의 제목을 '기능'이라고 해서 설명으로 일관될 것이라 걱정했지만, 눈물의 생물학적이고 물리적 기능을 설명하기보다 그를 통해서 오는 심리적, 정서적인 효과에 초점을 두어 묘사하여 설명함으로써 눈물이 영혼의 언어임을 드러내는 바탕으로 삼았다. 이물질 제거,

습윤의 제공 등 물리적 정화에서 머물지 않고 그로 인해서 슬픔이나 우울을 정화하는 정서적인 '치유의 샘물'이라는 말로 정리한 점이 좋았다.

작가는 눈물이 정화와 치유를 가져오는 사례로 두 개의 삽화(揷話)를 들여온다. 하나는 성인 여성의 눈물이고 다른 하나는 유아의 눈물이다. 성인의 눈물에서 '아프지만 진솔한 말씀'을, 유아의 눈물에서 함께하는 '따듯한 배려'를 발견한다. 소환된 두 개의 삽화는 눈물이 가장 진솔한 '진심의 언어'라는 사실로 정리된다.

작가는 신체적 현상이 정서적 철학적 현상과 통섭하여 육체와 영혼의 스트레스를 치유하는 기제라는 눈물의 신비성을 형상화하였다. 공연히 흐르는 눈물의 근원을 '나이'로 생각하는 과정을 보면, 감정을 정리하면서 자신의 정체성을 확인하고, 스스로에게 무슨 일이 일어나고 있는지 인식하고, 다른 사람과 공유하는 과정에서 내적 평정을 찾는다. 나아가 나이가 든 사람의 눈물은 이웃을 배려하고 측은지심을 갖고 남과 공감하는 삶을 살라는 가르침이어야 한다는 사실을 깨닫는다. 결미 부분에서 인디언 속담을 인용하여 고통을 참고 견딘 이후 영혼의 결정체가 눈물이라는 것을 넌지시 독자에게 일깨워 주었다. 일상적인 소재로 우리네 삶에서 신체와 정서의 통섭을 쉽고 평이하게 형상화하여 읽는 재미를 준 작품으로 평가할 만하다.

바깥

이경은

"못 가십니다. 보호자 없이는 여행을…."

언젠가 듣도록 운명 지어진 말이다. 그때가 바로 지금이란 걸 눈치채지 못하고 있었을 뿐이다. 조금 빠르다는 생각이 들기도 했다. 아직 마음의 준비가 안 되었는데 서둘러 오셨군 싶었다. 창피한 마음과 서글픔이 스쳐 지나갔다. 받아들일 수밖에 없는 일이지만 쉽지 않았다. 가면이 잘 써지질 않아 버둥거리다가, 그레고르 잠자의 버둥대는 팔다리가 떠올랐다. 가슴에 고인 수액이 사방으로 빠져나가는 소리가 유난히 크게 들렸다.

나는 나를 보지 못한다. 나의 모습도 늘 상상하거나 유추할 뿐이다. 그러면서 건강했을 때의 모습을 떠올리며 그 얼굴로 웃는다. 하지만 실상은 다르다. 거울 저편에는 다른 몸이 턱하니 서 있다. 이상하게도 병은 몸의 한구석에 숨어 자신의 존재를 넌지시 드러낸다. 참 기막힐 만큼 신통하다.

신호등에 서 있는데 옆에 있던 아주머니가 묻는다.

"어디 아프세요? 도와드릴까요?"

"괜찮습니다."

젠장 할. 또 나타났군. 좀 숨어있지. 내가 알리기 전에 미리 알아주는 건 못되게도 꺼끌꺼끌하다. 마음이 마음을 건드린다. 신호등이 왜 이리 늦게 바뀌는지 괜한 원망을 한다. 파란 불이다. 얼른 피한다. 내 방으로 빨리 가서 들어가 문을 걸어 잠그고, 눈을 감고, 음악을 듣고 싶다.

그날, 세상의 '바깥'으로 확실하게 한 발자국 밀려 나갔다. 그 걸음은 제자리로 가기가 어째 어려울 듯싶다. 상관없다. 상관없어야 한다. 열 발자국 걸어 들어가면 된다. 휘청거리더라도, 기어서라도 갈 수 있으면 언제라도 언제까지라도 간다. 가겠다. 안으로, 그 안으로….

앞으로 매일매일 '바깥'으로 쫓겨나는 일만 남았더라도, 우리는 꽃피는 5월에 만나 세상에서 제일 작은 출판기념회를 하자고 약속했다. 그분은 하루에 두세 시간을 걸을 수 있는 대신 손 떨림을 감내해야 하는 같은 병을 겪고 있다. 오늘 아침 우리는 전화 한 통에 웃었다. 아직은 서로의 삶이 뜨겁다. 한 줄기의 위로가 큰 강이 되기도 할는지는 알 수 없어도, 속을 아는 처지라 작은 위로를 나눈다.

부유(浮游)하는, 떠돌아다니는 인물들의 이야기를 쓴 카프카.
"그에게 있어 세계로부터 쫓겨난다는 것은 사막을 방황한다는 것을 의미하고, 이러한 하나의 상황이 그의 투쟁을 비장하게 만들고, 그의 희망을 절망적이게 한다. 마치 세계 바깥으로 한없이 떠도는 그가, 이 바깥을 또 다른 세계로 만들기 위해 끝없이 투쟁하여야 하는 것처럼…"라고 모리스 블랑쇼는 그의 책 『문학의 공간』에서 카프카를 얘기하면서, '어둠과 같은 바깥'과 관련된 모든 것이 실수의 방향으로 나아가는 자에게 희망이 주어진다고 말한다.

바깥. 바깥에 존재한다는 것이란 게 이런 의미인가. 작가란 중심에 머무는 존재가 아니고 중심에서 탈출하여야 하는 운명의 줄기를 잡고 있다는 건가. 타자에게 밀려나거나 내쫓겨 들어가지 못한다는 것은 그 출발의 신호이고, 작가가 된다는 것은 남들이 모두 잠들어 있을 때에도 밤하늘의 별처럼 홀로 반짝여야 하며, 어둠 속의 파수꾼처럼 늘 깨어 있어야 하는 존재라는 자각을 일생 동안 깨달아야 하는 것일까.

아니 이건 이미 기준이 정해진 선택이다. 안이라고 정해졌으므로 바깥이 있을 뿐이다. 바깥에서 보면 그 반대편이 안이지만, 거꾸로 보면 그곳이 바로 안이다. 저 높은 곳에서 내려다보면 이미 경계는 없다. 안과 바깥이 하나이다. 단순하다. 어려운 수수께끼가 아니니 억지로 풀거나 해체 분석할 필요가 없다. 우리의 눈과 머리가 만들어내는 이미지요 환상일지 모른다. 어디에 서 있느냐가 중요한 게 아니라, 자신이 서 있는 곳에서 무엇으로 어떻게 살아가기로 결정했는지에 달린 것일 뿐이다.

너무 아픈 생각은 삶을 쓰라리게 만든다. 안과 바깥에 대한 인식도, 힘써 노력해야 한다는 무념무상조차 잊어버리고, 슬프면 슬픈 대로 눈물을 흘려보자. 어느 하루 못다 한 말들로 가득한 가슴을 안고 입을 열지 못할 때에도, 지친 어깨를 누군가에 기대지 못할 때에도 허허 웃어내자. 홀로 서 있어야 하는 파수꾼 놀이도 밤하늘의 반짝이는 별님도 남의 것처럼 귀를 막아보자. 무소유의 삶을 살겠다며 변명을 잔뜩 늘어놓으며 눈을 가리고 돌아앉아 실컷 놀아보자. 통째로 없는 셈치면 될 일이다.

예끼, 이 사람아. 그럴 일이 아니다. 그런다고 될 성싶지 않다. 네 안에 이미 피기 시작한 그 무엇을 어쩔 셈이냐. 알 수 없는 방향으로 나아가는 걸 두려워 마라. 바깥이 텅 비었다. 천지가 반짝인다. 달려라, 달려. 바깥으로. 카프카가 응원한다.《계간수필》2024년 여름호

이경은
1998년《계간수필》등단 / 수필집 『주름』, 『아래층 계단의 말』 외 9권
dramawt@hanmail.net

| 평설 | **바깥에 대한 전복적 시선** | 한혜경 |

"못 가십니다. 보호자 없이는 여행을…."

누구나 언젠가는 듣게 될 말이다.

하지만 마음의 준비가 되지 않았는데 불쑥 듣게 될 때, 이제껏 당연하게 누려왔던 세계에 더 이상 들어갈 수 없다고 저지당할 때, 그 누구든 막막함과 충격에서 헤어나기 어려울 것이다. 이경은의 「바깥」은 거대한 절벽을 마주한 것 같을 이 경험을 응시하고 곱씹음으로써 눈부신 전복적 결론에 도달한다.

"조금 빠르다는 생각", "창피한 마음과 서글픔", "가슴에 고인 수액이 사방으로 빠져나가는 소리"와 타인의 시선에서 비롯되는 "꺼끌꺼끌"함 등을 이경은은 가감 없이 바라본다. 그래서 "받아들일 수밖에 없는 일이지만 쉽지 않았다"고 토로할 수 있으며, 거울 저편에 "다른 몸이 턱 하니 서" 있는 현실을 회피하지 않고 포기하지 않겠다는 의지를 표명한다.

다시 제자리로 가기가 어려울 것 같지만, "상관없다." "휘청거리더라도, 기어서라도 갈 수 있으면 언제라도 언제까지라도 간다, 가겠다"는 다짐을 하는 것이다. 이어서 카프카를 떠올리고, 작가의 존재 방식과 운명에 대해 성찰하는데, 이에서 그의 시선이 '몸'에 갇히지 않고 몸 바깥을 향하고 있음을 알 수 있다. 병은 그를 세상의 '바깥'으로 밀어냈지만, 그의 사유는 일찌감치 몸의 한계를 뛰어넘어 종횡무진 자유로이 유영하고 있는 것이다.

그 사유의 끝에서, 안과 밖이란 거꾸로 보면 밖과 안이 되며, 높은 곳에서 내려다보면 그 구분이 무의미하다는 사실을 발견하기에 이른다. 이 발견은 코페르니쿠스의 전환과도 같다. 안과 밖이란 '우리의 눈과 머리가 만들어내는 이미지요 환상'이라는 사실, 그래서 내가 서 있는 곳이 어디인가가 중요한 게 아니라 "자신이 서 있는 곳에서 무엇으로 어떻게 살아가기로 결정했는지에 달린 것"이란 사실을 터득하게 되었으므로.

지적 사유가 힘을 잃을 때도 있어서 온갖 상황에서 벗어나 "통째로 없는 셈"치고 싶은 생각이 들기도 하지만, 이 작가의 운명은 "안에 이미 피기 시작한 그 무엇"을 외면하지 못한다. "알 수 없는 방향으로 나아가는 걸 두려워 마라." 외치며 달려갈 수밖에 없다. 바깥은 텅 비었고 천지는 반짝이고 게다가 카프카가 응원하는데 무엇이 겁나랴.

지구라는 행성에 갇히지 않고 "마침내 어느 날 단 하나의 빛이 될 때까지" 날아가는 아폴리네르의 「행렬」 속 새처럼, '몸'의 범주와 안과 밖을 경계 짓는 모든 기준을 벗어나 자유로이 훨훨 날아가는 작가에게 아낌없는 응원의 박수를 보낸다.

포구에서

황진숙

 저문 해는 진즉 바다에 잠겼다. 등으로 치고받으며 이랑을 만드는 바닷물의 사위도 잠잠해졌다. 집어등 켜고 물살을 가로질렀을 어선들은 닻줄을 내리고 숨을 고르고 있다. 바닥에 널린 자잘한 어구와 낡은 그물에 고여 있는 허름한 하루가 느껍기만 하다.
 붉은빛을 사르고 어둠이 내리자, 저 멀리 붙박이 등대에 불빛이 내걸린다. 길 잃은 숨결들 무사 귀환할 수 있도록, 하루의 끝점에 내몰린 이들이 떠돌지 않도록 좌표가 되어주는 등대가 묵묵하다. 뒤이어 방파제를 따라 가로등 불빛이 하나둘 살아난다. 물빛이 바뀐 해조음이 낮아지고 부산함이 잦아든 포구가 아늑해진다.
 수평선 너머에서 불어오는 바람이 포구를 지나 좁은 골목길을 사이에 둔 수산시장으로 파고든다. 고즈넉한 포구와는 달리 왁자한 소리가 안겨 온다. 흥정 붙이는 아지매의 걸걸한 목소리, 주거니 받거니 참견하는 객의 목소리, 쉴 새 없이 철벅거리는 물소리로 생기가 넘친다.
 분주한 소음과 비릿한 갯내음이 뒤섞인 채 좌판을 훑는다. 그럴듯한 어항이나 환한 불빛도 없다. 화려한 진열대도 없다. 크기가 제각각인 고무함지가 전부다. 낡고 수더분한 풍경 속엔 해풍에 내몰린 비린 생들로 술렁거린다.

 벌어진 아가미로 숨 쉬고 있는 넙치, 주둥이를 내민 우럭, 꿈틀거리는 낙지, 첩첩이 쌓여있는 꽃게들이 한데 모여 복작댄다. 생의 마지막 종착지인 이곳에서 저들은 소멸의 시간을 유예 중이다. 조금 있으면 도마 위에 오르거나 스티로폼 상자에 담겨 또 다른 곳으로 떠날 것이다.

 나는 어디에서 왔고 어디로 가는가. 존재의 근원을 생각하는지 납작 엎드린 넙치가 침묵을 횡단하고 있다. 미늘에 걸려 여기까지 왔지만, 어차피 바닷속 밑바닥의 삶이었으니 궁색한 좌판인들 억울할 것도 없다. 컴컴한 바다 밑에서 옆줄에 의지한 채 물범을 피해 다닌 날들이 얼마이던가. 그에 비하면 왼쪽이냐 오른쪽이냐, 쏠린 눈 위치로 가자미와 구별하려는 구경꾼들의 눈초리는 견딜만하다. 뭍사람들의 궁금증이야 침묵으로 일갈하면 그만이다.

 조개와 멍게는 주인장의 속내를 아는 듯 미동도 없다. 돔을 사려는 이가 망설이자, 조개와 멍게를 덤으로 내준다. 이내 지갑이 열리고 흥정이 이루어진다.

 선택된 것에 딸려가는 곁다리, 주류 아닌 비주류. 단순히 덤으로만 한 생애가 끝나면 밋밋하지 않은가. 들러리라고 맛까지 없을쏘냐. 조개는 곁다리의 설움을 끓는 물에 풀어낸다. 해장하려고 조개 국물을 들이켜다가 다시 취해도 모를 정도로 시원하게 끓어오른다. 우러나는 국물로, 쫄깃한 속살로 기어이 식탁을 평정한다.

껍데기는 가라. 멍게는 어느 시인의 시구를 외치며 우둘투둘한 껍데기를 벗어던진다. 껍데기는 껍데기일 뿐이다. 매끈한 속살로 비릿하고 알싸한 맛으로 애주가의 미각을 점령한다.

넙치 위로 지느러미 흔들며 지나던 우럭이 저울에 오른다. 무게를 달고 몸값이 결정된다. 아가미에서 피를 뽑은 다음, 목과 꼬리를 치고 살점을 저민다. 금세 상에 오른다. 방금까지 펄떡거리며 바닥을 치던 지느러미의 잔상이 뇌리에 남는다. 생이 다할 때까지 퍼덕거리다가 잠잠해지는 몸짓, 세상 한 귀퉁이가 고요해졌다. 적을 피해 암초 뒤에 몸을 숨기거나, 등지느러미에 날카로운 가시를 세우던 나날이 도톰한 육질로 전해질 뿐. 살아온 흔적이 맹렬히 지워진다.

거친 시간을 돌고 돌아 고뇌를 달래주는 안주로, 허기 채워주는 한 끼로 기꺼이 남은 생을 보시하는 비린 것들. 검불처럼 스러질지언정 침묵으로 몸짓으로 맛으로 치열하게 존재를 발화한다.

바닷속에서 유영하다 뭍으로 밀려온 이들이나 육지의 세찬 물살에 떠밀려 포구로 흘러든 나나 이 밤의 끝을 잡고 있기는 매한가지다. 그간 세상살이에 길들어져 적당히 살아왔다. 중량과 부피로 포장된 상품처럼 크기와 가격으로 칸칸이 나눠진 집에서 일상에 매달렸다. 하루치를 지령받아 사는 거처럼 영혼을 박제시킨 채 그저 그런 나날로 쫓기듯 허덕였다. 한낮의 소요도 새벽의 고요도 아우르지 못하는 한 밤의 불면으로 무기력하기만 했다. 몸의 감각들과 불화하는 내면의 침묵으로 어떤 것에도 의미를 부여하지 못했다.

비린 목숨붙이들이 일깨우는 생의 기척이 묵직하게 들러붙는다. 외딴섬에 유폐시킨 감각들을 뒤흔든다. 얽히고설킨 속 뜨끈하게 달래주는 조개처럼 누군가의 혀끝을 맴돌며 속내를 헤아려 본 적이 있었던가. 밥벌이에 치여 밀려나고 뒤처지는 설움 뱉어내며 온몸으로 끓어오른 적이 있었느냐 말이다. 바위나 해초에 붙어 거친 물살을 헤치느라 우둘투둘한 외피로 중무장한 멍게와 허기진 속내를 감추려 겉치레로 뒤덮인 나. 언제쯤이면 껍데기를 벗어던지고 부드러운 속살처럼 순정한 자아로 거듭날 수 있으려나. 명이 다할 때까지 거친 야성으로 몸부림치는 조피볼락처럼 넓디넓은 세상에 잊히지 않는 한 장면 남길 수 있으려나. 만신창이가 될지라도 공중으로 솟구쳐올라 바다를 칠 수 있으려나.

가슴 속에 모여든 풍경들이 쏟아지는 달빛만큼 깊어진다. 흘러가는 시간 따라 파도 소리만 높아진다. 《수필오디세이》 2024년 봄호

●

황진숙
2016년도 《수필과비평》 등단 adoongaa@daum.net

| 평설 | **껍데기를 벗고 순정한 자아로** | 이 방 주 |

    인간은 누구나 존재에 대한 의문을 갖는다. 황진숙 수필가가 작품에서 찾은 존재의 근원은 독자에게도 울림을 주었다. 황진숙의 「포구에서」는 인간세계를 최대공약수처럼 상징하는 '포구'에서 그 의문을 해결한다. "껍데기를 벗고 순정한 자아로 거듭남"으로써 존재의 근원을 찾아낸 것이다. 바닷속 생명처럼 길들여진 삶, 일상에 매몰된 영혼의 박제에서 벗어나 존재의 의미를 찾았다. 그래서 자아는 존재 실현을 위해서는 명이 다할 때까지 포구의 생명들처럼 야성으로 솟구치는 꿈을 꾸어야 한다는 진리를 깨닫는다.
    작품에서 포구는 인간세계를 상징하는 작은 공간이다. 거대한 우주는 최대공약수처럼 하나의 포구로 기호화되었다. 포구는 '수산시장' '좌판'으로 구체화되면서 세계의 의미를 함축한다. 즉 비린 생명에게는 좌판이 세계이고, 인간에게는 세계가 좌판이다.
    우주는 저문 해와 바다가 만들어내는 노을의 느꺼움으로, 포구로 하강하면서 낮아지고, 등대로 길 잃은 숨결의 좌표가 된다. 그래서 포구는 아늑하다. 작가의 시선이 고즈넉한 포구에서 왁자한 수산시장에 이르면 철벅거리는 물소리를 들으며 생기를 찾게 된다. 더 좁아진 공간인 '좌판'에서 사람들은 술렁이고, 비린 생명들은 안타깝지만 유예된 소멸의 시간을 맞아서도 존재의 근원을 찾고 있는 것으로 작가의 시선에 비친다. 침묵하고 있는 것처럼 보이지만 사실은 '있던 곳과 여기까지 오는 과정'을 생각할 것이라고 작가는 상상한다.

　자아는 잠시 조개가 되어 스스로의 존재에 대한 성찰을 시작한다. 주제를 향한 상상의 역동성을 보여준 것이다. 조개가 껍데기를 벗어야 순정한 살이 되고 시원한 국물이 되듯, 인간도 껍질을 벗어던지고 순정한 마음이 되어야 주연이든 조연이든 존재 가치를 실현할 수 있음을 암시한다.

　작가는 서술적 자아를 숨기고 우럭, 넙치, 게, 조개, 멍게의 시점으로 사유의 과정을 서술함으로써 독자의 긴장감을 고조시킨다. 작가가 서술자로 직접 나서지 않고 이들에게 내면을 대신 말하게 함으로써 자아가 존재를 실현하는 과정을 상투적인 말하기에서 벗어나는 극적 효과를 거두었다. 이처럼 비유적, 상징적 구조로 구성하는 방법은 보조관념을 통하여 원관념을 떠올리는 고도의 전략이 숨어 있다고 하겠다. 조개가 껍데기를 벗는 것은 우리가 미몽에서 깨어난다는 전제가 유추적 등가관계로 연결되어 있기에 관념의 세계를 효과적으로 형상화했다고 볼 수 있다.

　수필은 작가는 생산하고 독자는 수용하는 과정에서 성장과 변환을 꾀하는 문학예술이다. 황진숙은 이 한 편의 수필로 영혼의 박제에서 벗어나 공중에 솟구치듯 존재를 실현하고자 하는 독자들의 소망을 대변하였다고 평가할 수 있다.

성당 가는 길

이명지

"야는 그럴 아가 아이다! 성당에 다니는 아는 나쁜 짓을 안 한다."

그때 내게 족쇄 하나가 철커덕 채워졌다. '성당에 다니는 애, 그래서는 안 되는 애'가 되는 순간이었다. 내가 성당이 두려워진 건 그때부터 싶다.

엄마는 우리 마을에서 유일한 신자였다. 늘 일손이 부족한 농촌인데도 일요일이면 깨끗한 한복을 차려입고 성당엘 갔다. 그것은 파격이었다. 시골 사람들은 그런 엄마를 두고 겉멋이 들었다느니, 바람이 났다느니 말이 많았다. 심지어 그걸 허용하는 아버지를 대놓고 비난하기도 했다. 엄마는 사람들의 입방아가 신경 쓰였는지 막내인 나를 데리고 성당에 다녔다.

어린 내 눈에도 엄마는 참 고왔다. 평소에는 때 묻은 무명옷에 머리에 흰 수건을 쓰고 농사일을 하던 엄마가 성당에 가는 날이면 단벌 외출복인 화사한 참꽃 빛 한복을 입었다. 동백기름을 발라 차르르 윤기 나게 쪽 찐 머리는 담벼락에 붙은 영화 포스터의 최은희 배우보다 예뻐 보였다. 짚수세미로 깨끗이 닦아 신은 하얀 고무신은 시골 황톳길에 금방 먼지가 탔지만, 엄마의 눈부신 자태를 가리진 못했다.

주일 아침이면 엄마는 잠도 덜 깬 내게 그중 깨끗한 옷을 골라 입히고 머리를 빗겼다. 엉킨 곱슬머리가 자꾸 엄마의 빗 손길에 기울어지면 가만 좀 있으라며 콩, 머리를 쥐어박았다. 이것도 내가 성당에 가기 싫은 이유 중 하나였다.

성장을 한 엄마가 내 손을 잡고 길을 나서면 일찍부터 논밭에서 일하던 마을 사람들이 허리를 펴고 쳐다보았다. 어떤 이는 "성당 가능교!" 하며 아는 체를 하고, 어떤 이는 입을 삐죽거렸다. 하지만 엄마는 당당했다. 하느님 아버지를 만나러 가는 그 길은 엄마가 유일하게 자신의 세계로 돌아가는 시간인 듯했다. 아버지는 같이 성당에 가진 않았지만, 엄마의 신앙을 묵인하는 것으로 지원했다. 사실 곱게 차려입은 엄마를 보는 게 싫지 않았던 것 같기도 했다.

위로 두 오빠는 일 년에 딱 한 번 크리스마스 때에만 성당엘 갔다. 주일만 되면 엄마가 성당에 가자고 할까 봐 일찌감치 내빼던 오빠들이 그날은 군소리 없이 따라나섰다. 성당에서 빵과 선물을 주는 아기 예수님의 탄신일이기 때문이다. 성가를 모르는 오빠들은 남들이 성가를 부를 때 자신들은 애국가를 불렀다면서 돌아오는 길에 엄마 몰래 키득댔고, 나는 잽싸게 엄마에게 일러바쳤다. 하지만 엄마는 빙그레 웃을 뿐 오빠들을 야단치지 않았다. 그때도 오빠들이 그랬다. 성당에 다니는 애가 그러면 못 쓴다고.

나도 정말 성당에 가는 게 싫었다. 숨 막히게 엄숙한 미사 시간을 견디는 것도 그렇고, 엄마가 차비를 아끼려고 초등학교 2학년이나 되는 나를 아직 학교도 안 들어갔다고 버스 차장 언니와 실랑이를 벌이는 것도 창피했다. 성당에 다니는 엄마가 저래도 되나? 혼란스럽기도 했다. 그래도 집에 올 때 정류장에서 사주는 따끈한 찐빵 맛은 매번 주일 아침잠을 깨우는 미끼가 되곤 했다.

우리 마을 최초 신자인 엄마가 성당에 다니게 된 연유를 노년기를 보내고 있던 엄마에게 물어본 적이 있다. 갱년기를 앓고 있던 당시 엄마는 인생에 대한 회의가 컸다고 했다. 자꾸만 삶이 무의미하고 공허해지는 마음이던 어느 날 읍내장에 갔다가 길가에 뿌려진 전단 한 장을 주웠다고 했다. 거기에 '하느님의 나라에는 구원과 평화가 있다.'고 씌어 있는 걸 보고 그길로 성당에 찾아갔다고 했다. 그때부터 엄마는 우리 마을에서 깨어 있는 신여성의 이미지가 되었다.

우리 마을에는 아들을 바라며 딸만 일곱을 내리 낳은 종말이네가 있었다. 어느 날 종말이 엄마가 엄마를 찾아와 아주 조심스럽게 성당에 가서 기도하면 아들을 낳을 수 있을까를 물었다. 엄마가 뭐라고 대답했는지 나는 모르지만 종말이 엄마는 그다음 주일부터 엄마를 따라 성당에 다녔다. 성당에 나가고도 여덟 번째 또 딸을 낳자 종말이 엄마는 더는 성당에 나가지 않았다.

나와 동갑내기인 종말이는 또래보다 좀 늦되던 아이여서 친구들에게 놀림을 받기도 하고, 고무줄놀이나 공치기도 잘하지 못해 아이들이 끼워주지 않았다. 그날도 우리는 하굣길에 가위바위보로 책가방 들어주기를 했는데 종말이가 지는 바람에 네 개의 가방을 다 들게 됐다. 사실 우리는 종말이가 꼴찌를 할 것이란 걸 잘 알고 있었다. 언제나 한 박자 늦는 종말이는 이런 내기에서 늘 술래가 되었다. 다른 놀이에는 끼워주지 않던 아이들도 가방 들기 놀이에는 꼭 종말이를 끼워주었다.

우리는 종말이에게 가방을 모두 떠맡겨 놓고 가뿐한 몸으로 강가로 먼저 뛰어가 물장난을 치며 놀았다. 그날따라 뙤약볕에 무더위가 기승을 부리는 날이었다. 종말이는 한참 후에야 강가에 다다랐다. 얼굴이 백지장처럼 하얘진 종말이는 우리 앞에 가방을 던지다시피 놓고는 땅바닥에 털썩 주저앉았다. 아이들은 종말이에게 물을 끼얹으며 장난을 쳤다. 하지만 기진맥진한 종말이는 그 물을 고스란히 다 뒤집어쓴 채 꼼짝 않고 앉아 있었다.

다음날 종말이는 학교에 오지 못했다. 그날 더위를 먹은 종말이가 심하게 앓았다는 걸 우리는 나중에야 알았다. 마을에서 사납기로 소문난 종말이 엄마가 종말이를 앞장세우고 그날 가방을 들게 한 아이들 집을 일일이 찾아다니며 야단을 쳤다. 마지막으로 우리 집에 당도한 종말이 엄마는 잔뜩 겁먹은 내 앞에서 오히려 종말이를 나무라며 "야는 그럴 아가 아이다. 야는 성당에 다니는 아라 그런 나쁜 짓은 안 한다." 하고는 그냥 돌아서 갔다. 어리둥절한 건

나뿐이 아니었다. 엄마 손에 이끌려 가며 뒤돌아보던 종말이의 눈빛에 가득한 억울함을 나는 지금도 잊을 수가 없다.

나는 그런 애가 아니다. 아니어야 했다. 그날 종말이 엄마가 채워준 족쇄는 오빠들이 채운 족쇄와는 그 무게가 달랐다. 나는 그때부터 평생 착한 아이 콤플렉스에 시달려야 했다. 그것은 지킬 수 없는 금단의 열매여서 언제나 나를 미혹에 시달리게 했고 정체성의 혼란을 느끼게 했다.

그런데 우연히 이걸 극복하는 계기가 생겼다. 취미로 화실에서 그림을 그렸는데 어느 날 자화상을 그리다 문득 깨달아지는 것이 있었다. 페르소나, 그림자, 가면, 인간의 두 얼굴…. 인간이 가진 얼굴이 어찌 두 개뿐일까? 생각해보니 내 안에는 셀 수 없이 여러 얼굴이 있었다. 맞다. 나는 그럴 애이기도 하고, 그렇지 않을 애이기도 했다. 그래 그 모두가 나였다. 무엇이 문젠가! 그게 인간인데, 나라는 인간인데, 그래서 그 부족함 때문에 오늘도 돌아보고 뉘우치고 속죄하고 있지 않은가! 나는 자화상에다 당당하게 두 얼굴을 그렸다. 그럴 애와 그렇지 않을 두 얼굴을 그려 넣었다. 그리고 처음 생각했던 '페르소나'라는 제목을 이렇게 바꿔 달았다. '그래서 뭐!'

성당에 가는 길은 여전히 어렵다. 자신과의 싸움이다. 평생을 냉담과 회심을 반복하며 흔들리고 또 흔들린다. 하지만 엄마가 가르쳐준 성당 가는 길을 마음에서 완전히 잃은 적은 없었던 것 같다. 지금 나의 기도는 단 하나다. 그분께 가는 길을 더는 잃지 않게 해달라는 것 뿐…. 《문장》 2024년 봄호

●
이명지
1993년 《창작수필》 등단 / 수필집 『낮술』, 『육십, 뜨거워도 괜찮아』 외 3권
mjlee8978@hanmail.net

| 평설 | **이토록 유쾌한 자기 긍정** | 한 혜 경 |

"우리 인생의 여기저기 흩어진 조각들을 가지고 서사를 만들거나 발견하는 작업을 하면 우리 삶은 더 의미 있고 가치 있는 것이 된다." 미국의 저명한 법철학자이자 윤리학자인 마사 누스바움의 말이다.

이 말처럼 삶을 되돌아보는 것은 단순히 과거의 기억을 재생하는 데 그치지 않고 그때 놓쳤거나 인식하지 못했던 것을 깨닫게 한다. 수필은 이 과정에서 길어 올린 삶의 지혜, 사유의 정수를 언어로 형상화한 글이다.

이명지의 「성당 가는 길」은 착한 아이로 알려졌으나 기실 나쁜 아이였던 자신을 돌아보는 글이다. 지난날의 잘못을 뉘우치는 것으로 끝나지 않고 착한 아이라는 '족쇄'를 스스로 깨부숨으로써 반전의 묘미를 선사한다.

글은 어린 시절 엄마 손에 이끌려 성당에 가던 일화로 시작한다. 평소에는 때 묻은 옷으로 농사일하던 엄마가 일요일이면 화사한 한복을 차려입고 성당에 갔다. 일손이 부족한 농촌에서 성당에 가는 것은 '파격'으로 "겉멋이 들었다느니, 바람이 났다느니 말이 많았"으나, 엄마는 "당당했다."

작가는 성당 가는 게 싫었지만 '성당에 다니는 아'가 되어 "성당에 다니는 아는 나쁜 짓을 안 한다"란 족쇄를 차게 된다. 또래보다 늦되던 종말이에게 가위바위보로 책가방 네 개를 들게 했던 날, 종말이는 기진맥진한 끝에 심하게 앓았고, 화가 난 종말이 엄마가 그날 가방을 들게 한 아이들 집을 찾아다니며 야단을 쳤다.

잔뜩 겁먹은 작가에게 종말이 엄마가 한 말은 "야는 그럴 아가 아이다. 야는 성당에 다니는 아라 그런 나쁜 짓은 안 한다." 이 말은 '지킬 수 없는 금단의 열매'가 되어 평생 작가를 "미혹에 시달리게 했고 정체성의 혼란을 느끼게 했다."

그러던 중 자화상을 그리다가 문득 깨닫는다. 자신 안에 수많은 얼굴이 있고 '그럴 애' '그렇지 않을 애' 모두 자신이라는 사실을. 이 깨달음은 그동안 '착한 아이 콤플렉스'에 시달리던 마음을 단번에 정리해 준다. "무엇이 문젠가! 그게 인간인데, 나라는 인간인데." 그리하여 그림의 제목은 "그래서 뭐!"가 된다.

번민과 혼란의 시간을 거쳐 도달하게 된 자기 긍정. 이토록 유쾌한 자기 긍정이라니….

시원한 카타르시스를 안기는 결말이 아닐 수 없다.

적막이 풍경이 될 때

노혜숙

　적막이 풍경이 될 때가 있다. 침잠해 있던 내 안의 상념들이 적막의 한 모퉁이를 허물고 수런거린다. 풍경처럼 펼쳐진 상념의 언저리엔 그늘의 흔적이 농후하다. 어떤 상념은 오래 뒤척이며 떠나지 못한다. 쉽게 고요해지긴 어려울 듯싶다. 그런 중에도 떠도는 상념들을 사로잡아 맑은 생각의 물길로 흘러가길 바라는 욕심을 놓지 못한다.

　새벽꿈처럼 오락가락하는 상념의 파노라마 속에서 늙은 소나무와 조우한다. 엊그제 산길을 걷다 만난 소나무다. 두 개의 중심 가지 중 한쪽이 찢겨진 형태로 간신히 매달려 있었다. 지난번 내린 폭설의 무게를 감당하기 어려웠나 보다. 허옇게 드러난 속살에서 나무가 생으로 찢어지며 겪었을 고통이 헤아려졌다. 견디는 것밖에는 아무것도 할 수 없는 나무의 처지에 마음이 시렸다. 생의 대부분이 견디는 것으로 이루어진다는 이순(耳順)의 깨달음과 공명했기 때문일까. 죄 없이 몸의 반쪽을 잃고도 나무는 비관의 기미 없이 의연했다.

　견디는 일은 모든 생명체의 숙명일까. 극적인 상황을 살아내는 '예쁜꼬마선충'의 다큐가 소나무와 오버랩된다. '예쁜꼬마선충'은 길이 1mm의 미생물이다. 현미경이 아니면 그 실체를 자세히 보기 어렵다. 그들에게도 생로병사가 있고 생식을 위한 투쟁이 있다. 청소년기의 방황과 어른이 되어 철드는 과정도 사람과 비슷하게 겪는다. 녀석은 인간 유전자의 30%를 닮은 신경회로를 가지고 있다고 한다.

그들은 냄새로 개체의 밀도를 파악하고 밀도가 높으면 다른 존재의 몸에 얹혀 이동한다. 치열한 경쟁을 피해 먹고 살기 수월한 곳으로 떠나는 것이다. 그도 저도 어찌할 수 없는 척박한 환경에선 성장을 멈추고 생식을 포기하는 결단을 내린다. 아예 입을 막아 목구멍으로 먹이가 넘어가지 않게 한다. 죽은 듯 동면 상태로 여섯 달 동안 목숨을 이어간다. 그들의 평균 수명이 한 달인 것을 감안할 때 엄청나게 긴 연장이다. 눈에 보이지도 않는 미생물의 고육지책이 매일 먹는 한 끼 밥과 아무렇지 않게 흘려보낸 하루의 의미를 일깨워 준다.

살아내는 것은 선충만 아니라 모든 생명체의 절대 명제다. 근래 날마다 깃발을 들고 광장에 선 이들의 외침 속에도 그 명제는 뜨겁게 살아 있다. 좌(左)든 우(右)든 칼바람 속 맨바닥에 앉아 나름의 정의를 외치는 저 목소리들 역시 생존 투쟁의 한 방식이리라. 어떤 말은 상대의 목을 겨누고 어떤 말은 교활하게 어부지리를 노린다. 공존을 모색하기 위한 고뇌의 말은 들릴 듯 말 듯 미약하다. 그러거나 말거나 어떻게든 되겠지, 무기력하고 무관심한 말도 있다. 그 모든 소리 중 압도적인 건 제 밥그릇 챙기기에 급급한 높은 양반들의 말이다. 모양과 각이 다른 성난 말들을 어떻게 수렴하고 조화롭게 할 것인지 정말 난감해 보인다.

내 목소리는 어떤 모양과 각을 가지고 있을까 생각하다 문득 호랑나비 애벌레 우화를 떠올린다. 하늘까지 닿은 유일한 기둥에 오르기 위해 밟히고 밟으며 기어가는 애벌레. 마침내 도달한 기둥 끝에는 아무것도 없었고 세상엔 또 다른 기둥들이 있었지만 진실을 말할 수 없었던 애벌레. 기둥 끝에 도달하기 위해선 기어갈 것이 아니라 날아서 가야 한다는 걸 뒤늦게 깨닫지만 번데기가 되는 시간이 두려워 망설이는 애벌레. 그 우화는 오직 하나의 목적을 향해 달려가는 우리의 자화상을 닮았다. 나는 지금 어디에 서 있을까. 어떤 목소리를 내고 있을까. 소시민의 안이하고 나태한 삶 속에서 자기 목소리는 내 본 적도 없이 습관적 반성 뒤에 숨어 살아온 건 아닌지.

상념의 여울을 징검징검 건너다 해묵은 질문 앞에 마주 선다. 어떻게 살 것인가. 인간이 미물과 다른 점은 무엇인가. 이에 수많은 사람들의 번뇌와 공부가 있었으리라. 전문성이 겹치는 영역에서까지 올바른 판단을 할 수 있을 정도의 지식과 교양을 가지고 있으면 답을 찾는 일이 수월할까. 답을 찾았다 한들 그 깨달음을 실천할 정도의 지성과 도덕성을 갖추기는 쉽지 않다. 깨달음 없는 열정은 위험하고 결단 없는 깨우침은 무의미하다던가. 종종 권력을 가진 이의 무모한 결단으로 세상이 황폐된 역사를 떠올린다면 한 개인의 선택과 결단에 얼마나 많은 고뇌와 사유가 필요한지 알 것 같다.

방황과 고뇌가 불완전한 인간의 숙명이라면 지금 저 광장의 날선 함성도 아름다운 하모니를 위한 과정이라고 희망을 가져도 될까. 밟히고 밟으며 올라가다 추락해본 사람만이 자신의 진면목과 대면할 수 있고 호랑나비 애벌레처럼 번데기의 시간을 거치면서 마침내 나비가 되어 날아오를 수 있는 것이리라. 그 인고의 시간을 견디는 일은 인생에 바치는 제물인지 모른다. 저 광장의 다양한 말들이 서로 피 흘리지 않고 언젠가 이 땅을 일으켜 세우는 서사로 완결될 수 있기를 꿈꾼다. 인간은 소나무의 결기, 미생물의 생존 전략에 더해 공감 능력을 가진 존재임을 믿기 때문이다. 공감이야말로 인류(人類)가 일류(一流) 되게 한 동력 아니겠는가.

동토에 유예된 봄꿈을 불러내는 일은 얼마나 간절한 것인가. 적막 속에 갈피를 잡지 못하던 내 안의 상념들이 모서리를 지우고 가지런해진다. 비로소 그늘진 적막의 한 모퉁이가 둥글게 환하다.

《에세이문학》 2025년 봄호

노혜숙
2006년 《수필과비평》 등단 / 수필집 『인연 수첩』 『그늘의 독법』 외 4권
jwnhs@daum.net

| 평설 | **광장이 일류가 되는 날** | 이 방 주 |

우리는 '적막(寂寞)'이라는 내면의 공간을 들여다볼 때가 있다. 적막은 고요하고 쓸쓸할 것 같지만, 오히려 번뇌를 내려놓고 진정한 자아를 마주하여 본질적인 물음을 던질 수 있는 시간이며 공간이다. 접신(接神)하여 존재에 접근하듯 절대적 고독감을 느낄 수 있다.

노혜숙은 「적막이 풍경이 될 때」를 통하여 자신이 체험한 적막을 고백한다. 본연의 비어있는 상태인 적막에 '풍경처럼 펼쳐진 상념'에서 '그늘의 흔적'을 발견한 것이다. 그는 그늘이 맑은 물길로 흘러가길 바라는 욕심을 갖는다. 그러한 상념은 절대적 고독에서 자아의 참 존재를 확인하는 순간, 삶에 역동성을 불어넣는 에너지가 된다. 이때 적막은 풍경으로 반전된다.

자아의 참 존재를 늙은 소나무나 예쁜꼬마선충으로 구체화했다. 자아의 상념에 그늘의 흔적이 있듯, 소나무는 설해를 입어 찢어진 가지가 있고, 예쁜꼬마선충은 동면 상태에서 번데기로 주저앉는 두려움을 갖는다. 여기에서 '생은 대부분 견디는 것'이라는 이순의 깨달음을 얻는다. 자연의 생명체는 청소년의 방황과 철드는 과정, 그리고 생식을 위한 투쟁이라는 절대 원리의 지배를 받는다. 존재의 원형적 본질이라는 추상적 개념을 구체적 사실로 유추하여 표현하였다.

작가는 광장에서 연일 깃발을 들고 투쟁하는 역사의 현실을 돌아보게 된다. 좌든 우든 '칼바람 속에서 맨바닥에 앉아' 나름의 정의를 외치며 살아내기를 하는 현실을 보았다. 자아가 성찰한 내면의 그늘이 시대의 현실로 확장된 것이다. 이처럼 수필은 내면의 성찰에서 삶의 환경이나 시대적 현실로 대상이 확장되고 보편화되는 데에서 장르적 우수성을 드러낸다. 작가는 호랑나비 우화(羽化)를 떠올리면서 그늘의 흔적을 반전시킨다. 호랑나비는 알, 애벌레, 성충의 순환에서 자칫 번데기로 낙오될 것을 두려워하면서도 우화하여 기둥 끝으로 날아오를 목적을 갖는다. 이것은 광장에서 고민하는 인류의 모습으로 환치된다. 우화는 인류가 보편적 정의로 나아가는 역동적 에너지가 된다.

광장에서 부르짖는 나름의 정의를 생각해본다. '시대를 아파하고 세속을 분개하는 내용이 아니면 시가 아니다.' 이 말씀은 다산 정약용이 아들에게 준 가르침이다. 작가는 광장에서 펼쳐지는 시대에 대한 아픈 깃발을 바라보면서 역사를 걱정한다. '인간은 소나무의 결기, 미생물의 생존 전략'보다 진화된 공감 능력이 있으므로 안타까운 광장의 아픔도 '인류(人類)가 일류(一流)'가 되게 하는 동력이 될 것이라는 결론을 내린다.

이 작품은 상상과 사유를 단계적으로 전개함으로써 주제를 선명하게 드러내는 효과를 거두었다. 또한 적막이라는 추상적 대상을 상관물에 빗대어 구체화하여 표현하는 기법도 눈에 뜨인다. 적막이라는 상념의 그늘이 일류로 우화하여 풍경이 되는 원형적 원리를 발견한 작품이다. 수필 문학에서 이러한 깨달음은 작가나 독자를 변환과 성숙으로 이끌어가는 역동적 에너지가 될 것이다.

뿌리혹

송명화

    누구나의 가슴에도 빙하는 흐른다고 하였다. 가슴속 빙하는 지하수로 흐르다가 덮개가 단단하지 못한 부분을 찾아 용출한다. 차게 흐르던 내면의 온도가 외부의 온기를 느끼고 누그러지면 비로소 안도의 숨길을 찾는 것, 마음속 상처는 그런 것일까.

    기묘한 뿌리혹들이다. 천리포수목원에서 만난 분화구들을 어찌 설명할까. 연못가를 걷는 오릿길을 돌아 나오다가 낙우송 무리를 만났다. 수사처럼 엄숙하게 도열해 있는 나무둥치 아래에 생경한 것들이 눈길을 끌었다. 판타지 영화에서 보던 가상제국의 축소판인가. 땅에서 솟아 나온 수많은 돌기들이 수석전시장을 방불케 했다. 앉아서 세운 무릎처럼 여기저기 불쑥 솟은 기이한 것들, 뿌리도 아닌 것 같은데 땅에서 자라 올라온 종유석 형상이다. 푯말을 보니 식물의 뿌리 호흡을 돕기 위해 생겨난 기근이라 했다.

    사춘기를 맞은 조카의 여드름처럼 터트려야 할 에너지가 툴툴대며 들썩이는 것만 같다. 화구 폭발처럼 여드름이 솟고 나면 몸은 차분히 성장의 방향을 잡지 않을까. 성숙으로 가는 길은 우둘투둘한 산길이기도 말끔한 페이브먼트이기도 하지 않던가. 요모조모 살피며 관심을 기울이는 내가 부담스러운지 다들 돌아앉은 모양새다. 정체성을 의심받는 고통을 알아버린 것일까. 주변인의 설움을 말하고 싶은 것일까. 애잔함이 일어 이곳, 천리포수목원의 낙우송 앞에서 주저앉는다. 오면서 어느 시인의 부음을 들었던 까닭이다.

　시인은 낯빛이 검었다. 말수가 적고 진중하여 뵐 때마다 조심스러웠다. 새까만 문단 후배인 내게도 예를 다하시는 모습과 나직한 목소리의 울림 때문에 그분 앞에서는 나도 모르게 내 매무새를 점검하곤 하였다. 단풍 들기도 전에 시들어가는 낙엽처럼 그림자 드리운 안색이 걱정되었다. '예민한 감성과 투명한 직관의 시인'으로 일컬어지는 그가 풍기는 묘한 페이소스는 무겁고 어두웠다. 자리를 함께한다면, 술 한 잔에도 그의 내면에 찬 얼음물이 분수처럼 솟구칠 것 같은 느낌이었다. 그 우울의 이유를 아는 데 제법 많은 시간이 걸렸다.

　퍼런 멍 빛깔의 삶이란 그런 것일까. 그는 중학생 아들을 왕따 사고로 잃었다고 한다. 본인이 근무하는 학교에서 일어났던 일이라 했다. 교사로서의 자존감도, 아버지로서의 자부심도 허공으로 낱낱이 흩어져버렸고, 남은 것은 짙은 회한뿐이란다. 지인에게 그 이야기를 전해 듣는 순간 머리가 아파졌다. 치이고 패인 껍데기로만 남게 된 남자라니. 숨소리까지 슬퍼 보이더라니. 근력을 소진한 사람처럼 가라앉아 있더라니. 주렁주렁 온몸에 관을 매달고 하루하루 고통을 씹으며 연명하는 중환자처럼 그는 가까스로 살아내고 있었던 것 같다. 얼마나 외치고 싶었을까. 얼마나 시간을 되돌리고 싶었을까. 낙우송 기근을 가만히 쓰다듬어본다. 까까머리 중학생의 머리통같이 반들거리는 기근의 꼭대기에 때늦은 조사(弔辭)를 얹는다.

"이제 평안하시지요." 왠지 경건해진다. 나를 내려다보는 낙우송에게 나는 얼마나 작은 존재일까. 낙우송은 높이가 반백 미터까지 자라는 교목이다. 거기다 팔백 년에서 삼천 년을 산다고 알려진 장수나무다. 사람은 이 나무를 우러러보고, 나무는 시야를 넓혀 세상을 살핀다. 온갖 새와 미물을 품는 넉넉한 품을 가졌고, 침엽수이면서도 고운 단풍을 보여주는 미적 감각이 남다른 식물이다. 우뚝 솟아 대기를 마음껏 숨 쉬면서도 따로 호흡뿌리를 가져야 하는 것이 왠지 안쓰럽다. 살아남기 위해 대를 이어가며 환경에 적응하고자 몸부림친 과정이 눈앞에 파노라마처럼 펼쳐진다. 그렇게 되기까지의 먼먼 진화 과정이 시인의 삶을 상관물로 삼아 영상을 돌린다.

시인이 호흡한 세상은 어떠했을까. 분노가 들썩일 때, 바깥으로 뛰쳐나오는 울분을 잡아맬 방법은 없었겠지. 몇 겹의 울타리로 단속해 봐도 무의식의 천장을 뚫고 분출하는 슬픔을 어찌할까. 그는 그것들에게 숨구멍을 내주었던 것 같다. 진물을 말리고 까들까들하게 아물 수 있도록 속을 조금씩 내보이기 시작하였다. 시작(詩作)은 그의 평생의 업이 되었다. 카메라에 검은 천을 씌우고 순간을 기록하던 사진사처럼 삶이라는 작품을 완성하기 위해 그는 암

흑 속에서도 셔터 끈을 계속 잡아당겼다. 예술로 승화된 치유의식을 치르느라 바쁜 그를 나는 멀리서 속으로만 응원하였다. 흉터조차 세상을 보는 눈이 되고, 살아가는 기운을 마시는 코가 되기까지 그의 족적이 눈물겹다. 그래서일까. 그의 부고가 안타까웠지만 놀랍지는 않았다.

내 방에 걸린 고흐의 그림 속에도 낙우송이 있다. 화가는 말년에 우울증을 앓았다. 병원의 침대에 누워 창을 내다보면 '사이프러스'라 불리는 유럽 낙우송이 보였다. 수직으로 높이 뻗어 땅과 하늘을 연결하는 그 나무를 보고 그는 삶과 죽음이 분리될 수 없음을 깨달았다고 한다. 유럽인들이 죽음의 상징으로 여기는 나무에서 그는 삶을 보았던 것이다. 소용돌이와 파도 모양의 강력한 붓 터치들이 에너지의 흐름으로 나타나고, 살고자 하는 염원이 역동적인 움직임으로 나타났다. 정신병원에서 보낸 생의 마지막 삼 년 동안 그를 위로하고 자아를 투영하게 했던 고흐의 그림 속 낙우송은 볼 때마다 내게 텔레파시를 보낸다.

하늘까지 닿을 듯 키를 뽑아내는 나무는 잭의 콩나무이기도 하고, 선녀를 데려가기 위해 하늘에서 내려준 두레박이기도 하다. 어릴 적 나를 따돌리려고 그렇게 노력하던 친구가 있었다. 전학 온 곱슬머리 아이였는데 무슨 까닭이었을까. 그 아이의 사주를 받은 몇몇 아이들이 시간이 날 때마다 나를 괴롭혔다. 낙서를 하고 헛소문을 내고 길게 땋은 내 머리꼬리를 잡아당기거나 등 뒤에서 헛주

먹질을 하고 도망가기도 하였다. 벗어나기 힘든 굴레였고 상처였다. 자존심의 부채로 부은 눈을 가리고 엄마에게도 이르지 않았던 그 일이 세상으로 나선다. 시인의 아들과 내 속의 어린아이가 손을 잡고 낙우송 기근들 사이에 나란히 선다.

"도움을 청하지 그랬니? 용기 있게 나서지 그랬니? 잊자꾸나. 그리고 깃털처럼 가벼워지려무나."

내 생각의 방에서 이제 시인도 그림 속 낙우송이 된다.

가을이 오면 낙우(落羽)를 볼 수 있겠지. 고급스러운 갈색 깃털들이 세상을 한 바퀴 날고, 드디어는 상처에 내려앉을 터이다. 깃털이불이 기근을 감싸고 겨울 모진 추위를 막아주며 새봄을 기약하는 동안에 땅은 술 익듯 향기로운 자양분을 빨아들이고, 하늘은 더 가까워질 낙우송의 우듬지를 내려다보리라. 상처가 숨을 쉰다. 숨구멍을 가진 상처는 아물고, 그제야 낙우송은 둥근 열매를 맺는다. 나무도 사람도 한결 성숙해지는 시간에 나는 시를 읽고 싶다. 낙우송이 된 시인의 흔적을 시집 속에서 불러내어 함께 하고 싶다. 《한국문학인》 2024년 여름호

송명화
2005년 《전남일보》 신춘문예 등단 / 수필집 『꽃은 소리 내어 웃지 않는다』 외 5권
mwsong@hanmail.net

| 평설 | **탄탄한 중층구조와 연민의 치유시학** | 권대근 |

    수필의 문학성은 구조에서 나온다. 중층의 구조와 변용의 기술이 적용되어 직조된 송명화의 본격수필 '뿌리혹'은 구조시학과 치유시학을 그 특징으로 하는 수필로 문학적 효과를 극대화한 수작이다.
    작가는 망원경적 시각으로 숲을 두루 살피고, 현미경적 세심함으로 나무를 두루 어루만진다. 낙우송의 살아남기 위한 진화와 적응의 상징인 뿌리혹과 왕따 사고로 자식을 잃은 시인의 아픔, 정신병원에서 창밖 낙우송을 통해 삶과 죽음의 연결을 읽어낸 고흐, 친구의 괴롭힘으로 상처받은 자신의 과거를 한 꿰미에 엮어 관찰-고찰-통찰-성찰이라는 사찰을 통해 문학적 성취를 이루어내었다. 주동 및 배경 인물은 상처받은 이들이며, 지향점은 치유다.
    작가는 냉정하게 상황을 관찰하고 관조하면서도 서사를 긴박하게 전개해 나간다. 그러면서도 그 깊은 마음속에 세상 만물에 대한 연민을 불어넣어, 위무의 손길에 목마른 세상을 기도로 채운다. 이는 담론층에서 라투르의 객체 지향 존재론적 시각이 투영되어 지배적 정황으로 나타난다. '시인의 아들과 내 속의 어린아이가 손을 잡고 낙우송 기근들 사이에 나란히 선다.' 낙우송의 뿌리혹들을 상처받은 시인의 아들, 자기 마음속 어린아이와 대등한 위로와 용서와 격려를 나누는 객체로 인정하는 것이다. 그들의 치유의식은 더불어 벗어나고 함께 일어서고자 하는 세상과의 화해라 해도 좋겠다.

작품 속 시인은 낙우송이다. 시인은 참척의 고통을 예술혼으로 승화시킨 눈물겨운 장인이다. 죽음의 상징으로 여겨지는 낙우송에서 삶을 읽어낸 고흐처럼 작가도 자신의 아픔을 버리고 낙우송이 된다. 담론층의 결말부 문장 "나무도 사람도 한결 성숙해지는 시간에 나는 시를 읽고 싶다. 낙우송이 된 시인의 흔적을 시집 속에서 불러내어 함께 하고 싶다."고 하며 삶을 어루만지는 작가의 공존을 위한 기대가 짙은 여향을 남긴다. 성숙으로 가는 길은 멀지만 함께라면 수월해진다.

이 작품은 현대사회의 특성인 소외와 단절의 문제를 전이구조와 치유시학으로 깊이 있게 짚어낸 수작이다. 말과 글로 사회를 바꾸겠다는 송명화 수필가의 작가정신이 빛난다. 왕따와 괴롭힘이라는 사회문제, 연민과 애도의 부족으로 인해 황폐화되는 삶의 모습을 곡진하게 담았다. 송명화는 능숙하게 폭력의 참혹한 결과가 어떤 아픔으로 2차 가해가 되는지 비유를 통해 고발하며, 이슈화한다. 이는 더 나은 사회를 지향하고자 하는 문학가의 구원의지다.

표층, 심층, 그리고 담론층으로 전개해 나가면서 작가는 자외선과 같은 섬세한 시선과 응시를 담아내며, 미적 진보의 자세로 담론의 형상화를 완성하였다. 주제와 제재를 상관화하고, 체험을 용해시켜 구체성을 살려내어 독특한 미적 울림을 창조하였다. 제반 상황묘사에 원근의 줌을 두루 사용하고, 머리에서 가슴 깊은 곳까지 훑어내리는 작가의 심미안으로 인해 독자들은 자신을 비춰볼 거울 하나를 갖게 된다. '뿌리혹'은 거대한 담론을 형성할 수 있는 에너지를 가진 수필이라 하겠다.

사라지는 사람들

송혜영

와!

애들이 논다!

초등학교 운동장에 계집아이 두엇, 사내아이 서넛이 함께 공을 차고 있다. 아이들이 운동장에서 놀이를 하는 풍경은 해가 뜨고 별이 지는 것처럼 당연한 일이었건만. 마치 세상에 남은 마지막 아이를 본 것처럼 탄성을 지르다니….

오며가며 유심히 본 운동장에는 바람만이 그네를 탈 뿐이었다. 알록달록한 철봉과 미끄럼틀, 키 큰 미루나무가 멀뚱히 서 있는 운동장은 늘 비어있었다. 만국기가 펄럭이고 마을이 떠나갈 듯한 함성과 함께 아이들이 이어달리기한 적이 있었다. 아이들의 웃음소리로 교문이 시끌벅적했던 시절이 있었다. 그 많던 아이들은 다 어디로 갔을까. 이제 학교는 전교생으로 축구팀도 못 꾸리는 지경이 되었다.

처음 이 마을에 왔을 때 삼거리 정자에 한 노인이 앉아 있었다. 세상사 온갖 분별이 사라진 퀭한 눈으로 우리를 무심히 쳐다보았던 노인은 극도로 야윈 모습이었다. 지나가는 사람을 쳐다보는 것밖에 할 일이 없어 보였던 노인은 며칠 못가 땅으로 돌아갔다.

오랫동안 영감님 병수발을 들던 이쁜이 할머니가 정작 자신은 가족의 돌봄도 못 받고 요양원에서 세상을 등졌다. 동네 아낙들 우두머리 격인 예쁜이 할머니의 유능한 참모였던 왕눈이 할머니가 대장의 뒤를 따랐다. 가겟집 아저씨와 아주머니처럼 동네 중심 세력이었던 어르신들도 차례차례 동네에서 지워졌다. 개울 건너 전직 화가가 냄비를 몇 개나 태워 먹고 선배들과 같은 수순을 밟으러 지난달 요양원으로 떠났다. 얼굴도 모르는 노인 몇이 지난겨울부터 봄까지 저세상으로 가버렸다는 풍문이 고개를 넘어왔다.

그들이 사라지는 건 꽃이 지고 낙엽이 떨어지는 것과 같이 자연스러운 일이다. 그리고 없어지는 만큼 채워지는 것이 자연의 섭리라 여겼건만. 집 지키는 이가 없는 빈집만 늘어날 뿐 아이들은 세상에 오지 않았다.

공을 차는 저 아이들은 아마 이 마을 마지막 아이일 게다. 변방부터 사라지는 아이들. 미래나 희망의 다른 이름인 아이. 아이 울음소리가 끊긴 고적한 마을은 인구절벽의 전초기지다. 밤나무도 늙고 집도 늙고 사람도 늙은 마을. 눈이 띄는 어린 생명은 개와 고양이뿐.

동사의 공포에서 해방된 고양이들이 따스한 봄볕 아래 뒹군다. 이 계절을 맞이한 자신들이 대견해 어쩔 줄 모르는 몸짓이다. 부끄러움을 모르는 고양이들이 벌건 대낮에 대놓고 사랑을 나눈다. 낯아 키울 걱정 따위는 하지 않는 녀석들은 오직 생명체로서의 본분에 충실할 뿐이다. 인간이 저지른 패악이 극에 달한 세상이 어찌 되든 아랑곳하지 않는 고양이들은 곧 새 생명을 잉태하고 고물고물 새끼를 낳겠지.

사람이 사라진 빈자리를 낙천적 고양이들이 넉넉하게 채워줄 모양이다. 《현대수필》 2024년 가을호

송혜영
2004년 《현대수필》 등단 / 수필집 『심각한 이야기』 daebk7@naver.com

| 평설 | **사라지는 사랑의 붐빔을 걱정하다** | 유 종 인 |

인구절벽이 사회적 이슈로 대두된 지 오래다. 인구절벽을 역전시키려는 제도적 차원의 정책들이 나름 세워지고는 있다. 사람이라는 말은 단수지만 인간이라는 말은 복수(複數)의 분위기를 거느리고 있다. 그런데 현실은 인간이라는 말의 뉘앙스가 예전의 조밀함에서 요즘은 성기게 된 내력을 필자는 쓸쓸한 풍경으로 아우른다. 심지어는 이러다간 원치 않는 전쟁조차 대응하지 못할 수준을 걱정하는 사람도 있다.

"전교생으로 축구팀도 못 꾸리는 지경"이라는 이 상징적인 현실은 부분적인 현황이지만 결코 지엽적인 상황이 아니라는 불안감이 소슬하게 다가온다. 거기에 한 마을의 적지 않은 노인들이 덧없이 유명을 달리한다는 사실로부터 인구감소의 적막감은 원시적인 자연의 분위기가 아닌 인간 세상의 적막한 현실로 도드라진다. 그 단적인 예로 "바람만이 그네를 탈 뿐"인 운동장에서 우리가 기대할 것은 아무것도 없다. 왁자한 아이들의 목소리는 새삼 귀하고 종요로운 생활의 배경음악임을 실감케 한다.

경륜과 관대함을 지닌 따뜻한 노인들이 머리를 쓰다듬어줄 아이들이 드물고 드물어지는 지경을 우리는 인간의 생태적 야윔이라고 불러보게 된다. 그 아이들이 사라져가는 변두리 현실은 이제 도심부에서도 심심치 않게 그 징후를 보이기 시작한다. 어찌하여 인간은 "없어지는 만큼 채워지는 것"이라는 균형의 의미가 깨어진 것일까.

「사라지는 사람들」은 인간 스스로 자연스러운 번식을 기피하는 인종적인 자살의 살풍경을 예감하는 글이다. 낳고 기르는 것이 고역이 되는 시대는 분명 어딘가 잘못돼 있다. 송혜영은 적막이 감도는 운동장의 아이들 소리가 인구감소를 시작으로 본격적인 인구절벽의 쓰나미로 번져오지 않을까 저어한다. 야은(野隱) 길재 선생의 "산천은 의구한데 인걸은 간 데 없네"라는 시조 한 구절과 두보(杜甫)의 "나라는 망해도 산천은 그대로이고/ 성 안의 봄 풀과 나무는 우거지네"라는 「춘망(春望)」의 시구가 갈마들 듯 떠오른다. 사람이 빠진 천하 경승이 무슨 소용이 있으며 수려한 자연의 영속성이 인간의 부재 속에 무슨 조화로움이 있을 수 있으랴. 필자의 듬쑥하고 예리한 세태적 우려는 "변방부터 사라지는 아이들. 미래나 희망의 다른 이름인 아이."에 대한 푼푼한 애정에 도래샘을 대고 있다. 나고 자라고 피어나고 열매 맺고 스러졌다 다시 솟아나는 초목들처럼 결락이 없는 인구의 순환과 평형에 대한 필자의 고민은 인간 생태계의 자연스러운 복원을 궁리하게 한다. 사람도 자연이고 자연물(自然物)이라는 관점에서 그 자연 이법의 순기능에 복무해야 할 당연한 의미가 있다.

송혜영의 「사라지는 사람들」은 결국 사라지는 사랑으로 귀결될 불온함을 예고한다. 이 원치 않는 인간 가뭄의 징후는 사랑과 조화로움의 결락을 불식시키자는 범박하지만 강렬한 메시지를 불러일으킨다. 결국 인구의 급감은 사랑의 박약함일 수도 있다. 사랑이 넉넉하고 웅숭깊어진 곳에 사람이 붐비듯 태어난다. 그러니 사랑과 사람은 그 글자만으로도 얼마나 닮아 있지 않은가.

두모가치

박태선

　울 아버지는 시골에서 농사를 짓다가 70년대 초, 20대 후반에 상경하여 대한통운(영등포 지점)에 일자리를 얻으셨습니다. 시멘트, 쌀가마, 무연탄 등속의 짐을 화물차에 싣거나 철로변에 부리는 일이었어요. 철길 건널목 근방에 있던 판잣집(일꾼들이 옷을 갈아입는) 처마 아래 뽀얗게 먼지를 뒤집어쓴 코스모스와 맨드라미가 아스라한 기억 너머 아른아른한 풍경으로 떠오르네요. 아버지는 집에 돌아와서는 손바닥에 박인 굳은살을 더운물에 불려 긁어내셨는데요. 한때는 시멘트 독이 올라 쑥찜질을 하느라 집 안에 온통 쌉싸름한 내음이 진동하던 나날도 있었습니다.

　대한통운에서 하역 일꾼으로 10년 일하신 이후에는 일흔이 넘도록 30년 이상을 노가다판에서 막일꾼 노릇을 하셨습니다. 13년 전, 일흔 중반에 간암에 폐암 합병증으로 돌아가셨는데 입관할 때 아버지의 시신을 붙들고 통곡하시던 엄마의 말씀에 의하면 세상의 온갖 먼지를 다 자셔서 그렇게 일찍 가셨다고 하네요.

　아버지는 잘 때에도 다리를 쭉 뻗지 못하고 책상다리하고 주무셨어요. 온종일 서서 일하다 보니 다리도 쉬고 싶었을 거예요. 간혹 오밤중에 다리에 쥐가 나서 발목을 부여잡고 입을 딱 벌린 채 일그러진 얼굴 표정을 지으셨는데요. 홀쭉한 정강이에는 떼지렁이가 엉켜있는 것처럼 시퍼런 심줄이 우툴두툴했어요. 엄마는 무섭다고 그러셨어요.

　스물 즈음에 나는 처음으로 아버지를 따라 건축 현장에 가보았어요. 아파트 지하 주차장 건물의 목재나 철제 거푸집을 빠루를 들고 뜯어내는 작업인데요. 장마철이었는지 바닥 한켠에는 저벅거릴 정도로 물이 차 있던 기억이 나네요. 아버지의 별명이 '두모가치'라나요. 두 사람 몫을 혼자 거뜬히 감당한다는 말이에요. 아버지는 휴식이나 새참 시간이 끝나면 장 폴 벨몬드처럼 입 언저리에 담뱃대 질끈 물고는 곧장 엉덩이를 털고 일어나셨어요. 오야지가 아버지더러 "박 형 좀 쉬엄쉬엄 혀어-. 쎄빠지게 일헌다구 언놈이 일당 두 대가리라도 쳐주남?" 하고 야지를 놓아요. 그러면서도 아버지가 일 잘한다는 말은 누구나 다 하더라구요. 그날 나는 바닥에 널브러진 거푸집에서 튀어나온 대못에 발바닥을 된통 찔렸어요. 아버지는 제 작업화를 벗기고는 발바닥에 소주를 붓고 상처 부위를 라이터 불로 지진 다음에 망치로 두어 번 두드려주시더군요. 그리고 나자 약간의 이물감은 들었지만 통증은 거의 없었어요. 가공할 만한 '노가다식 민간요법'이라고나 할까요.

언젠가는 아파트 공사장 주변에 쓰다 남은 시멘트나 고철, 화목(火木) 나부랭이를 푸대에 담아 리어카로 실어다 한곳에 정리하는 일을 한 적이 있어요. 단순한 작업이에요. 그치만 한 여름 땡볕에 바깥에서 일을 하다 보니 팥죽 같은 땀방울이 얼굴에서 뚝뚝 떨어져요. 눈살을 잔뜩 찌푸리고 중천에 걸린 해를 바라보면 머릿속에서 징소리가 울려 퍼지고 골머리가 지끈거리며 어지럼증이 났어요. 그때 어디선가 아버지가 나타나서 포카리스웨트 캔을 건네주시며 한 말씀 하셨어요. "땡볕에서 일을 해봐야 바람 한 점이 얼마나 고마운지 안다." 실상 아버지의 검붉게 탄 얼굴은 번들거리기만 했을 뿐, 땀 한 방울 흐르지 않았어요. 이 세상에서의 모든 땀은 일찌감치 자연에 반납하신 것은 아닐는지요.

어느 해 추석이었어요. 광명시에 사는 외삼촌댁네에 인사를 드리고 30번 버스를 타고 오류동으로 가는 버스를 갈아타려고 중간에 내렸지요. 그런데 아버지가 도로 경계석을 쾅쾅 발로 구르더니 귀퉁이의 흙먼지를 쓸어내고는 손바닥을 탁탁 터시면서 "아귀가 잘 맞았네. 10년 됐나…. 이거, 내가 놓은 거란다. 장정 둘이서도 낑낑대며 들어다 놓는 걸, 나 혼자서 옮겨 놓았지" 하며 뿌듯해하시던 모습이 잊히지 않아요. 경계석은 양팔을 한껏 벌려야 할 만한 길이의 직사각형 화강암덩어리예요. 아버지는 그놈을 곧추세운 다음에 양팔로 품에 싸안고서 옮기셨대요. 사람들이 무심히 밟고 다니는, 심지어 침을 뱉고 담배꽁초를 짓이겨 밟는 개봉동 사거리의 경계석을 우리 아버지가 놓았답니다.

아버지는 일흔이 넘어서는 야방〔夜番〕을 보면서 낮에는 자재 정리 같은 단순한 작업을 하고는 열흘에 한 번 정도 집에 들르셨어요. 이제 기력도 달리고 해서 노동일을 그만둘 참이었는데 현장 소장의 배려로 그리된 거랍니다. 하루는 아버지가 한낮에 돌아오셔서 안방에 들어가 이불을 뒤집어쓰고 끙끙 앓는 소리를 내시는 거예요. 공사현장에서 일제 전동드릴이 사라졌는데 젊은 일꾼 하나가 아버지가 범인이라고 함부로 주둥아리를 놀렸다나요. 아버지는 상대방의 귓방망이를 냅다 후려치고는, 휑하니 집에 와버린 거예요. 이튿날 소장이 찾아와서 사과하고 다시 모셔갔지요.

아버지는 목수일, 쓰미, 미장 따위 못 하는 일이 없을 정도로 팔방미인이었지만 전문적인 기술은 없었어요. 우리 집은 30여 년 전에 소방도로가 나는 바람에 건물 한 모퉁이가 잘려 나가고 재건축을 하게 되었는데요. 아버지가 직접 관리 감독을 하셨어요. 바닥 콘크리트는 두터워 층간 소음은 어림 반 푼어치도 없고요. 외벽은 붉은 벽돌로 마감하고 옥상 방수 페인트도 당신이 몸소 여러 벌 꼼꼼하게 손보셨어요. 당시 소방도로 양편에 나란히 지은 여남은 채

건물 가운데 우리 집은 아직도 금 간 데 한곳 없이 제일 튼튼하답니다.

"사람이 머리만 쓰면 악마가 되고 몸만 쓰면 짐승이 된다"고 하더군요. 울 아버지는 이 세상에서 몸만 쓴 분이라 할 수 있지만 짐승 같은 인간은 결코 아니었어요. 다소 고지식한 면은 있지만 정과 의리가 남달랐고 정직한 분이었습니다.

어릴 적 월급날, 아버지가 다갈색 봉투에 담긴 '센베이' 과자를 사 들고 오시면 우리 삼남매가 다람쥐처럼 아삭아삭 갉아먹거나 똑똑 부러뜨려 먹던 고소하던 그 시절이 하냥 그립습니다.

《계간수필》 2025년 봄호

●

박태선
2005년 《계간수필》 등단 namu8821@naver.com

| 평설 | **아버지라는 책** | 신 상 조 |

    세상에는 다양한 아버지가 존재한다. 로버트 헤이든의 시 「그 겨울의 일요일들」에는 거칠고 촌스러운 아버지가 등장한다. 그런 아버지가 불만스러운 아들은 부루퉁한 표정으로 집안을 돌아다닌다. 시 속의 아버지에게 잘못이 있다면 일요일에도 일찍 일어난다는 점이다. 그리고 한 주 내내 일하느라 쑤시고 갈라진 손으로 가족들을 위해 불을 피운다. 아들의 외출용 구두까지 윤나게 닦아 놓고 그를 부르지만, 아들은 아버지의 사랑, 그 "엄숙하고 외로운 직무"에 대해 도무지 고마워할 줄을 모른다.

    영혼이 병들어 폭력을 사랑이라 여길 만큼 참혹한 아버지도 있다. 다음 이야기에 나오는 아버지는 세 가지 악덕을 갖춘 사람이다. 그는 평생 술을 마셨다. 늙어 앓아눕기 전까지 노름을 했고, 노름에 지고 온 날이면 아내와 자식을 두들겨 팼다. 겨울이었다. 난방은 엄두도 못 낼 처지였다. 웬일로 술에 취하지 않은 맨정신의 아버지가 선풍기 모양의 전기난로를 들고 왔다. 전기세를 걱정하느라, 추위가 깊어지는 새벽녘에야 아버지는 잠깐씩 난로를 켰다. 어느 날 새벽, 아버지는 아들을 향해 난로를 돌려놓았다. 아들은 참으로 오랜만에 단잠을 잤다. 그리고 그 한 번의 기억으로 인해 아들은 아버지를 끝내 받아들였노라 고백했다.

    모성이나 부성을 이야기하는 문학의 이데올로기는 상상 이상으로 견고하다. 우리는 문학 속의 어머니나 아버지의 이상적 모습을 통해 의문이나 회의가 개입될 여지가 없는 경직된 신념을 확인하며 안도한다. 하지만 '아버지'가 반드시 이러이러하다는 정의가 있을 수 없는 한, 아버지라는 실체는 여전히 모호하다. 세상에는 누구 한 사람도 지문이 같지 않은 만큼의 다양한 아버지가 존재하는 것이다.

그렇다고 해서 박태선의 글에 나오는 아버지의 인상이 사소하거나 진부해지는 건 아니다. 작가가 유동적인 세태 속에서 포착한 아버지와의 몇몇 찰나와도 같은 경험, 혹은 아버지 삶의 파편적 이미지들은 넓은 의미에서의 인간다운 모습, 사람다운 삶의 존재 방식과 연결되면서 아버지를 아버지이게끔 하는 특징을 총체적으로 조명한다. '두모가치'라는 제목은 작가의 아버지 별명이다. 두 사람 몫을 거뜬히 감당한다는 뜻이다. 작가는 "아버지는 목수일, 쓰미, 미장 따위 못 하는 일이 없을 정도로 팔방미인이었지만 전문적인 기술은 없었습니다."라고 쓴다.

"하역 일꾼으로 10년을 일하신 이후에는 일흔이 넘도록 30년 이상을 노가다 판에서 막일꾼 노릇을 하셨습니다. 13년 전, 일흔 중반에 간암에 폐암 합병증으로 돌아가셨는데 입관할 때 아버지의 시신을 붙들고 통곡하시던 엄마의 말씀에 의하면 세상의 온갖 먼지를 다 자셔서 그렇게 일찍 돌아가셨다고 하네요."라며 아버지의 죽음을 들려주는 작가의 목소리에는 한스러운 기미가 크게 없다. 아버지의 삶을 뿌듯해하는 마음이 그의 고된 생에 대한 연민을 넘어서기 때문이다. 사람들은 진리를 배운다고 말할 때 흔히 책을 생각한다. 그러나 책이 아버지만큼 진리를 가르칠 수 있을까?

회광반조(回光返照)

고경서(경숙)

　가덕도 너머로 해가 진다. 아미산 전망대서 바라보는 노을은 화려하면서도 장엄하다. 하루를 소진한 태양을 애도하는 양 잉걸불처럼 벌겋게 탄다. 고요한 화염이 나를 빨아들이는지 내가 빨려드는지 모를 감정의 물살에 휘말린다. 어제는 황금빛 계열로 오늘은 선홍색으로 바다와 하늘을 덧칠한다. 쇠잔한 빛살이 농담(濃淡)을 달리해도 갈등이나 대립 없이 스며들고, 번지고, 물들면서 서로의 영역을 넓혀간다. 미인의 눈썹처럼 길게 뻗은 물길이 모래톱을 끼고 에돌아 흐른다. 비탈에 선 하루가 가쁜 숨을 몰아쉰다.

　일몰을 응시한다. 찬바람 속에선 노을이 더 붉다. 빛의 그물에 걸린 바다가 형형색색의 물비늘로 일어선다. 몽환적이다. 소멸에 든 그림자들이 생의 끈을 필사적으로 붙드는 양상이다. 반짝이는 물결 사이로 환희에 찬 생명과 죽음의 공포에 잠수라도 하듯이 한 사람이 떠오른다. 마크 로스코다. 절대고독 앞에서 자유로운 영혼으로 예술혼을 불태운 화가의 작품 〈레드〉를 환기시킨다. 화폭 전체를 빨강으로 칠했는데 마치 심연에서 들끓는 용암이거나 선혈이 낭자한 불꽃 같았다. 그것은 욕망의 색이자 결핍의 색이기도 해 살아있는 한 소유가 충족되지 않는다. 죽음만이 온전히 채울 수 있다. 마음을 움직이는 영적인 힘의 파장 탓인지 그 자리에 주저앉고 말았다. 사랑에서 증오에 이르는 정열적인 색상인데도 비장감이 서렸던 것은 그가 이 그림 속에서 장렬히 산화했기 때문이다.

낮과 밤이 교차하는 해 질 녘에는 모든 존재, 즉 빛과 어둠, 삶과 죽음, 생성과 소멸, 순간과 영원 등이 이중성을 드러내며 순환하거나 종지부를 찍는다. 뉘엿뉘엿 지는 해는 인간 세상의 희로애락을 보는 것 같아 알싸한 통증이 가슴을 쓸어내린다. 끊임없이 살아 꿈틀거리는 형상은 감정이입으로 흔들리고 만다. 매번 감정의 진폭도 다르다. 세월의 풍파에 노화된 육체가 견디고 버텨낸 삶의 무게를 내려놔야 하는 부담감으로 홀가분하지가 않다. 종국에는 잊힐 법도 한 참담한 기억까지 선연히 떠올라서 등뼈를 곧추세우며 석양을 뜨겁게 껴안을 수밖에 없다. 눈시울을 붉히는 노을은 회한이요, 그리움이다.

아버지는 인생의 난바다에서 암이라는 이안류에 휩쓸려 오래 투병 생활을 하셨다. 작은 병원에 입원 중인 그날은 사흘간의 황금 연휴가 시작되는 첫날이었다. TV 화면으로 본 사찰에 걸린 연등 행렬은 환자의 고통과 다른 축제 분위기로 술렁거렸다. 주치의는 휴무였고, 간호사들만 병실을 오갔다. 진통제 패치를 두 개나 붙였는데도 통증은 심해져 갔다. 어금니를 깨물며 고통을 호소하는 몸부림은 처절했다. 뼈만 남은 다리를 주물러 드리는 것 외에는 할 수 있는 일이 없었다. 시간은 천천히 흘렀고, 신음이 잦아지면 간호사실로 달려갔다. 간호사는 진통제의 강도를 한 단계씩 높인다며 두어 차례 링거에 약물을 주입했다.

아버지의 눈꺼풀에서 경련이 일었던가. 그리고 깊은 잠에 빠져들었다. 혼수상태로 꼬박 사흘을 넘기고 있었다. 참으로 어리석게도 무의식에서 깨어날 것이라 믿었지, 생명이 꺼진다고는 까맣게 몰랐다. 실체 없는 희망이 점차 불길한 예감으로 바뀌면서 피를 말렸다. 셋째 날 새벽, 바다가 포말을 토해내듯 코와 입으로 흰 거품을 게워냈다. 몸속에 그토록 많은 양의 기포가 있다는 게 놀라웠다. 의식적인 반응이 없었던 터라 쏟아낸 분비물을 절규인 양 지켜볼 뿐이었다. 몇 분 후에 모니터가 일직선을 그으며 멈췄다. 죽음이 거짓말 같고 비현실적으로 보였다. 어둠을 벗기던 먼동도 밤의 마취에서 덜 깼는지 혼곤하면서도 흐릿했다.

연휴가 끝나고, 의사에게 진통제 과다로 사망하셨다고 말했다. 그러자 "어차피 돌아가실 목숨입니다. 통증 없이요."라고 짧게 대꾸했다. 밑도 끝도 없이 잘라낸 토막말에서 단지 죽음의 시간만 앞당겼을 뿐 극심한 통증은 없지 않았냐는 말투로 내 귀는 알아들었다. 그 매몰차고 비정한 언사에 제대로 항변하지 못한 채 문을 닫고 말았다. 그 말은 가슴에 못으로 박혔고, 찔린 상처는 아물지 않고 덧났다. 아니다. 어떤 말도 항변하지 못했다는 자책감에 시달렸다. 한 생명이 무참히 스러졌는데도 세상은 그대로였다. 응어리진 마음에 혓바늘이 돋았다. 태양은 벼랑 끝에 섰을망정 저렇듯 광휘로운데 어쩌자고 아버지는 의식도 없이 그 먼 저승길을 건너갔을까. 무주고혼으로 북망산천을 떠돌지는 않으실까. 불효자가 비통한 심정을 핏빛 석양에 짓찧어가며 뭉개는 걸 이젠 보고 계실까. 끝까지 안간힘으로 타고 있는 해에게 이렇게라도 죄의식을 전한다.

석양을 배경으로 모래톱이 있다. 태백의 골짜기에서 발원한 물줄기가 칠백 리 길을 흘러와 하구에서 긴 노정을 끝낸다. 하구는 바다의 입, 강의 상류로부터 떠내려온 오물을 삼킨 퇴적물이다. 삶의 격랑에 떠밀리던 내 뱃속에도 모래톱이 있다. 슬픔과 회한, 그리움의 입자들이 층층이 쌓였다. 아버지의 부재에 이르면 홀로 감당하셨을 죽음이 막막해 탄식이 절로 나온다. 그 황망한 죽음을 이해하지 못하고 내가 나를 괴롭힌다. 사별을 체화하기까지는 더 많은 노을을 끌어안아야 하리.

바람이 분다. 잔뜩 웅크린 바다를 만지는가. 잔광마저 윤기가 돈다. 바짝 긴장한 하늘이 잠시 환해진다. 해가 떨어지고 어스름이 내리기 직전, 아쉬운 듯 머뭇거리는 틈으로 일순 밝은 빛이 비치는 현상을 회광반조라고 한다. 이처럼 사람도 죽기 전에 잠깐 맑은 정신이 돌아옴을 비유하는 말이다. 사경을 헤매는 그 찰나에 소중한 가족의 음성을 들으면서 이승과 작별한다는데 아버지는 눈가에 물기만 맺혔다. 어떤 망자는 사후에도 눈을 뜬다는데 당신은 감은 눈으로 귀 막고, 입 닫은 채 조용히 운명하셨다. 죽음과의 사투도 없이 홀연히….

작은 배 한 척이 하구 쪽으로 급히 내달린다. 바람의 기척에 예민해진 바다가 모래톱을 핥았다가 뱉는다. 검은 새 한 마리가 젖은 발로 날아오른다. 인간은 새처럼 날개를 갖지 못해 무수한 길을 품 안에 감추고 있다던가. 한낮의 태양보다 뜨겁지도 차갑지도 않은 노을은 한바탕 통곡이라도 쏟아내라고 제 가슴을 내어주는가. 사부곡이 하늘로 오르는 긴 외줄을 탄다. 마음속 어스름 따윈 버리고, 비우고, 잠재우라며 흔들어 깨우고 있다. 저녁이 어둑발을 신고, 등을 켜는 도요로 성큼성큼 걸어온다.

신생의 땅, 모래톱은 밤마다 나무가 자라는 섬을 꿈꾼다.

《인간과문학》 2024년 여름호

고경서
2002년 《농민신문》 신춘문예 등단 / 수필집 『감성어 낚시』
cyclamen830@hanmail.net

| 평설 | **슬픔의 환치** | 나 윤 옥 |

고경서의 수필은 특별하다. 소재를 묘사 문장으로 이끌면서 한 편의 수필을 쓰는 그만의 필력 때문이다. 문학적 미감이 충만한, 세세하고도 깊은 그만의 시선이 담긴 글을 쓰는 수필가가 고경서 작가다. 문장 훈련을 위해 필사할 작품을 찾는 이가 있다면 이 작가의 수필을 권하고 싶다. 이미 말한 바(졸저, 『작은 눈으로 읽는 서사수필』) 있는데, 작가가 한자리에 선 채 사과 하나를 들여다보며 써 간 「홍옥은 시다」라는 수필은 그 독특함 때문에 깊은 인상을 남겼다. 그 글은 볕 좋은 가을날, 푸른 하늘을 배경으로 오로지 잘 익은 홍옥 한 개로 쓴 원고지 16매 길이의 수필이다. 밀도 높은 촘촘한 묘사 문장들 속에 깃든 사유가, 묘사와 팽팽하게 조화를 이룬 수필이었다.

고경서의 「회광반조(回光返照)」를 읽으며 이번엔 '노을'인가 했는데, 읽어갈수록 글이 묵직해졌다. 슬픔과 슬픔이 내는 빛을 향해 있기 때문이다. 잉걸불처럼 벌겋게 타는 노을을 바라보며 사별의 슬픔을 체화하려는 작가의 마음이 뭉클하면서도 눈이 부시다.

글의 초반, 노을을 보는 작가의 시선은 섬세하고도 강렬한 묘사 문장으로 표현된다. 작가는 화염 같은 노을에 가슴 벅참을 느끼며 화가 마크 로스크의 <레드>를 떠올린다. 마크 로스크, 많은 사람들이 그의 강렬한 그림 앞에 서면 눈물을 흘린다고 한다. 그 그림은 스티브 잡스가 생전에 좋아한 것으로도 유명하다. 그런데 그 화가는 숙명적 비애감을 안은 채 제 손목을 그어 생을 마감하고 말았다. 작가의 상념은 노을에서 마크 로스크로 그리고 아버지를 황망히 떠나보낸 회한으로 이어진다.

오랜 투병생활을 하던 아버지가 마침내 생의 마지막 길 위에 섰다. 입원을 했으나 하필 황금연휴라 주치의의 처치도 받지 못하고 진통제를 과다 투여받게 되었다. 결국 의식을 잃은 상태로 사흘 만에 돌아가셨다. "태양은 벼랑 끝에 섰을망정 저렇듯 광휘로운데 어쩌자고 아버지는 의식도 없이 그 먼 저승길을 건너갔을까." 일몰을 응시하면서 작가는 통곡 같은 사부곡(思父曲)을 쏟아낸다. 죽기 전 잠깐 맑은 정신이 돌아오는 것을 회광반조에 비유하기도 하는데, 그 잠깐의 빛도 없이 고통과 혼수상태로 있다가 돌아가신 아버지. 애통함을 토해내는 작가의 모습은 그가 응시하고 있는 노을보다 붉고 처절하다.

글이 묵직하다. 환희와 슬픔과 그리움이 문장 안에 켜켜이 쌓여 압축된 느낌이다. 삶과 사물과 예술품을 깊은 눈으로 바라보며 그만의 색채로 글을 쓰는 작가를 이 수필에서 만난다.

작가가 치열하게 치러냈을 슬픔의 환치, 그 슬픔의 '정화'가 명징한 빛으로 와닿는다.

2부

빗장을 풀고 존재로 나아가기

대문 즘 열어 봐유

강현자

　발쌔 가을인게비네유. 시월이 왜 그르키 빨르대유. 고놈의 코로난지 머시깽인지 땜이 정신이 항개두 읎슈. 예전 겉으면 아이덜 운동히다 뭐다 혀서 동네가 떠들썩했겠구먼 천지사방이 조용허네유. 가을걷이 끝내면 우리 마을 부녀히서 단풍 구이경두 갔을 틴디 뭐 워쩌겠어유. 집구석이나 틀어백혀 호냐 있이야쥬 머. 아이구, 그라고 보니께 옛날 생각나네유. 우리 동네 종냄이네 뒷집에 대처 사램이 이사를 와가꾸 살었슈. 그 빨간 벡돌 이층집언 워냥 쥔은 따로 있넌디, 뭔 일인가 젊은 새닥네가 시를 읃어 왔대내뷰. 워째 이런 촌구석이까지 들으왔으까 동네 사램덜언 궁금했지만서두 그릏다구 대놓구 물어볼 수는 읎잖유. 그냥 뭐 속딘 말루다가 워티기 절단나서 왔내비다 하믄서 쉬쉬 했쥬 뭐.

　새루 이사 온 이층집이넌 아덜이 둘인디 고것 참 피부색두 허여멀건허니 이뿌게두 생겼대유. 대처 물이 오냥 좋아 그린 게뷰. 갸덜이 동네를 휘젓고 댕기니께 동네 으르신덜은 증신읎다 하지만서두 골목이 떠들썩허니 우리 애덜두 친구 생겼다구 월매나 좋아했넌지 몰러유. 인저 사람 사는 거 같었으니께유.

　그란디 그 새닥은 사무 집이서 대문 걸어 짱그구 뭐 하구 사나 몰르겄슈. 하기사 우리 겉은 사램은 치다보두 않겄쥬. 그래두 가끔 만내면 배시시 웃긴 허더라구유.

 새북에 들에 갔다 오다 보면 이층집언 여적 한밤중여유. 그 집 아자씨가 대처루 출퇴근을 허니께 싸이클인가 뭔가 허능기 우덜이랑은 다르겄지유. 암만 그려두 그렇지 어찌다 대문 안을 딜이다 보믄유 난리두 아녀유. 잔디를 깔은 거 겉은디 잡풀이 더 많어유. 제초제를 치덩가 풀을 뽑덩가 해야 허는디 도대처 만나야 갈쳐 주쥬. 과실 낭구에 과실은 지대루 딘게 항개두 읎는규. 약을 안 치서 벌거지 존 일만 시킨다니께유. 소독약 통을 빌려줄 팅께 가져가라 혀두 오덜 안 혀유. 빌려줘두 쓰덜 못 헌대유. 그래 우리가 나서서 해 주구 싶어두 농샷일 바쁜 우리가 워디 짬이 나야 말이쥬. 때 디면 전지두 히주야 가쟁이가 배깥이루 안 넘어 가넌디 도시 그란디는 관심이 읎는 건지 몰러서 못 허는 건지 답답혀서 죽겄슈. 그래 항 개씩 알켜 줄래두 도통 문 열구 나오덜 않어유.

 오른손이루 장 떠먹는 사램은 그릇기 안허는 긴디 그 집이넌 왜 걸핏하면 대문을 짱궈놓나 몰르겄슈. 대문이 열렸으야 오매가 매 딜이다 보믄서 친해질 거 아뉴? 어차피 우덜 동네루 들우왔으면 인저는 한 식구나 매한가지잖유. 안 그류?

 대처서 이런 촌구석이루 이사와 한동네 사람 됐이니께 인저 면을 좀 트구 살으야잖유. 이제나저제나 눈치만 보구 있넌디 하루는 저녁 늦게꺼정 이층집에 불이 훤허게 켜진 규. 사램이 경장히 많이 모인 거 같었슈. 그래 우리집 냥반이 저니들 허구 인사나 트자구 나슨 규. 이층집 아자씨허구 우리 애덜 아부지허구는 나이두 비슷허구 애덜두 비슷허니께 잘 새겨보구 싶었던 기지유. 우리 상진 아부지두 낯이 설으니께 술을 한잔 걸치구 이층집엘 찾아갔슈. 근디 그놈이 술 때미 사단이 난규. 쪼꼼 있으니께 막 큰 소리가 나더라구유. 아마 그 집이서는 우리 상진 아부지가 술주정이래두 하는 중 알었내뷰. 내 참 기가 맥히서 말이 안 나왔슈. 아, 우리 상진 아부지루 말할 것 겉으면 동네 이장을 맡은 디다가 워디 가서 겡우 읎는 짓은 안 하걸랑유. 친해보자구 찾아간 것이 그만 문 안에 발두 못 딜여보구 쫓겨나듬이 나온 규. 씩씩거리매 돌아오는디 그 속을 갱신히 달랬지 뭐유. 내가 다 속상허대유.

다암날 이층집 새닥이 미안허다구 찾어왔대유. 어젯밤에 집들이를 했대나 뭐래나. 직장 사램덜을 초대했넌디 느닷읎이 상진 아부지가 찾어와서 아는 척을 허니께 다덜 분위기가 이상해졌다능 규. 이층집 아자씨 승격이 원래 사램을 쉽게 못 새긴다믄서 이해해 달라구 허대유. 듣구 보니께 내가 더 미안했지 뭐유. 직장 사램덜끼리 화합허는 자리였을 틴디 우리 상진 아부지가 가서 재를 뿌린 기쥬. 요즘 사램덜 말루다가 낄 때 끼구 빠질 때 빠지야 허는디 그걸 못 한 기쥬. 그 새닥 얘길 듣구 보니께 내 얼굴이 화끈거려 혼났슈. 인자 그 집 아자씨 얼굴을 워티기 보나 했어유.

그런 일이 있구 얼마 안 있으니께 새닥이 안 보이대유. 읍내 워

디루 취직을 혀서 호이사에 댕긴다구 허대유. 아침에 나가믄 원제 오는지 동네서 돌아댕기는 걸 못 봤슈. 읍내서 집집마다 댕기매 애덜 공부를 갈친대나 뭐래나. 굉일날에나 마당에서 풀을 뽑는 모냥이대유. 암튼 우덜이랑은 잘 어울리두 못 허구 호냐 가생이루만 도는 거 겉으더니 디루 이사를 나갔슈.

근디 사람 사능기 참 이상허대유. 든자리는 몰러두 난자리는 표 난다구 이층집이 이사가니께 동네가 텅 빈 거 같었어유. 이층집언 또 왜 그르키 높이 뵈던지유. 한동안 울 애덜두 맴을 못 잡더라구유. 츰에 갸덜 이사왔을 즉에 울 애덜이 엄칭이 좋아했걸랑유.

말이 나왔으니께 말인디유 사실 촌(村)이라는 디가 워떤 디유. 한자(漢字)루다가 마을 촌(村)자를 풀어보면 낭구를 중심이루 가차운 친족끼리 모뎌서 사는 디가 아니겄슈. 요새는 같은 혈통은 아녀두유, 누구 집에 숟가락이 몇 벌이 있능가 알 정도루 한 식구처럼 지내는 디가 촌이잖어유. 옛날버텀 힘들게 농삿일을 헐라니께 워쩔 수 읎이 서루 품앗이를 허믄서 살으야지 호냐는 지 아무리 잘났어두 말짱 헛일인거 몰러유? 그러니께 남으집 대문을 지집 드나들듯 허능규.

새댁이 그걸 몰랐등규. 동네 사램덜언 새 식구가 와서 워티기 잘 해 나가나, 뭐래두 도와줄 기 읎나 싶어 자꾸 디다봉긴디 이층집언 그게 싫었등게뷰. 관심을 간섭이라구 생각한 모냥여유. 인저 와서 말인디유 새댁네가 오해나 풀었으믄 좋겄어유. 그니두 우덜

이랑 친해보구 싶었겼지 시상에 이웃지간에 담 쌓고 살구 싶은 사램이 워딨겠슈. 근디 노상 대문을 짱궈노니께 도통 말두 안 통허구 물에 기름 뜨득기 호냐 그륵허다 이사를 갔내벼유. 그나저나 이층집 새닥은 지금쯤 워디서 워티카구 사능가 몰르겠슈. 서루 나이들어 가믄서 툭 터놓고 얘기허든 못 헐 말두 읎을 긴디. 지금이래두 닫힌 맴 활짝 열어제쳤으믄 싶네유. 알구 보믄 사램 맴은 다 같은 거 아뉴. 안 그류?

새닥네, 대문 즘 열어 봐유.《한국수필》 2024년 4월호

●

강현자

2019년 《한국수필》 등단 / 수필집 『나비가 머무는 이유』『욕망과 희망 사이』
khj5330@hanmail.net

| 평설 | **빗장을 풀고 존재로 나아가기** | 이 방 주 |

인간이 철학적인 존재라는 것을 전제로 하면 식욕, 성욕 외에 고독으로부터 벗어나고자 하는 본능을 하나 더 들 수 있다. '관계'를 지어 존재로 나아가고자 하는 본능이다. 모든 존재자는 관계망으로 인(因)과 연(緣)을 맺으면서 존재로서 가치를 지닌다. 관계는 인식의 열쇠이고 애정의 젖줄이고 상생의 생명원이다.

강현자의 「대문 즘 열어 봐유」는 개별적 존재자로서 관계와 소통에 대한 절실한 소망을 드러낸 작품이다. 이 작품에는 대문을 경계로 두 개의 세계가 존재한다. 서로 다른 문화를 지닌 대문 안의 세계와 대문 밖의 세계가 그것이다. 우리는 태어나면서부터 자신이 처한 세계가 지배하는 관습이 몸에 배면서 서로 비슷한 문화의 옷을 입고 상생하는 인간으로 성장한다. 그런 문화 속에서 개인은 세계와 끊임없이 영향, 즉 인과 연을 주고받으며 상생하고 변환하면서 사회인으로 성장한다.

이 작품에서 두 세계는 서로 소통을 소망하지만 뜻을 이루지 못한다. 소통을 가로막는 것은 잠긴 대문으로 표상되는 것 같지만 실제는 소통의 매개인 언어가 다르다는 것이다. 대문 안의 새댁은 문화적인 언어를 사용하지만 대문 밖의 상진어머니는 방언을 사용한다. 새댁에게는 상진어머니가 방언이고 상진어머니에게는 새댁이 방언의 세계이다. 서로가 낯선 문화에서 살면서 관계와 소통을 소망하지만 이루어지지 않는다. 대문에는 빗장이 걸려 있고 언어가 단절되어 있기 때문이다. 작가가 이 작품을 통하여 전달하고자 하는 미적 가치가 사투리 보존에 있는 것으로 분석했다면 작품성을 제대로 이해하지 못한 것이다. 사투리는 두 개의 세계에서 '빗장 걸린 대문'의 은유적 장치로서 서사를 이끌어가는 점을 간과해서는 안 된다.

이 작품의 재미는 서술자의 설정에도 있다. 서술자는 수필적 자아인 작가 자신이 아니라 상대자이며 이인칭 화자인 상진어머니로 설정되었다. 수필에서 이인칭 서술자는 경험을 공유한 객관적 목격자, 심문자, 증언자로 상대의 내면 심리는 들여다볼 수 없어서 소설의 일인칭 관찰자처럼 객관적 서술에 국한된다. 이 작품에서는 자아의 진정성 탐구에 적잖은 효과를 가져다주었다. 작품 배경이나 인물, 서술자의 유기적 구성으로 독자를 빠져들게 했다.

서양의 근대 철학이 존재의 탐구에 머물러 있는 데 비해 동양 철학은 일찍부터 존재에서 관계로 이행하여 인간의 삶에서 '관계'를 중요시하였다. 관계는 상생의 출발이기 때문이다. 이 작품은 일상을 바탕으로 한 서사에 담아내어 공명을 주었다. '대문'에서 빗장은 관(關)이고 열고 나가면 계(係)로 이어진다는 사실을 인지하면 쉽게 작가의 의도를 파악할 수 있을 것이다. 사람들은 오늘도 서로가 서로에게 소리 없는 소리를 지른다.

"대문 좀 열어 봐요."

소대(燒臺)

백송자

연기가 갈팡질팡한다. 어디로 가야 할지 몰라 길을 잃고 허둥대듯 한자리에서 맴돈다. 굴뚝으로 시원하게 빠져나가지 못한다. 습한 날도 아니고 태양이 이글거리는 뜨거운 칠월인데 훌쩍 떠나지 않고 대지에 바짝 엎드려 서성인다. 풀지 못한 인연의 매듭이 무거워 그런가. 풀무라도 돌려 하늘로 오르는 바람길을 터주고 싶다. 훠이 훠이.

대나무 부지깽이로 잔불을 헤집는다. 미련일랑 두지 말고 좋은 곳으로 가라고, 부디 새처럼 바람처럼 훨훨 날아 뒤도 돌아보지 말고 거침없이 가서 편히 지내라고 주문한다. 염원이 닿았는지 한참 뒤에야 연기는 사라지고 재만 남는다. 그 재를 식힌 후 한지에 담아 소나무 아래 묻고 한 줌 흙으로 돌아가 영면하길 발원한다.

소대(燒臺)란 불교에서 재(齋)를 지내고 난 후에 망자의 옷가지, 위패 등을 소각하는 곳이다. 일반 소각장과는 다르게 평소에는 굳게 닫혀있다. 각 사찰에서는 주변을 늘 깨끗이 정돈하고 소중히 다루며 주로 명부전이나 삼성각 근처에 있다. 소대는 망자만을 위한 공간이다. 망자의 극락왕생을 축원하며 재를 지낸 그 정성으로 소각에도 예우를 다한다. 경남 산청의 대성산에 있는 정취암의 소대

에는 친절한 글귀가 있다. '소대는 종교의식 시설물로 일반 쓰레기 소각을 금합니다.'

평소에 절 경내를 둘러보다가 소대 앞에 서면 나도 모르게 두 손을 모으고 합장한다. 많은 이의 이야기가 담겼다가 흩어진 곳이기에 그렇다. 소대에는 대나무로 만든 부지깽이가 늘 누군가를 기다리듯 혹은 배웅하듯 비스듬히 기대어 있다. 숱한 사연을 품고 버티느라 애썼을 이 작은 공간이 애틋하다.

사방이 슬픔으로 가득하다. 스님의 목탁과 염불 소리 사이로 흐느끼는 울음이 훅 들어와 쓰러지곤 한다. 제법 두툼한 방석 위로 고꾸라지는 무릎의 절규도 단단한 고요함을 절단하고 삐져나온다. 다만 사진 속의 얼굴만이 제자리를 지키며 환하다. 그는 어쩌자고 저리 해맑게 웃고 있단 말인가. 절을 올릴 때마다 그의 얼굴과 마주친다. 처자식 두고 심지어 노모까지 이곳에 남겨두고 그 먼 길 가면서 저 웃던 얼굴에 몰려왔을 상심을 생각하면 다리가 풀린다. 그녀는 틈 하나 없이 절을 하고 또 절을 한다. 그의 극락왕생만을 빌며 애통함을 삭이고 있다.

이별의 준비는커녕 인사도 없이 갑자기 떠난 그를 이해할 수 없어 그녀는 쉼 없이 절하며 비틀거리지 않으려고 눈을 질끈 감았다. 그녀 앞에서 쓰러지고 병원에 이송하고 일촉즉발의 위기에서 무너진 그와의 시간이 마지막이었음을 받아들일 수 없어 넋을 놓았다. 사람들이 조문 와서 한 마디씩 건네는 말에는 한결같이 그와의 이별이 들어 있었다. 그는 본인이 떠날 것을 알고 행한 것처럼 가까운 이와 두루두루 함께하는 시간을 가졌다. 다만 가족에게만은 아니었다.

남편의 죽음을 예상하지 못한 후회로 그녀는 일어서지 못했다. 아무리 지난날을 복기해 보아도 별다른 징후가 없다. 늙은 어머니와 아이들도 마찬가지다. 늘 든든한 울타리로 그 자리에 있는 믿음직한 아들이요 자상한 아버지였다. 널리 알려져 있지 않은 작은 사찰에서 초재를 시작으로 49재를 올리고 그의 옷과 위패를 소대에서 태우며 빌고 또 빌었다. 저세상이 외롭지 않기를 바라며 부디 잘 가시라고.

사람의 죽음에는 호상은 없다. 천수를 누렸어도 자손에게는 큰 슬픔이다. 하물며 처자식을 남겨두고 홀로 급작스레 떠나야 하는 죽음에는 기막힌 사연이 겹겹이 쌓여 있다. 그 사연이 퇴색하기까지는 긴 세월이 절대적으로 필요하다. 조금은 옅어질지는 모르나 사실은 연기처럼 사라지지는 않는다. 늘 빈 가슴을 내리치는 아픈 멍이다.

살면서 부고를 접하는 경우가 많다. 부고는 나이듦의 지수라고도 했다. 가까운 이와의 이별이 많으면 많아질수록 우리가 한번은 가야 하는 그 길의 문턱에 다다랐다는 이야기다. 그러면서 대부분의 부고에도 담담해진다. 요즘은 조문하는 실태도 많이 바뀌었다. 예전에는 꼭 참석해야 했지만, 지금은 모바일 조문으로 예를 다하는 경우가 많다. 상심한 상주의 애통함을 함께 어루만져주지 못하다 보니 삶과 죽음에 대하여 고민하는 시간도 줄어들고 생각마저 접는다. 자신을 뒤돌아봄으로써 남은 시간을 허투루 쓰지 않고 주변을 배려하는 심성도 갖추지 못한다.

지아비를 잃은 그녀의 아픔을 내가 무엇으로 다 알 수 있겠는가. 다만 그녀 옆에서 등을 토닥토닥해주거나 어깨를 빌려줄 뿐이다. 그러다가 쏟아내는 한풀이를 들어주고 모래알 같은 밥알이나마 한술 뜨기를 바라며 마주 앉아 밥상을 받는다. 따듯한 물 한 컵 건네주면서 손을 잡고 울기도 한다. 슬픔의 바닥을 치고 올라올 수 있는 힘을 얻으면 좋겠다. 주변을 살뜰히 살피는 선한 사람으로 다시 살아내길 바란다.

소대는 다시 침묵이다. 죽은 자의 것을 보듬느라 벌겋게 달아올랐다가 차가운 고요함에 젖는다. 해우소 지붕에서 날아온 굴뚝새 한 쌍이 대나무 부지깽이에서 몸을 푼다.《수필과비평》2024년 7월호

●

백송자
2017년 《수필과비평》 등단 / 수필집 『숫눈길』, 『봄을 부른다』
09bank@naver.com

| 평설 | **소대(燒臺), 죽음에 대한 원형상징의 공간** | 이 방 주 |

문학이 삶의 양상을 담는 그릇이라면, 그 그릇에는 필연적으로 죽음에 대한 인식이 내재되기 마련이다. 삶의 방식에는 죽음이 내재해 있기 때문이다. 한국인들은 죽음에 대하여 어떤 의식을 가지고 있을까? '집단무의식' 이론을 체계화한 심리학자 융(Carl Gustav Jung)은 "인간의 다양한 경험은 어떤 식으로든 유전적 암호가 되어 다음 세대로 전달된다."라고 했다. 어떤 사실에 대하여 논리 이전에 원초적인 심상이나 감정의 유형을 알게 모르게 지니고 있다는 말이다. 문학 평론가들은 이를 원형적 사유라고 한다. 우리 민족은 '죽음은 끝이 아니라 순환이고 환생'이라는 원형적 사유를 지니고 있다. 사람은 초자연적인 영존의 세계에서 세속적인 인간의 세계로 왔다가 다시 초월적인 영속의 세계로 돌아가는 것으로 생각한다. 그래서 죽음을 '돌아간다'라고 말한다.

백송자의 「소대(燒臺)」는 한국인의 죽음에 대한 원형적 의식을 담아냈다. 가까운 사람의 죽음 의례를 보면서 삶과 죽음에 관한 인식을 문학적 형상으로 풀어냈다.

소대는 불교의 죽음 의례인 49재 절차 중 회향 의례인 '봉송-소대 의례'의 공간이다. 49재는 망자가 다음 세상으로 넘어가기 전에 머문다는 관습적 사고에서 나온 제례 의식이다. 소대는 죽음으로 가는 의례의 공간이고, 망자가 다음 세계로 간 것을 확인하는 시점이다. 그렇기 때문에 작가는 '망자의 극락왕생을 축원'하고 망자의 '이야기가 담겼다가 흩어지'는 공간이라고 했다. 연기는 사라지고 재만 남아 한 줌 흙으로 돌아갔지만, 돌아감은 소멸이 아니라 영생이라는 의미를 담고 있기에 슬픔을 극복할 수 있는 것이다. 소대는 죽음은 순환과 환생이라는 원형상징의 공간 의미를 갖는다.

　죽음은 언제나 허망하다. 더구나 예측할 수도 없이 황황히 떠난 죽음은 남은 사람을 더욱 망연하게 한다. 부고를 받고 조문을 하면서 예를 다하는 것 같지만 그 의례적 절차는 그저 담담할 뿐이다. 남편을 이별하는 지인을 위로할 수 있는 어떤 방법도 찾지 못한다. 다만 슬픔이 '바닥을 치고 다시 선한 사람으로 살아낼 힘을 얻기'를 바랄 뿐이다. 조문하면서 사람들은 오히려 자신의 삶을 돌아보게 된다고 했다.

　망자의 유품을 태워 연기로 날려 보내고 재만 남은 소대는 다시 침묵의 공간이 된다. 수필적 자아는 이승의 삶이 재와 침묵으로 환생한 자리에 '굴뚝새'를 불러온다. 의례를 거행하는 동안 벌겋게 달아올랐다가 다시 차가워지며 순환도 한다. 이렇게 소대 의례를 통하여 죽음으로서 죽음을 극복하는 초월 의지를 형상화한 작품이다. 이 작품은 소대와 소대 의례라는 제재를 통하여 우리 민족의 죽음에 대한 원형적 사유를 들여다보았다. 쉽지 않은 주제를 체험을 소환하여 평이하게 풀어낸 수작이다.

보일러 속이기

손봉호

얼마 전에 가스보일러를 설치했다. 조절기에 온도를 18도로 고정해 놓고 부족한 온기는 남향 창문을 통해 들어오는 햇빛과 지붕에 설치한 태양광 발전시설이 생산한 전기로 데우는 난로로 보충하도록 했다. 그동안 우리 부부는 일꾼들이 겨울 들판에서 모닥불에 손만 쪼여도 추위를 견디는 것에서 실마리를 얻어 전기난로를 효과적으로 이용해 왔는데, 가스를 절약하는 데도 이용하고 있다. 방 온도가 18도밖에 되지 않아도 난로가 곁에 있으면 좀 추워도 지낼 만하다.

나는 요즘 먼동이 틀 때쯤 잠자리에서 일어나는데 그 시간에는 아주 따뜻한 날이 아니면 보일러가 꼭 가동된다. 그것을 볼 때마다 나의 노랑이 근성이 작동한다. 조금만 참으면 햇빛과 전기난로가 집안 온도를 18도로 올려 보일러 작동을 멈출 텐데 그때까지 가스가 소비되는 것이 아까운 것이다. 그래서 나는 전기난로를 켜서 조절기를 향해 돌려놓는다. 난로의 열을 받은 조절기는 5분도 안 되어서 18도를 가리키고 가스는 그 이상 타지 않는다. 집안 온도는 아직도 17도인데 보일러가 속은 것이다. 그러나 점점 더 강해지는 햇빛과 계속 열을 내뿜는 전기난로 덕으로 집안 온도가 다시 17

도로 내려가진 않는다. 비록 짧은 시간이지만 보일러 작동이 조금 일찍 중지되므로 그만큼 가스가 절약되는 것이다. 나는 '티끌 모아 태산'의 신봉자다.

어느 날 아내에게 보일러를 속인 사실을 알렸다. 재미있어 할 줄 알았는데 아내는 화가 난 기색이었다. 지난 20년간 부엌에는 난방을 전혀 하지 않았고 지금도 내 양말을 기워줄 정도로 나 못지 않게 노랑이인데도 아내는 '속이는 것'에는 딱 질색이다.

난감하게 되었다. 가스를 절약할 것인가, 아내의 기분을 존중할 것인가? 좀 저울질한 끝에 거짓의 자체재생산 본성에 따라 아예 아내까지 속이기로 했다. 보일러를 속인 다음에 조절기 온도가 18도로 올라가면 아내가 일어나기 전에 얼른 전기난로를 다른 방향으로 돌려놓으므로 마치 보일러를 속이지 않은 것처럼 보이게 하는 것이다.

그런데 기계를 속이는 것도 비도덕적인가? 그리고 기계를 속이기 위해서 아내를 속여도 되는가? 이제는 거짓의 마지막 단계, 즉 핑계를 만들어야 하게 되었다. 핑계는 아직 양심이 남아 있다는 증거다. 우선 양심을 갖고 있다고 자부하는 자신부터 설득시켜야 한다. 지난 수십 년간 윤리 운동을 해 왔고 특히 정직성을 누구보다 더 강조해 왔는데 정작 자신은 보일러를 속이고 심지어 아내까지 속이려면 그만한 이유가 있어야 하는 것이다.

나는 '최대 다수의 최대 행복'을 도모하는 것이 윤리적이란 공리주의 대신 '최소수의 최소 고통'을 도모하는 것이 윤리적이란 '소극적 공리주의'를 주장한다. 칸트는 모든 거짓은 그 자체로 나쁘다고 주장했지만, 프랑스 사상가 뱅자맹 콩스탕(Benjamin Constant)은 죄 없는 사람에게 위해를 가하려는 사람은 속여도 된다고 주장했는데, 나는 한 걸음 더 나아가서 죄 없는 사람이 고통을 당하지 않게 하기 위해서 필요하면 악한 사람은 속여야 한다고 생각한다.

이 이론에 따르면 고통을 느끼지 못하는 기계를 속이는 것은, 그것이 직간접으로 어떤 사람에게도 고통을 가하지 않는 한, 비윤리적이라 할 수 없다. 내가 보일러를 속여도 보일러는 아파하지 않고, 그 때문에 어떤 다른 사람도 손해를 보지 않는다. 물론 짐승은 고통을 느낄 수 있으므로 가능한 한 그들도 아프게 하지 말아야 한다. 아들은 동물권리 운동가인 호주 출신 미국 철학자 피터 싱어(Peter Singer)의 강연을 통역하다가 채식주의자가 되기까지 했다.

문제는 아내를 속이는 것이다. 아내는 인격체고 더구나 남편을 철석같이 믿고 일생을 같이 살아왔는데 그를 속이는 것에 대해서는 무슨 핑계를 댈 것인가?

여기서도 나는 소극적 공리주의를 이용한다. 즉 보일러를 속이면서도 속이지 않은 것처럼 하는 것이 아내에게는 물론 어떤 사람에게도 해를 가하지 않는다는 것이다. 물론 언젠가 내가 보일러를 계속 속이는 것이 들키면 나에 대한 아내의 신임이 약해질 수 있고 그것은 나에게도 해롭다. 그러나 그때도 나는 소극적 공리주의로 아내를 설득시키면 된다. 내가 에너지를 절약하는 것은 내가 수전노이기 때문이 아니라 자원을 조금이라도 아끼므로 환경을 그만큼 덜 오염시켜서 전 인류가 조금이라도 고통을 적게 받게 할 수 있다는 논리다. 그러므로 아내는 화를 내고 나를 불신할 것이 아니라 오히려 공익을 위해서 아침에 추위를 참으려는 나를 더 존경해야 할 것이다. 나는 이런 윤리적 이론으로 무장하고 겨울 내내 보일러를 속일 작정이다. 《에세이21》 2025년 봄호

손봉호
1992년 수필집 『꼬집어 본 세상』 / 에세이집 『잠깐 쉬었다가』 외 3권
bongson@snu.ac.kr

| 평설 | **명징하면서 유쾌한** | 한 혜 경 |

"허구나 허세, 속물과 속기, 미문과 난문, 현학과 망설 등을 모두 배제했다."

김태길 수필의 특성을 요약한 허세욱의 문장이다. 수필가가 깊이 새겨야 할 금과옥조로 간직해온 말인데, 손봉호의 「보일러 속이기」를 읽으며 불쑥 떠올랐다. 미문과 허세, 현학적 과시 없이 삶의 철학을 명쾌하게 펼쳐내고 있기 때문이다. 쿡쿡거리며 웃다가 정신을 차리니 어느새 작가의 철학에 경도되었음을 깨닫는다.

기상천외한 제목으로 궁금증을 불러일으키며 시작하는 글은 보일러와 아내를 속이게 된 사연과 그에 대한 도덕적 이론으로 구성되어 있다. 단순명료한 문장으로 상황을 설명한 뒤 속이는 행위에 대한 다각적 고찰을 정연하게 전개한 글을 따라가다 보면, 시원하게 뻗은 아우토반을 달리는 듯 카타르시스마저 느끼게 된다.

'보일러 속이기'란 태양열 전기난로를 사용해 조절기 온도를 올리는 것을 뜻한다. 평소 온도를 18도로 설정하고 부족한 온기는 햇빛과 전기난로로 보충해 오던 터라, 요즘 먼동이 틀 때쯤 보일러가 가동되는 것이 아깝다. 조금만 참으면 햇빛과 난로가 18도로 올려줄 텐데 그때까지 가스가 소비되는 것이 아까운 것이다. '노랑이 근성'을 발휘해 조절기를 향해 난로를 돌려놓는다. 그랬더니 바로 18도가 되어 보일러가 멈춘다. 그런데 집안 온도는 아직 17도이므로 보일러가 속은 것이다.

그런데 아내는 "화가 난 기색"이다. 아내 역시 작가 못지않은 노랑이지만 "'속이는 것'에는 딱 질색"이다. 이에 비해 작가는 속이기 자체는 비도덕적이지만, 상황에 따라 허용할 수 있다고 본다. "가스를 절약할 것인가, 아내의 기분을 존중할 것인가?" 저울질하다가 아내를 속이기로 한 것도 이 입장에 따른 결정이다.

속이는 행위의 타당성을 위해 작가는 '소극적 공리주의'를 이용한다. 곧 보일러를 속여도 "보일러는 아파하지 않고, 그 때문에 어떤 다른 사람도 손해를 보지 않는다"는 것이다. 아내를 속이는 일 역시 아내를 포함해 어떤 사람에게도 해를 가하지 않을 뿐 아니라, 자원을 아껴서 환경 오염을 줄이려는 것이므로 공익을 위한 행위임을 역설한다.

이로써 이 글은 매 장면이 생생하게 묘사된 전반부와 삶의 철학이 자연스럽게 유로된 후반부가 결합되면서, 흥미로우면서도 깊이 있는 글로 완성된다. 그리고 자신의 소신을 드러내되, 도덕 교과서의 진지한 어조 대신에 유머러스한 톤으로 서술함으로써, 해학적 분위기와 자연스러운 설득력을 확보한다.

특히 군더더기 없는 문장은 작가의 철학을 명확하게 전달한다. 그리하여 쉬우면서 명징한 표현은 평생 견지해 온 신념을 실현한 삶과 풍부한 학식에서 비롯된다는 사실을 새삼 확인하게 한다. 이 경지에 이르렀는데, 속물적 과시와 허세, 미문이 왜 필요하겠는가.

별안간

최윤정

마당이 넓고 장독대가 많은 집에 셋방을 살았다. 주인집이 꽤 부자여서 담이 높고 대문 단속이 철저했다. 여기서 사는 동안 엄마는 일하러 나갈 때 방문을 잠그지 않았다. 단칸방에서 가지고 놀 만한 건 책뿐이었다. 이것저것 닥치는 대로 읽었다. 엄마는 그런 나에게 희망을 걸어보겠다는 듯 푼돈이 생기는 족족 책을 사줬다. 더 찢어질 것도 없는 궁색한 살림에 다섯 살 무렵 혼자 글을 깨치고 셈을 하는 아이는 부모가 고된 생활을 이어가게 하는 힘이 되었다.

일곱 살 무렵 엄마가 할부로 위인 전집을 샀다. 『전래동화』와 『동아대백과사전』도 들였다. 한꺼번에 많은 책이 생겨서 그저 좋았다. 몇 번이고 다시 읽으며 아침부터 밤까지 혼자여도 괜찮았다. 책을 읽다가 마당에 나가 놀기도 했다. 우물에 돌을 던져보거나 물을 길어 올리기도 하고, 몰래 주인집 장독 뚜껑을 열어 장을 손가락으로 퍼먹기도 했다. 그래도 책 읽는 것이 제일 재미있었고 마당에서 잠깐 딴짓을 하는 것은 다음 책을 보기 위한 전조에 불과했다.

동화책을 읽다 한 단어가 내게 최초로 온 순간을 기억한다. '별안간'이라는 단어는 무슨 뜻일까. 문장 안에서 어림잡아 이해할 수 있는 위치가 아니었다. 사전은 없고 물어볼 어른도 없었다. 어린 나는 혼자 곰곰 생각했다.

별의 안간이라니. 얼마나 밝고 푹신한 말인가. 빛의 아름드리 안쪽으로 눈부신 마당이 있고 엄마의 품처럼 포근한 바람이 간간이 부는 곳일까. 손톱만 한 흰 아기별 꽃이 만개한 나무가 있는 곳. 우물에서는 언제나 따뜻한 물이 길어지고 어디선가 불어온 바람에 앞 머리칼이 흔들릴 때 아기별 꽃이 우수수 떨어져 날리는 곳. 별의 안간에서는 모든 것이 부드럽고 온화하여서 겨울이 와도 엄마는 새벽에 부러 일어나 연탄을 갈지 않아도 될 것이다. '별안간'이라는 단어는 이렇게 무한히 환하고 따뜻하다는 뜻일까.

한 계절 동안 이 단어를 가지고 놀았다. 한낮 마루에 앉아 눈을 감고 고개를 들면 눈꺼풀 안까지 주홍빛으로 들어차던 태양의 힘. 작고 동그란 이마로 뛰어내리던 빛의 아가들. 정수리를 빙빙 돌리며 노래를 흥얼거리면 습자지처럼 얇은 현기증이 일었다. 눈을 감아도 보이는 세상이 있었다. 섬광이 이는 하늘을 눈 꼭 감아 가두면 나의 안간은 작고 빛나고 금방이라도 넘어질 듯 위태로운 별이 되었다.

내 안에 별의 안간을 들이고 많은 것을 담았다. 정말로 재미있었던 이야기들과 이미 죽은 사람들의 이름. 피라미드의 신비와 마당 감나무, 바닥에 떨어진 풋감들. 우물 옆에 만개한 작약과 손으로 툭 치면 흩날리던 노란 꽃가루. 어느 날의 빗소리와 국 냄비에서 터지던 거품, 시큼한 냄새 그리고 마을 구판장 외상장부에 적힌

내 이름. 나는 자주 눈을 감고 내 안간의 것들을 들여다보며 보살폈다.

어느 해에는 외할머니집에서 지냈다. 할머니는 또래보다 마르고 왜소한 나를 안쓰러워했다. 이것저것 주는 대로 받아먹고 할머니의 말동무가 되어 지냈지만 대체로 엄마를 기다리며 보내는 날들이었다. 해가 저물면 어린 나로서는 근원을 알 수 없는 불안으로 쉬 잠들지 못했다. 뒤척이는 손녀의 턱밑까지 무거운 솜이불을 당겨 덮어주던 손길, 할머니는 거친 발로 내 차가운 발을 비벼주었다. 이불에 밴 군불 냄새를 맡으며 할머니가 들려주는 옛날이야기를 들었다. 그 품에서 까무룩 잠이 들어 도착한 노구의 안간은 앙상했지만 성긴 울타리에서 박하 향이 났다. 옛날 옛적의 산골을 누비고 구름을 타고 선녀가 되어 천국에서 놀았다.

장독대에 붙은 달팽이는 손가락으로 툭 치면 제 안간으로 머리를 숨기고 톡 떨어졌다. 소금물에 담가 둔 풋감은 꼭지 안으로 별의 안간을 들여 노랗고 달콤하게 삭아 갔다. 우물에 고개를 박고 부른 노래들은 길고 어두운 통로를 따라 우주까지 흘러갔을까. 고추장에 손가락을 푹 찔러 넣고 붉은 안간의 맛을 쪽쪽 빨아먹으며 나는 커갔다.

오줌이 마려워 잠에서 깨면 아빠와 엄마는 입을 벌리고 잠이 들어 있었다. 허술히 열린 안간에서 고단한 숨소리가 새어 나오고 한 번씩 알아들을 수 없는 우주의 언어를 뱉었다. 너무나 피곤

해 보이는 두 사람의 얼굴을 보며 나는 아이러니하게도 안도감이 들었다. 그래도 이 단칸방으로 돌아와 몸을 뉜다는 사실. 악착같이 한 이불을 덮고 잠이 들었다는 사실. 무방비상태로 열린 두 사람의 안간에서 여전히 온기가 있고 익숙한 냄새가 흘러나왔다.

또래보다 조숙하고 외로움을 타지 않는다는 것이 되바라졌다거나 건방지단 평가로 돌아왔지만 괜찮았다. 내게는 가지고 놀 책과 어찌 되었든 집으로 돌아와 한 이불을 덮고 잠들던 두 사람이 있었다. 밤이면 엄마가 나를 안간에 들여 재우고, 낮에는 세상의 안간들이 요람이 되어 나를 돌봤다. 살펴보면 여기저기 반짝이던 별의 안간들이 밤이나 낮이나 수두룩했다.

후에 사전에서 '별안간'은 '갑작스럽고 아주 짧은 동안'이란 뜻인 걸 알았음에도 이 단어를 만나면 내 의지와 상관없이 순식간에 따뜻한 곳으로 건너갔다. 별안간 도착한 곳에는 두 손을 가슴에 모으고 누운 할머니가 있었다. 이제는 엄마도 그 곁에 누워 있다. 가슴에서 무언가 뭉클한 것이 비집고 나오려 할 때 우리는 우리가 품은 별의 안간이 있어 오래도록 뜨거울 것이다. 《한국산문》 2025년 2월호

●

최윤정
2010년 《대구매일신문》 신춘문예 등단 3338gh@naver.com

| 평설 | **'별의 안간'에는 사랑의 꽃이 핀다** | 한 혜 경 |

"길을 잃어 절망에 빠지려 할 때, / 그대의 다정한 음성이 나를 다시 부른다."

에밀리 브론테는 「상상력에게」란 시에서 이렇게 노래했다. 삶이 힘겹더라도 상상력이 함께하니, 상상력은 "인간 근심의 확실한 위무자"라고 읊었다.

이 시처럼 최윤정의 「별안간」은 한 외로운 아이에게 상상의 세계가 얼마나 환하고 따뜻했는지, 아름답고도 섬세한 필치로 그려내고 있다.

"더 찢어질 것도 없는 궁색한 살림", 부모는 일하러 나가고 아이는 하루 종일 단칸방에서 혼자 지낸다. 하지만 책을 좋아해 책만 있으면 혼자여도 괜찮았다. 어느 날, 동화책을 읽다가 "별안간"이란 단어를 마주한다. 사전은 없고 물어볼 어른도 없었던 아이는 혼자 곰곰 생각한 끝에 "별의 안간"이라고 해석한다.

단어의 명확한 의미는 원활한 소통에 필수불가결한 요소이다. 단어의 바른 뜻을 묻는 시험에서라면, 아이의 해석은 오답이다. 그러나 상상의 세계에서는 오답과 정답을 구분하는 것이 무의미하다. 이 "밝고 푹신한 말"에서 "환하고 따뜻"한 세계를 상상하고 행복해하면 되는 것이다.

빛의 안쪽으로 눈부신 마당이 있고 포근한 바람이 간간이 부는 곳, 아기별 꽃이 만개한 나무가 있는 곳, 우물에서는 따뜻한 물이 길어지고 바람에 아기별 꽃이 날리는 곳, 그리고 엄마가 새벽에 연탄을 갈지 않아도 되는 곳. 이 풍경은 아마도 현실과 반대이리라. 특히 따뜻한 우물물, 새벽에 연탄을 갈지 않아도 될 온화한 겨울을 상상하고 있으므로, 엄마가 힘들지 않기를 바라는 마음이 뭉클하게 다가온다.

더 나아가 아이는 자신의 안에 "별의 안간"을 들이고 많은 것을 담는다. 그리고 외할머니 집에서 지낼 때 "근원을 알 수 없는 불안으로 쉬 잠들지 못"하던 아이를 품어주던 할머니, 삶을 일구느라 고단한 부모의 "온기가 있고 익숙한 냄새"가 곁에 있었다. 엄마가 없는 낮에는 세상의 안간들이 "요람"이 되어 돌봤기에, 아이는 "괜찮았다."

훗날 "별안간"의 사전적 의미를 알게 되지만, 작가에게는 여전히 "별의 안간"이다. "의지와 상관없이 순식간에 따뜻한 곳으로 건너"가게 하는.

이로써 이 글은 객관적 사실을 기준으로 명확하게 나누고 재단하는 세계와 달리, 모든 것을 품는 세상으로 독자를 초대한다. 이 세계에서는 고된 현실을 잊을 수 있으며 때로 가슴 속에서 "뭉클한 것"이 비집고 나오기도 한다고 알려준다. 아울러, 간간이 "별의 안간"을 상상할 수 있다면, 상상을 벗 삼을 수 있다면, 삶이란 바다를 건너기가 좀 더 수월하지 않을까, 생각하게 한다.

그러므로 이 글은 그 세계로 이끄는 등대 불빛과도 같다고 하겠다.

아내의 바다

김백윤

바다에 해바라기꽃이 활짝 피었다. 해녀의 노란 테왁이 해바라기처럼 햇빛 아래 눈부시다. 바다는 한순간 꽃밭으로 변한다. 점점이 피어난 해바라기가 물결 따라 일렁인다. 해바라기가 움직일 때마다 여인의 깊은숨이 메아리친다. 바다는 거칠게, 때로는 부드럽게 아내를 품었다가 내어놓는다. 바다의 몸속에는 여인들이 산다. 바다를 도반으로 여기는 제주 여인들의 몸에 응축된 소금기가 노란 테왁에 씨처럼 박혀 있다.

아내가 물살을 가르며 다가온다. 아내의 해바라기에 부서지는 햇빛이 찬란하다. 가쁜 숨을 몰아쉬는 아내의 몸에서 바다의 속살 냄새가 난다. 비릿하면서도 생생한 바다가 망사리 안을 가득 채운다.

검붉은 우뭇가사리가 터질 듯 수십 개의 손을 뻗친다. 깊은 바다에서 뿌리를 내리고 끝없이 번식하는 우뭇가사리는 어쩌면 강한 제주 여인을 닮았는지도 모른다. 두려움도 걱정도 뭍에 남겨두고 서슴없이 바다로 뛰어드는 해녀의 삶은 은유적이기보다 직설적이다. 어머니의 어머니로부터 전해진 물질을 거부하지 못하고, 숙명으로 받아들였을 때 이미 그녀들은 바다의 마음을 들여다보았을지도 모른다.

우뭇가사리를 가득 채운 망사리를 뭍으로 끌고 온 아내는 깊은 숨을 몰아쉰다. 고무옷에 가려진 아내의 거친 팔이 눈에 선하다. 망사리를 가득 채우기까지 얼마나 많은 바다를 더듬어야 했을까. 숨을 참으며 바다를 누볐을 아내의 긴 시간이 망사리의 무게만큼이나 등을 짓누른다. 그래서 망사리를 끌어 올리는 일은 가슴에 묵직한 통증을 수반한다.

내가 사는 마을에서는 매년 4~5월이면 우뭇가사리 채취 작업이 시작된다. 마을회에서 작업 시기를 결정할 만큼 중요하게 여긴다. 바다를 벗해 사는 사람들에게는 한 해 농사나 다름없다. 우무를 만드는 원재료가 되는 우뭇가사리는 해녀들에게 가장 큰 소득원이다. 목숨을 담보로 물속을 거침없이 뛰어들어야 하는 해녀의 삶이란 바다와 한 몸이 되는 것이다.

그렇다고 해녀만 작업에 참여하는 건 아니다. 남자들은 물론, 이미 은퇴한 해녀도 합세한다. 일을 그만둔 연로한 분들이 나서다 보니 예기치 못한 사망사고도 발생한다. 안타까운 일이지만 평생 해녀로 살아온 이들에게는 뭍에서 지낼지라도 여전히 바다가 몸속에 살아 있음을 말해준다.

바다에서는 더불어 사는 삶이 익숙하다. 이웃은 타인이 아닌 나와 우리의 개념이다. 특히 우뭇가사리를 채취하는 날이면 누구나 할 것 없이 서로 돕는다. 바다에서 끌어올린 망사리가 워낙 무겁다

보니 여럿이 힘을 합해야 뭍으로 옮길 수 있어서다. 가족이 없는 사람은 일꾼을 구하기도 한다. 운송 수단도 총동원된다.

　나도 만사를 제쳐놓고 아내와 함께 바다로 나선다. 오래 기다렸던 만큼 아내의 모습은 진지하다. 장비를 다 갖추고 바다에 뛰어들 때는 고대 그리스 스파르타의 여전사 같다. 이제는 바다가 삶의 현장이 되어버렸으니, 아내의 몸에는 바다의 무늬가 새겨졌을지도 모른다.

　해녀들이 우뭇가사리를 채취하는 동안 남자들에게는 기다림이 남는다. 해녀를 아내로 둔 남편들에게 그때만큼 가슴을 죄는 시간도 없다. 아내가 들어간 바다를 바라보며 그녀들의 가쁜 숨을 헤아리는 일은 초조하다. 막걸릿잔을 들고 있어도 남자들의 눈과 귀는 바다로 향한다. 행여 아내의 신호를 놓칠세라 손에 땀이 난다.

　망사리를 가득 채운 해녀가 바다에서 나오기 시작하면 남자들도 바빠진다. 해녀들이 거둬온 망사리를 차례차례 뭍으로 옮겨야 해서다. 같은 일을 반복하다 보면 남자들의 몸에도 소금기가 밴다. 망사리에서 물이 어느 정도 빠지면, 집 근처로 옮겨 말리는 작업도 남자들의 몫이다. 우뭇가사리를 말리기 위해서 펼칠 때 나는 가끔 가슴이 울컥한다. 붉은빛을 띠는 해초에서 아내의 숨소리가 흘러나오는 것 같아서다.

　일일이 손으로 뜯지 않으면 얻을 수 없는 귀한 해초는 뭍에서 산들바람 맞으며 뜯는 나물과 다르다. 뭍에서는 노래도 부르고 쉬엄쉬엄 먼 곳에 눈을 주기도 하지만 바다는 그런 여유를 허락하지 않는다. 몇 초 사이에 생사의 갈림길에 서기도 하니 그 두려움이 오죽할까. 원시림 같은 바다의 길에서 온 신경이 곤두섰을 아내의 마음이 우뭇가사리의 붉은 기운에 스며있는 것 같다.

작업 시간은 정해져 있지만, 보통 다섯 망사리 정도를 채취하면 일과를 끝낸다. 뭍으로 올라온 해녀들은 바다와 전쟁을 치른 것처럼 기진맥진한다. 그런데도 그녀들은 해초가 널린 곳으로 달려간다. 아내도 마찬가지다. 몸에 묻은 소금기를 털어내기 바쁘게 우뭇가사리 속에 파묻힌다. 채취하고 말리는 작업은 한 달 동안 계속된다. 제주 해녀들에 의해 생산된 우뭇가사리는 일본으로 수출되기도 하고 한천의 재료로도 쓰인다. 건강식품으로 알려진 우무를 일반인들이 쉽게 접할 수 있는 건 해녀들의 강인함이 바다에 길을 낸 덕분이다.

우뭇가사리 채취를 할 때면 청정한 제주 바다가 우리 집 앞뜰처럼 느껴진다. 그만큼 바다는 우리에게 소중하고 친근하다. 오염되지 않게 가꾸고 지켜야겠다고 다짐하게 된다. 제주에 살면서 느끼는 자부심 같은 것이라고 할까. 직접 물질을 하는 아내는 나보다 더한 마음일 거다. 온갖 먹을거리를 바다에서 얻을 뿐 아니라, 가정경제까지 지켜주니 해녀들은 바다를 생명줄처럼 붙잡고 산다. 바다의 품에 안긴 해녀는 강인하면서도 아름답다.

물질이 끝나면 아내의 해바라기는 다시 기다림의 시간 속에 놓인다. 속을 알 수 없는 바다에서 아내를 지켜주는 테왁, 바다에 있을 때는 아내를 햇빛 반짝이는 안전한 곳으로 이끌고, 집에서는 조용히 시간을 갈무리한다. 바다는 오늘도 해녀들의 숨을 품고 깊은 침묵에 잠긴다.《인간과문학》 2024년 여름

●

김백윤
2014년《수필과비평》등단 / 수필집『해녀와 초가집』외 1권
bykim1486@naver.com

| 평설 | **삶으로 빚어진 글** | 한혜경 |

어떤 글이 '좋은 글'일까?

화려한 수사와 멋진 표현이 풍성한 글을 읽다가 떠오른 질문이다. 잘 쓴 글인데, 마음이 흔들리지 않았다. 문득 이성복 시인의 일갈이 생각났다. "피 안 흘리면서, 흘리는 것처럼 사기 치는 걸 독자는 제일 싫어해요."(「불화하는 말들」)

김백윤의 「아내의 바다」를 읽으며 이 질문을 다시 곱씹어본다. 이 글은 바다의 장엄한 풍광을 묘사한 여타 글과 달리, 꾸밈없이 수수한 문장으로 '삶의 현장'을 생생하게 드러내고 있다. 이 글에서 바다는 풍경이 아니라 거친 노동의 현장이다. 해녀인 아내가 "목숨을 담보로" 물속에 들어가 우뭇가사리를 채취하는, '아내'가 일하는 작업장이다.

우뭇가사리는 일일이 손으로 뜯어야 하므로, 뭍에서 산들바람 맞으며 뜯는 나물과 다르다. "뭍에서는 노래도 부르고 쉬엄쉬엄 먼 곳에 눈을 주기도 하지만 바다는 그런 여유를 허락하지 않는다." 망사리를 가득 채우기까지 숨을 참고 바다를 누벼야 하며, 몇 초 사이에 '생사의 갈림길'에 서기도 한다.

이러한 해녀의 삶에는 '은유'가 끼어들 틈이 없다. 선택의 여지도 없다. "어머니의 어머니로부터 전해진 물질을 거부하지 못하고 숙명적으로 받아들여야" 하고, 꾀를 부리거나 회피할 수도 없는, '직설적' 삶이다.

해녀들이 우뭇가사리를 채취하는 동안 남자들은 기다린다. 바다에 들어가지 않는다고 편안한 것은 아니다. 손에 땀이 나도록 초조하고 '가슴을 죄는 시간'이 흐른다. 이윽고 망사리를 가득 채운 해녀가 바다에서 나오기 시작하면 남자들도 바빠진다. 무거운 망사리를 차례차례 뭍으로 옮겨 말려야 한다. 뭍으로 올라온 해녀들은 기진맥진한 상태인데도 해초가 널린 곳으로 달려가 말리는 작업을 한다.

아내의 팔은 거칠고 몸에는 '바다의 무늬'가 새겨졌다. 숨 가쁜 삶의 속살 그 자체이다. 아내가 바다를 누비는 긴 시간, 아내의 두려움과 가쁜 숨을 헤아리는 남편은 바다를 풍경으로 소비할 수 없다. 노란 테왁이 해바라기처럼 피어난 꽃밭 같은 바다에 감탄하는 관찰자로 존재할 수 없는 것이다.

삶의 목표가 결여되었을 때 화려한 문체, 의미 없는 문장, 쓸모없는 장식적 형용사에 유혹당했다고 조지 오웰이 고백했듯이, 먹고 사는 일의 엄숙함 앞에서, 삶의 흔적이 묻어난 문장 앞에서, 그럴듯하게 치장한 장식은 무의미하지 않겠는가.

소반다듬이

신금철

　구월은 열매달이다. 아직은 여름의 기세에 눌린 가을이 주춤거리지만, 들녘엔 금빛 알곡들이 소리 없이 익어가고, 콩꼬투리에도 콩들이 알알이 속을 채우고 있다.

　유례없던 폭서에 조락(凋落)하는 나뭇잎을 바라보는 안타까움, 무더위에 제 색깔을 내지 못하고 창백한 과일 낯빛에 애태우는 농투성이, 열상으로 타 죽은 채소들로 치솟은 물가 때문에 추석 명절엔 주부들의 애간장을 태웠다. 그러나 '이 또한 지나가리라'라는 삶의 경험과 지혜로, 풍요로운 가을을 기대하며, 일손이 바빠질 농부들의 수고에 감사의 마음을 되뇐다.

　어린 시절, 가을이 되면 집 마당에 쌓아놓은 볏가리를 보기만 해도 배가 불렀고 '와랑, 와랑' 탈곡기 소리도 경쾌하게 들렸다. 어깨너머로 도리깨를 휘두르며 콩을 터는 어머니의 모습은 신비스럽기까지 했다. 추수가 끝나면 어머니는 겨울 준비를 위해 김장을 하고 이불 빨래에 다듬이질까지 쉴 틈이 없었다.

　할머니와 어머니는 유난히 사이가 좋으셨다. 여든이 넘었던 할머니는 깡마르셨지만, 눈도 밝고, 부지런하셔서 어머니의 일손을 많이 거들어 주셨다. 할머니는 달챙이 숟가락으로 구슬처럼 작은 감자 껍질도 벗기시고, 둥그런 양은쟁반에 쌀을 얇게 편 후 뉘를 잘도 골라내셨다. 키로 콩을 까부르신 후 마루에 앉아 미동도 하지 않고 티끌과 잔돌을 고르시던 할머니와, '또닥, 또닥 또다닥' 리드미컬한 어머니의 다듬이소리는 다정한 고부의 상징으로 내 그리운 추억 속 명화의 한 장면이다.

　소반 위에 쌀이나 콩 따위의 곡식을 한 겹으로 펴놓고 뉘나 모래 따위의 잡것을 고르는 일이나 그렇게 고른 곡식을 '소반다듬이'라고 한다. 일찍 청상과부가 되신 할머니는 소반다듬이를 하는 동안, 6·25 전쟁에 아들과 손자를 한꺼번에 잃은 슬픔과, 가난한 집안의 가장 역할을 하던 힘든 시절의 한(恨)을 풀어내시지 않았는지…. 어쩌면 끼니 걱정으로 애태우던 옛날을 생각하며 하얀 쌀밥을 가족들에게 배불리 먹일 수 있다는 만족감으로 오직 가족의 안위만 생각하셨을지도….

　지난해 텃밭에 검정콩을 심었다. 처음엔 싱싱하게 크더니 잎이 마르고, 달린 콩꼬투리도 부실하였다. 친환경을 고집하여 끝까지 농약과 비료를 쓰지 않고 가을에 수확하니 콩 모양이 찌글찌글하고 제대로 형태도 갖추지 못한 게 많았다. 더구나 콩대를 뽑아서 밭둑에 걸쳐 놓았다가 비닐을 깔고 털었더니 지저분하기 짝이 없어서 거실 탁자에 올려놓고 할머니처럼 소반다듬이를 했다.

　소반다듬이는 인내가 필요한 작업이었다. 두어 됫박 되는 콩 중에서 티끌, 왕모래, 잔돌을 고르는데 눈이 가물가물, 어깨도 아프고 허리도 뒤틀려 거의 한 시간을 소비했다. 어릴 적, 소반다듬이를 하시던 할머니의 모습은 평화스럽고 재미있어 보였다. 그저 소일거리가 없던 노인이 소꿉놀이하듯 여유로운 모습이었다. 그러나 소반다듬이를 하면서 할머니의 노고가 더 크게 느껴졌다. 할머니의 수고로 '뉘가 많은 밥을 먹으면 맹장염에 걸릴 수 있다.'라는 근거가 확실하지 않은 어른들의 말씀에 두려웠던 마음에서 해방될 수 있었다. 또한 흰쌀밥에 드문드문 섞인 윤기 나는 검은 콩밥을 맛있게 먹을 수 있었으니 할머니의 소반다듬이는 식구들의 건강을 책임지신 중요한 역할이었음을 다시금 느끼게 되었다.

　소반다듬이를 끝내고 보니 선택받은 것과 버려진 것들이 마치 선과 악의 구별처럼 양분되어 대조를 이루었다. 가치와 무가치를 규정하는 소반다듬이를 통해 과연 나는 어느 쪽의 삶을 살고 있는가에 대해 머뭇거렸다. 나의 삶에서 뉘와 티끌, 완숙되지 못하여 버려야 할 찌그러진 콩 등 많은 것들을 골라내야 할 소반다듬이가 필요함을 되돌아보는 의미 있는 시간이었다.

　완벽한 삶은 없다. 곡식에서 불필요한 뉘와 잡티, 잔돌을 가려내듯 우리의 삶에도 소반다듬이가 필요하다. '사불급설(駟不及舌)', 아무리 빠른 수레도 한 번 지껄인 말을 따라잡을 수 없으니 헛된 말, 흉한 말, 남을 모함하거나 자신에게 화근이 될 말을 삼가라는 것이다. '말로 입힌 상처는 칼로 입힌 상처보다 깊다.'라는 모로코 속담도 있다. 말로 인해 인간관계가 깨지고 그 상처로 인해 원한 관계로 범죄의 씨앗이 될 수 있고 천 냥 빚을 갚을 수도 있다.

나는 말을 많이 하는 날엔 언제나 후회를 한다. 돌아보면 부화뇌동으로 쓸데없는 말을 많이 하고 우회적인 말보다 직선적인 말로 상대방에게 상처를 준 것 같아 스스로 반성하고 조심할 것을 다짐한다. 말의 소반다듬이에 힘써야겠다는….

내게 필요한 소반다듬이가 어찌 '말'뿐이겠는가? 내 삶에서 잘못된 것들과 골라내야 할 것들을 찾아내어 끊임없이 소반다듬이를 해야 하리라.

권오운 소설가는 『우리말 소반다듬이』라는 저서를 통해 우리말의 중요성을 서술하였다. 문학작품에 있는 잘못된 문장, 단어를 지적하여 정확한 어법을 쓰지 않은 어휘, 독자에게 부담이 되는 문장이나 단어 바로잡기에 나섰다. 글을 쓰는 사람으로서 더욱 우리말의 중요성을 인식하고, 우리말 소반다듬이에 정성을 기울이며 글을 써야겠다는 마음을 깊이 새겼다.

우리는 말과 글 이외에도 사회 전반에 만연되는 부도덕과 무질서, 불신과 부조리 등 혼돈과 갈등의 사회 구조 속에 살고 있다. 자기중심적 사고에서 벗어나 함께 행복한 사회가 되도록 소반다듬이에 힘써야 할 때다. 《한국수필》 2024년 11월호

●

신금철
2000년《한국문인》등단 / 수필집 『숨어서 피는 꽃』, 『꽃수를 놓다』 외 2권
sin3201@hanmail.net

| 평설 | **전략적 상상으로 해석하고 문장의 신비로 형상화** | 이 방 주 |

    수필 창작은 제재의 본성을 추구하여 삶의 지혜를 들여다보는 과정이다. 독자도 함께 울리려면 치밀한 사유 전략이 필요하다. 수필은 자연, 인간, 사회현상 외에 체험의 기억도 제재가 된다. 창작과정에서 수필 작가는 제재의 속성과 삶의 의미 관계에서 유사성, 동일성, 인접성을 찾아내어 그 유비적 관계를 찾아낸다. 상상을 통하여 삶의 보편성이나 우주적 원리로 확장하는 것이다.

    신금철의 「소반다듬이」는 '소반다듬이'하던 할머니에 대한 기억을 소환하여 인간의 본성과 내면의 정서를 다듬어 삶의 진리를 보편화하는 데 성공한 작품이다.

    작가는 깊어가는 가을의 길목에서 소반다듬이하던 할머니에 대한 기억을 소환한다. 소반다듬이는 소반 위에 쌀이나 콩 같은 곡식을 한 겹으로 펴놓고 뉘, 티끌, 잔돌을 골라내는 일이라고 정의하면서 그 모습을 그려낸다. 할머니는 뉘나 티끌을 찾아 버리면서 할머니의 삶에서 슬픔과 한을 찾아 함께 버렸을 것이라고 상상한다. 우리네 할머니들은 전쟁에서 남편이나 자식을 잃은 슬픔, 가난을 견뎌내야 하는 한을 가슴에 지니고 사는 것이 보편적 현실이다. 소반다듬이와 삶의 지혜를 유비적으로 연계하여 삶의 원리로 형상화하였다.

    소반다듬이는 할머니에서 끝나지 않는다. 작가는 텃밭에서 거두어 뒷박의 검은콩을 소반다듬이하면서 그 의미를 반추한다. 소반다듬이에 의해 '선택받은 것'과 '선택받지 못한 것' '선과 악', '가치와 무가치'라는 양분된 의미를 화두로 삼는다. 사유의 단계에서 제재의 속성을 인간의 삶과 연결시켜 의미를 확산한 것이다. 이와 같이 단순한 일상도 수필가는 형이상학적 세계와 연결시켜 인식한다.

소반다듬이에서 가치와 무가치로 양분되는 인간적 이미지를 자신이 사용하는 언어에서 찾아 대비한다. 헛된말, 흉악한 말, 우화적인 말, 직설적인 말과 같은 개념들이 그것이다. 개인의 말은 문인의 말로, 다시 사회 구조로 확장한다. 사회 구조에서 부도덕, 무질서, 불신이 바로 뉘이고 티끌이다. 여기서 삶의 자세에서 소반다듬이해야 할 것을 제시한다. 사회의 질서. 우주적 원리라는 깨달음을 찾은 것이다. 독자는 본성과 정서의 수평적 감응을 경험하며 작가와 일체가 된다.

이 작품은 어떤 구상도 계획도 없이 차분하게 들려주는 속삭임처럼 보이지만, 작가의 탐구과정을 세심하게 들여다보면 제재의 속성에서 나, 문인, 사회, 인간세계로 수필적 상상은 전략적 단계를 밟아 확장되었다. 이처럼 인식의 과정이 전략적이지만, 형상화 과정에서도 문단과 문단 사이의 관계, 문단 내에서 문장과 문장 사이의 관계와 위상이 매우 규칙적으로 전개된 점을 발견할 수 있다. 한 문장에서 어절 간의 격(格)도 주제와 정서를 전달하는 데 각각 기여하고 있다. 인식의 과정뿐 아니라 수필문장의 신비를 보여주는 작품으로도 평가할 만하다.

중독 유감

김진숙

　빵을 굽는다. 재료를 계량하고 반죽을 하고 몇 번의 발효를 거쳐 오븐에 넣는다. 갓 구워진 빵은 모양새는 없으나 그런대로 먹을 만할 것이다. 그러나 그 빵을 한쪽에 밀어 놓고 시계를 본다. 자정이 이미 넘었다. 나는 빵 냄새를 씻어내고 잠자리에 든다. 다음날, 새벽에 일어나 출근 준비를 한다. 벅찬 하루의 업무를 수행하면서도 머리의 일부는 내가 할 수 있는 새로운 빵의 연구에 몰두해 있다. 맡은 업무와는 아무런 상관도 없는 일이다. 세상의 누구도 타인의 머릿속을 볼 수 없음에 안도한다.

　그것의 대상이 한때는 빵이었을 뿐이다. 언젠가는 식물이었고 커피였고 자전거였고 맥주였고 달리기였고 고양이였고 하루키였다. 아들이 열세 살이었을 때, 석 달가량 혼자 캐나다로 보낸 적이 있다. 아직 어린아이를 내 고집으로 덜렁 떠나보내고 걱정과 헛헛함에 아침저녁으로 뛰어다녔다. 서둘러 퇴근을 한 뒤에는 바로 4차선 갓길을 뛰었으며 잠을 설친 새벽에는 아들이 잠든 이국의 잠자리를 떠올리며 뒷산까지 달리고 와 출근 준비를 했다. 저녁 무렵 달리기 길에는 대개 붉은 노을이 있었고 새벽의 산길에는 하루도 운동을 쉬지 않는 할아버지가 있었다. 그 무렵의 달리기는 내가 걱정에서 벗어나고 아들이 겪고 있을 '힘듦'에 같이 있고자 하는 길이었다.

구순에 가까우신 아버지가 홀로 살고 계시던 집은 퇴근길의 필수 경유지였다. 아버지의 저녁상을 차려 놓고 돌아서는 길은 발걸음이 무거웠다. 혼자 앉은 식탁에서 식은 국과 굳어진 반찬을 드실 아버지의 쓸쓸한 뒷모습은 나로 하여금 가족과의 단란한 식사를 주저하게 했다. 하나의 빈자리를 남긴 채 남편과 아들이 저녁 식사를 하는 동안 서서 빵을 만들었다. 빵을 만드는 것은 밥을 하는 것과는 다르다. 저울과 온도계의 눈금 하나 시계의 분침 하나에 온 신경을 집중해야 하는 일이다. 나는 그 일에 집중하면서 누구에게도 말 못 할 부끄러움을 잊고자 하였을까? 병들고 지쳐 나에게만 의지하는 아버지를 대면하는 일은 괴로운 일이었다. 그래서 아버지를 뵙고 나설 때는 마치 숙제를 해치운 듯한 해방감이 있었다. 그러나 그 후에 어쩔 수 없이 밀려드는 그 부끄러움. 그것이 아니면 자신에게 단란한 저녁 식사 시간을 허락하지 않음으로써 아버지의 외로운 식사와 상쇄시켜 죄의식을 덜려고 했던 것일까?

대학교 시절은 민주화의 열기가 한창이었고 거기에 진정으로 동참할 수 없었던 나는 한동안 자기혐오에 시달렸다. 휴업으로 주체할 수 없이 많아진 시간을 새로 배운 자전거 타기에 몰두하였다. 꿈속에서도 자전거를 탔고 길을 걷다가도 혼자 서 있는 자전거를 보면 눈이 희번덕여졌다. 몰래 주워 타고 바람처럼 이곳을 떠 버리면 아무도 나를 못 붙들 것이며 현실의 억압에서 자유로워질 것 같았다. 자전거라는 말만 들어도 눈이 번쩍이던 그 시절, 김소진의 「자전거 도둑」이라는 소설을 보게 된 것은 우연만은 아닐 것이다. 그 소설에 심취하였고 소설에 등장하는 이탈리아 영화 <자전거 도둑>에는 더더욱 빠져들었다. 주인공 '안토니오'뿐 아니라 아내, 아들, 심지어 자전거 도둑에게까지 몰두하여 몇 번을 돌려 보았는지 모른다. 어두운 시절을 배경으로 한 흑백 영화에 빠지고 자전거 타기에 빠져서 어두운 청춘의 한 토막을 통과한 셈이다.

나에게는 일정 기간 특정 사물이나 행위에 대한 묘한 중독성이 있다. 삼사 년 동안 저녁마다 혼자서 마시던 맥주 한 캔은 하루를 마감하는 신성한 의식이 되었다. 맥주를 마신 후의 나는 현실과 비현실의 중간, 이른바 알딸딸한 상태가 되어 웃고 있었다. '위안을 주는 너의 모든 것!'을 알고 싶어 맥주의 역사와 종류, 맛 등에 관해 기꺼운 탐구를 거듭하였다. 이는 커피의 경우도 마찬가지였으며, 가볍고 세련된 하루키의 글들도 맥주나 커피와 별로 다르지 않았다. 고양이를 키우면서는 세상의 모든 고양이에 빠져서 내 우뇌의 80% 이상이 모두 고양이로 채워진 느낌이었다. 그런데 돌이켜 생각하면 내가 어떤 대상이나 행위에 흠뻑 빠져 있던, 이른바 중독되어 있던 기간은 내가 삶의 한 모퉁이를 힘들게 지나던 시기였다. 어려운 시기에 하나의 방어기제로서 관심을 다른 데로 분산시켰을 것이고 그렇게 내 정신과 육체를 자발적으로 소모하는 동안 힘든 시간은 흘러갔을 것이다.

그러고 보면 이런 경우, '중독'이란 표현은 적절하지 않은 듯하다. '중독'이란 '어떤 독성에 빠져 정상적으로 사물을 판단할 수 없는 상태'라는 사전적 의미가 있다. 그 대상이 좋은 것일 리도 없지만, 설령 좋은 것이라 할지라도 중독은 바람직한 상태가 아니다. 그래서 그냥 '취미'라는 말을 쓰자니 맥주를 마신 후 수북한 캔들을 몰래 숨겼다가 버리는 구차함이 생각나서 주저된다. 고양이 사랑을 '취미'라고 하자니 이미 애완을 지나 반려의 지위를 획득한 고양이가 도리어 나를 관찰하는 것이 취미인 듯하여 적절하지 않다. 그러면 '몰입'인가? 요즘 서점가의, '인생을 바꾸는 자기 혁명-몰입'이라는 문구가 생각나서 황송하다. 그냥 '중독'이라는 말. 다만 그 앞에 '고마운, 무해(無害)한, 한시적인' 이런 단어들을 슬쩍 붙여 사용하기로 한다.

그런데 이러한 나의 중독성은 주로 사물이나 현상에만 국한되어 있다. 살아오면서 인간에게 중독된 적은 거의 없는 듯하다. 내가 중독에 취약한 뇌 구조인 것을 스스로 아는 것이 아닌지, 그래서 인간에게 중독이 되면 그 뒷감당을 할 수 없을 것이 분명하므로 무의식이 나를 저지한 것은 아닌지 가끔 생각해본다. 이 경우 "타인은 지옥이다."라는 사르트르의 견해가 은근히 나에게 영향을 주었는지도 모른다.

인간에의 중독이라는 일종의 모험을 감행해도 좋을 나이가 지난 지금에 생각하니 그동안의 내 중독에 적잖이 아쉬움이 남는다. 젊은 시절 아름다운 어느 이성(異性)에게 두려움 없이 빠져들었다면 삶의 여정 동안 붉은 노을 같은 추억을 떠올리며 미소지을 수 있지 않았을까? 이성(異性)만이 아니다. 저 먼 오지의 굶주린 아이들에게 중독이 되었더라면, 사회의 그늘에서 외로운 사람들에게 중독되었더라면? 인간에 대한 중독이 있었다면 그 결과가 어떠하든 나는 좀 더 깊고 풍요로운 존재가 되었을지도 모른다,

 그동안의 내 중독은 다소 유감스럽다. 그러나 아마 앞으로도 이런 중독은 계속될 듯하다. 여전히 사람 아닌 다른 것에서 대상을 찾고 그 무해(無害)하고 한시적인 중독을 통해 삶의 굴레나 권태를 벗어나려 할 것 같다. 유감스럽게도 나는 자신의 이러한 오랜 습성에 중독일 만큼 길들었기 때문이다. 《한국산문》 2024년 11월호

●

김진숙
2023년 《한국산문》 등단 truekim2003@naver.com

| 평설 | **중독의 패러다임에 관하여** | 유종인 |

    현실적으로 중독에 드는 여러 이유들을 종합해 보면 그 근본적인 원인은 번민과 고통의 상황을 타개해 보고자 하는 대안(代案)의 형태로 등장한다. 그러나 현실의 말초적인 대안은 오히려 일시적인 감각의 일탈을 제공할 수는 있어도 그 근본적인 활로가 되지는 않는다. 오히려 심신의 몰락이나 병폐를 자초하곤 한다. 중독(中毒)이라는 한자어를 살펴보면 독성의 상태 한가운데 헤어 나오지 못한 지경을 지시한다. 불가에서 쉽게 헤어나올 수 없는 고통을 둑카(dukkha)라고 칭했는데 이는 일상의 자잘한 스트레스와 불만까지 포함한다고 한다. 근데 이런 둑카의 굴레를 전환하는 방식으로 중독의 이이제이(以夷制夷)를 설정한 것은 특기할 만하다. 자이나교 같은 경우 극한의 고통을 자임함으로써 고통을 고통으로 극복하는 수행법을 실행하기도 한다. 물론 완전한 해소나 행복의 성취가 수월하지만은 않다. 김진숙이 말하는 여러 형태의 취벽이나 취미 등이 새롭게 느껴지는 것은 그것을 일반적인 중독의 개념으로 삼지 않는다는 데서 출발한다. 그런데 화자는 그걸 중독의 심연으로 끌어들여 헤아리고 있는 것이 흥미롭다. 피폐해지는 중독과는 다른 의미에서 거듭남의 단초를 제공하는 중독도 있다는 사실.

    중독의 외연을 확장한 것은 난처한 삶의 대증요법(對症療法)으로 바꿀 수만 있다면 그것은 금단이 아닌 향유와 음미의 영역이 될 수 있는 여지를 갖는다. 김진숙의 「중독 유감」은 피폐해진 현실의 극단을 모르지 않으나 오히려 그렇기 때문에 중독의 또 다른 활로랄까 다른 측면을 트여보는 수필적인 시선을 가지고 있다. 김진숙의 '빵굽기'는 직업적 소임이 아니다. 그럼에도 자신의 베이커리를 완성하기 위한 나름의 노력과 공력, 그리고 집중의 모드가 긴장감 있게 유지되어야 한다. 자신을 옥죄고 있거나 현실적 고통들을 완충하거나 진정시키기 위한 일종의 대안적 성격의 안티테제로서의 심리적 활성으로 보는 것이 무방하다. 마음이 살아야 몸이 살고 몸이 살아야 마음도 거기에 부합하는 안정과 평화를 통해 활기를 도모한다.

「중독 유감」 속 화자가 지향하는 빵굽기나 만 보 이상 걷기, 맥주홀릭, 커피 바리스타 같은 여러 집중된 취미들은 거의 일생을 거쳐서 취벽화(趣癖化)되곤 한다. 그런데 화자한테는 몰입과 집중의 방식으로 다른 사람에 비해 광적인 시간을 유지하고 소모한 뒤 그 대상으로부터 어느 순간 멈춰지거나 멀어지게 된다. 즉 일반적인 중독의 지속성을 중독의 몰입도로 대체한 듯하다. 그러기에 필자가 중독된 대상들은 단품목이 아니라 다품목들이다. 이를 마치 징검돌처럼 딛고 건너며 일상을 개척하는 면모가 새뜻하고 지혜롭다.

필자는 일반적인 중독성이 지니는 시간의 지속성만이 아니라 그 극적인 몰입도 쪽에 더 가까운 측면이 있다. 중독의 가치는 그 대상과의 시간의 지속성뿐만이 아니라 그 대상이나 현상과의 몰입적인 관계에 방점을 찍어 중독의 의미를 다른 각도에서 보여준다. 무엇보다 중독의 대상을 여러 대상으로 분류하는데 그중에 인간에 대한 중독을 회의적으로 혹은 경계적인 시선으로 보는 인식이 이채롭다. 사르트르의 말을 인용한 "타인은 지옥이다"라는 인용을 통해 인간에의 상처와 의미를 되새긴다. 그럼에도 "인간에 대한 중독이 있었다면 그 결과가 어떠하든 나는 좀더 깊고 풍요로운 존재가 되었을지도 모른다"는 언술은 인간에 대한 김진숙의 인간적인 번민과 애정을 드러내기에 이른다.

그리고 그 인간관계의 번민과 고통을 대체할 마련이 "고마운, 무해한, 한시적인" 중독임을 김진숙은 자신의 일상을 통해 선보인다. 쉽게 동의하기도 그렇다고 반대하기도 어려운 지점이다. 그만큼 인간은 인간에게 중독의 대상이냐 아니냐는 관점이 새롭게 등장하기 때문이다. 그러나 무엇보다 중요한 것은 고통에 접한 화자가 다양한 형태의 일상적 취미나 '몰입'을 통해 활로를 모색한다는 지점이다. 보통 삶에 있어서 고통의 현황을 완벽히 극복하기란 생각만큼 쉽지 않다. 오히려 복잡다단한 현실적 고통을 오히려 환기시키고 얼마간 진통(鎭痛)시키는 차원으로 중독은 필자에 의해 새로운 중독의 세계가 열리고 닫힌다. 그런데 아이러니하게도 이런 필자의 일상적 노력이나 궁리가 오히려 존재의 극복이나 회복으로 느껴지는 것은 왜일까.

여러 파생되는 고통의 현황이 있기는 하지만 인간이 인간에 중독되듯 자신을 몰입하는 것은 그만큼 어렵다는 반어적(反語的) 의미일지도 모른다. 그 인간중독의 오의(奧義)야말로 헌신과 사랑 같은 절대가치의 지난함을 드러냄으로써 그 본질을 잊지 말자는 소슬한 확인일 수 있기 때문이다.

요변(窯變)

이승애

　물과 흙이 일렁이며 껴안는다. 수백 년 아니, 수억 년 흘러온 세월의 옹이가 스르르 풀어진다. 눅눅히 달라붙었던 상념들이 우수수 떨어진다. 미혹과 집착에서 벗어난 흙과 물이 순정으로 맺어진다.

　도공이 정갈하게 걸러 말린 흙을 판 위에 부려놓고 자근자근 밟는다. 두 발이 척척 흙을 밟을 때마다 남아 있던 응어리가 풀어지고 의미도 없이 스며들었던 공기가 빠져나간다. 퍼석하던 살성에 찰기가 입혀진다. 도공은 이것으로 만족하지 않는다. 온몸으로 숨을 불어 넣어 세포 하나하나를 깨운다. 마침내 흙은 우주의 탯줄을 끊고 새로운 꿈을 꾼다.

　물레가 돈다. 흙은 나긋나긋한 손길에 온몸을 맡긴다. 도공의 숨결이 흙으로 가만가만 스며든다. 빠르지도 느리지도 않은 춤사위를 따라 알맞은 두께로 부풀어 오른다. 도공의 이마에 땀방울이 송골송골 맺혀 꽃잎처럼 낙화한다. 흙은 점점 달을 닮아간다. 이윽고 풍만한 달, 만월이 빙긋이 미소를 짓는다.

　유약으로 갈아입은 달항아리가 가마 안으로 들어가 빼곡하게 둘러앉는다. 지그시 눈을 감고 면벽참선에 들자, 소나무 장작이 가마 속으로 잉큼잉큼 뛰어든다. 흰 종이 같은 불살이 일렁이다가 홍시 같은 불꽃으로 활활 타오른다. 달항아리의 세포가 느슨해진다. 행간 사이 사이에 불의 호쾌한 필법이 한 획 한 획 그어진다. 달항아리의 늑골이 들썩인다. 몇 날 며칠 이어졌던 이들의 뜨거웠던 몸짓이 마침표를 찍는다. 소신공양을 마친 잉걸불이 스르르 눈을 감는다. 가마 문을 열자 달항아리의 맑고 청아한 화음이 울려 퍼진다.

무슨 까닭일까. 순백의 달항아리에 얼룩이 생겼다. 진한 갈색 얼룩 위에 회색 구름이 뭉게뭉게 피어올랐다. 살짝 옆으로 돌렸더니 회청색과 갈색이 띠를 둘러 하트를 그렸다. 못다 한 미련이라도 남아 있었나. 뒤섞이며 생긴 무늬가 얼룩인 듯 그림인 듯 야릇하다.

내 삶에도 얼룩이 생겼다. 청춘이 무르익어갈 무렵, 하느님의 순결한 짝이 되고 싶어 겁 없이 수녀원 문턱을 넘었다. 신의 제단이라고 모든 게 평화롭지는 않았다. 요럭조럭 갈피를 못 잡다가 뚝배기 깨지는 소리가 나고, 서로의 가시에 찔려 생채기도 났다. 지도자는 우리를 다듬고 두드려 선하고 보드라운 본성을 깨웠다. 까슬까슬한 성미가 한풀 꺾이자 바깥쪽으로 향했던 눈이 안으로 향했다. 왜각대각하던 소리도 한결 줄어들었다.

내 안에서 뒹굴던 모난 것들이 하나둘 빠져나가자 정결, 청빈, 순명이라는 씨앗을 받았다. 우리는 씨앗이 잘 자랄 수 있는 토양이 될 수 있도록 정성껏 물레를 돌렸다. 우여곡절 끝에 어설픈 그릇이 빚어졌다. 사랑의 유약을 바르고 가마로 들어가 가부좌를 틀었다. 가마는 점점 달아올랐고, 나는 그 불길을 서서히 받아들였다.

가마에서 나온 자매들은 하나같이 고왔다. 내 차례가 왔다. 아뿔싸, 사랑의 유약이 스며들지 못했다. 설익은 감정 하나 떠돌다가 불벼락이라도 맞았나. 아니면 매운 연기에 눈물 콧물 흘리다 그대로 무늬가 되었는가. 한쪽은 유약이 제대로 닿지 않아 생짜로 남아 있고 한쪽은 스미지 못하고 주르륵 흘러내렸다. 우툴두툴 뭉친 곳을 만져보니 찌릿하게 통증이 전해왔다. 누군가를 원망하고 한탄했던 마음 한 자락이 잡혔다. 불을 기꺼이 받아들이지 못해 만들어진 무늬였다.

순백의 달항아리를 꿈꾸었다. 그런데 사랑으로 발아하지 못한 불량한 씨앗들이 마음 자락에 숨었다가 엉뚱한 무늬가 만들어졌다. 눈시울이 뜨거웠다. 나는 온전히 비워내지 못한 자신이 부끄러워 더는 견디지 못하고 발길을 돌렸다.

달항아리도 저만의 문장 꾹꾹 눌러써 놓고는 시치미를 떼고 있다. 이리 보면 명작이요, 저리 보면 실패작이다. 달항아리를 가만히 만져본다. 행간에는 못다 이룬 애절함이 서려 있다. 도공은 깨어버리려다 한 번 더 생각한다. 실패는 새로운 창조의 시원이 되지 않던가.

요변 달항아리를 다시 바라본다. 그 가슴에 새겨진 상흔이 애잔하다. 그런 나를 돌아본다. 그런 세상을 바라본다. 숨탄것치고 흠 없는 것이 있을까. 오히려 흠이 없으면 선뜻 다가서기 어렵지 않던가. 흠이 있어서 더 빛나는 존재가 되려고 노력하는 것인지도 모른다. 나는 다시 꿈을 꾼다.

 뜻하지 않게 생긴 요변은 숨기고 싶은 상처였다. 얼룩덜룩 새겨진 무늬는 나를 완성하지 못하고 돌아서며 흘린 눈물과도 같았다. 비록 신의 아름다운 신부가 되지 못하고 돌아왔지만, 또 다른 나를 빚기 위해 물레를 돌린다. 이 또한 쉬우랴. 덜컥덜컥 엇나가고, 비틀리고, 주저앉는다. 가까스로 빚어진 나는 또다시 가마에 들어가 가부좌를 틀고 불이 지핀다. 우주가 나를 껴안는다.

《한국수필》 2025년 1월호

이승애
2014년 《한국수필》 등단 agatha3333@hanmail.net

| 평설 | **변화를 받아들이는 일** | 유 종 인 |

요변(窯變)의 사전적 의미는 "도자기를 구울 때에, 도자기의 색깔이나 모양이 불꽃의 성질이나 잿물의 상태 따위로 가마 속에서 변화가 생기는 일"로 정의돼 있다. 필자가 "유약으로 갈아입은 달항아리가 가마 안으로 들어가 빼곡하게 둘러앉는" 순간부터 도자(陶磁)의 초벌구이가 시작된다. 그리고 불길을 기다리며 "지그시 눈을 감고 면벽참선을 들"어가 "흰 종이 같은 불살이 일렁이다가 홍시 같은 불꽃"의 화염 속에서 이승애가 빚은 도자기는 모종의 환골탈태를 위한 극한의 화탕지옥을 감내한다. "불의 호쾌한 필법이 한 획 한 획 그어"지듯 가마 속의 기명(器皿)들은 새로운 변화의 몸속으로 갈마들기 시작한다. 빚는 것과 굽는 것, 그리고 식히는 것이 가마 속에서 지극하고 최종적인 몸짓을 얻어내는 과정은 어쩌면 불이라고 하는 자연의 섭리를 체화(體化)하는 일이다.

소위 인간의 창조적 손길이라는 인위개변(anthropogeneses, 人爲改變)의 단계는 가마 속에 들어가 불꽃이라는 자연의 천변만화(endless series of change, 千變萬化)의 무위적 소성(燒成)의 단계를 거쳐 단아하고 견고한 "달항아리"를 낳는다. 이 화공학적인 단계에 사람의 손이 개입하고 어느 순간 사람의 손길이 격리된다. 그리고 선별에 따른 최종적인 기명을 오롯이 남긴다. 여기서 남긴다는 행위는 고른다는 행위이며 무엇보다 이 고르는 행위는 도공의 작업 결과를 받아들이려는 심리적 납득을 거치게 된다. 그것은 여러 내외적인 변수와 변인에 의해서 형성되는 인생이라는 불가피성을 함의하기도 한다.

    화자에게 흙그릇이 가마 속으로 들어간 것과 같은 계기의 일은 "하느님의 순결한 짝이 되고 싶어 겁 없이 수녀원 문턱을 넘"은 것이다. 그러나 그곳 인생의 가마에서의 기대에 찬 변화는 "요럭조럭 갈피를 못 잡다가 뚝배기 깨지는 소리가 나고, 서로의 가시에 찔려 생채기"를 내는 혼란과 변성의 시기와도 맞물린다. "까슬까슬한 성미"와 "왜각대각하던 소리"의 속내가 한풀 꺾이기 전까지 그 요변의 극심함은 자신이 원하는 존재의 그릇을 이뤄내진 못한 듯하다. 자기의 본래적 심성이나 기질의 그릇을 알아가는 것이 어쩌면 요변(窯變)을 체험한 자의 되새김이자 성찰이 아닐 수 없다. 그러나 마뜩잖은 결과가 얼핏 눈에 든다. 그럼에도 비록 "도공은 깨어버리려다 한 번 더 생각"하는 재고(再考)의 마음과 눈길은 종요롭다. 하물며 달을 봐라. 달도 차고 기울며 원만(圓滿)과 결손을 반복한다.

    달항아리의 "흠이 있어서 더 빛나는 존재"의 자연성(自然性)에 눈길이 그리고 마음이 머물 때 그 달항아리는 세상에 단 하나밖에 없는 오브제로 되살아난다. 미학적 치우침보다 때로는 보편적 너름새의 심성이 더 필요할 때가 있다. 그것은 화자의 지난 요변과도 같은 격동의 심신의 소용돌이도 마찬가지로 지금의 화자를 그윽하게 만들어낸 원동력으로 작용했지 싶다. 미추혐호(美醜嫌好)를 잠시 떠나 자신의 삶 자체를 있는 그대로 품어보려는 자세는 요변의 흠결을 하나의 미려한 무늬로 인식하는 계기를 선사하지 않을까 싶다.

마음이 눈을 만나 뛰어나오고

홍재숙

"눈에 파묻힌 우리 집이 바라보였다. 두 개의 방을 허리띠처럼 두르고 있는 툇마루는, 비탈진 산구릉의 경사각을 따라 비스듬하게 덮인 눈 때문에 보이지 않았다. 그러나 부엌문과 방문 두 개는 아랫부분이 눈 속에 묻힌 채였지만 뚜렷하게 분별할 수 있었다. 지붕 뒤쪽으로, 지붕마루 높이보다 훨씬 길게 뽑아올린 굴뚝이 하얀 털모자를 뒤집어쓴 채 새록새록 연기를 뿜어내고 있었다."(김주영 장편소설 『홍어』, 문이당)

어느 해 연이틀 전남 화순 산골짜기에서 질리도록 눈을 맞은 적이 있다. 남도 땅에 발을 디딜 때부터 성긴 눈발이 비실비실 와서 마음을 즐겁게 하더니 낯선 방에서 새우등을 꾸부리고 자던 그 밤에, 밤새도록 눈이 내리고 또 내렸다. 새벽에 커튼을 여니 세상이 온통 하얀색으로 변해 있었다. 마을도 산도 나무들도 눈 이불을 뒤집어쓰고 쌔근쌔근 잠이 든 동화 같은 세상이 펼쳐져 있었다.

폭설이 내린 날은 김주영의 소설 『홍어』의 한 장면이 책갈피에서 빠져나와 내 마음에 내려앉는다. 주방 창문 너머 베란다 난간에 한 뼘 높이로 쌓인 눈이 여명에 반짝일 때, 우리 집과 옆집 사이에 골목길이 사라져 수평을 이룰 때에도 "세상에…, 밤새 내린 눈이 툇마루를 덮었데이." 깜짝 놀라는 길안댁의 혼잣말 장면이 풍경과 함께 눈과 버무려져 펼쳐진다.

그날도 그랬다. 책 『홍어』가 나를 불렀다. 아침을 먹는데 목화송이처럼 탐스런 함박눈이 흐린 회색 바람과 섞여 창문을 두드렸다. 유혹에 이끌려 두터운 겉옷을 입고 목도리는 친친 동여매 눈만 내놓고 숙소 밖으로 나왔다.

하얀 길이 보시시 웃으며 맨들거린다. 나는 미끄러질까 봐 사박거리는 길에게 온통 힘을 주며 걸었다. 때마침 산골짜기도 늦잠자다 깨어났는지 우우하며 고운 눈보라를 흩뿌린다. 갑작스레 앞이 안 보이고 흐릿해졌다. 순식간에 중간계 같은 희뿌연 세계가 눈앞에 펼쳐졌다. 마치 막내작은어머니가 꿈속에서 보았다는, 대감 모자를 쓰고 누우런 도포를 입은 준엄한 사자(使者)가 방울을 흔들며 골짜기에서 흐릿하게 걸어 나오는 것 같은 환각에도 빠졌다.

"아침에 일어났더니 옆집에서 울음소리가 들리더라. 할머니가 돌아가셨대. 그래서 그런 꿈을 꾸었나 봐."

저승사자가 방울을 요란하게 흔들면서 골목길로 걸어들어와 옆집으로 들어가더라는 막내작은할머니의 꿈은 무서움이 되어 내 의식 안에 내내 웅크리고 있었는데, 그날 폭설이 내리는 화순 산골짜기에서 허리를 펴고 걸어 나왔다.

인간계의 낮과 밤의 익숙한 세계가 사라지고 온통 뿌연 눈안개

세계가 장막을 펼쳤다. 하늘과 땅의 결계(結界)가 사라진 듯 텅 빈 공(空)의 세계가 흐릿하게 너울거린다. 공허가 가득 찼기에 현실이 사라진 남도 화순 산골짜기의 괴이쩍은 길에 서서 나는 낯설음에 나를 통째로 맡겼다.

자욱한 눈보라 속에서 두 팔을 벌리고 사라진 하늘을 향해 얼굴을 들었다. 금방 수북하게 눈발이 쌓인다. 자연과의 교감이다. 그동안 일상의 굴레에 허덕이느라 시간의 꼬리를 잡고 좀머 씨처럼 쫓기며 살아내느라, 일탈을 꿈꾸는 의식과는 달리 들씌워진 책무(責務)를 다하느라 얼마나 굳은살이 겹겹이 배겼는지 나는 고개가 아프도록 눈을 감고 나를 맡겼다.

깊숙한 곳에 잠자고 있던 마음이 올라왔다. 생각이 여러 화두를 던지면서 꼬드길 때도 꿈쩍 않던 마음이 눈을 만나 뛰어나왔다. 바람의 등에 업혀 산골짜기 나무들에게 엉켜 있다가 달려오는 눈에게 마음이 말을 건다. 얼굴에 명징하고 차가운 눈이 닿으면서 정신이 맑아졌다. 하늘의 조화를 우러르며 나는 검은 패딩옷이 허옇게 뒤덮이도록 눈을 맞고 또 맞았다. 굴레에서 해방된 마음이 눈밭을 뛰어다닌다.

저만치 보이는 산골짜기 사잇길에 희뿌연 눈꽃이 소용돌이친다. 숱한 사람들에게 밟혀서 길이 되었기에 서로 애타게 바라만 보았던 두 골짜기의 마음이 터져 나왔는지 울면서 서로에게 거센 눈바람을 보낸다. 순식간에 골짜기가 사라지고 산길이 붙어 버렸다.

두 산이 만나 서로 얼싸안고 춤을 춘다. 산이 안 보인다. 산골짜기가 옷을 여미고 길을 보여주지 않는다.

그날 나는 숙소로 돌아가는 길을 찾지 못해 한참을 서성거렸다. 비로소 소문난 길치인 나 자신을 자각했더니 두려움이 스멀스멀 기어 나왔다. 얼굴에 쌓였다가 녹은 눈이 마치 울고 싶은 내 마음을 알아차린 듯 눈물이 되어 떨어졌다. 눈 속에 갇혀 핸드폰을 손에 들었다.

산길에 서서 아침 냄새와 눈 냄새를 맡고 또 맡았던 시간이 아른거린다. 얼마만 인지, 도시의 냄새를 떠나서 순수의 냄새를 맡아본 것은. 얼마만 인지, 속물 같은 생각은 밀쳐지고 순한 마음이 살포시 고개를 내민 것은. 그래서 마음의 통증이 옅어졌던 것은.

"세상에…, 밤새 내린 눈이 툇마루를 덮었데이." 폭설이 내리면 『홍어』의 길안댁과 팔짱을 끼고 우우 울던 화순 산골짜기에 사라진 길을 부른다. 《계간문예》 2024년 겨울호

●

홍재숙
1999년 《지구문학》 등단 / 수필집 『꽃은 길을 불러 모은다』, 『연필, 그 사각거리는』
hongjaisuk @hanmail.net

| 평설 | **눈(雪)의 표정은 이중적이다** | 신상조 |

    예술을 사회학적인 시각에서 포괄적으로 논의한 아르놀트 하우저는 그의 저서 『예술의 사회학』에서 '제시된 작품'과 '수용된 작품'이 서로 반대되는 방향성을 갖는다고 이야기한다. 예술가가 생의 이러저러한 측면들, 문제들, 모순들로부터 시작하여 작품들을 만들어내는 일로 나아간다면, 그에 반해 독자는 독립된 작품들로부터 출발해서 그 작품들 속에서 생을 해명하고 깨우쳐주는 것과 자신의 운명에 대해 위안을 주는 것을 찾는다는 것이다. 생에서 출발하여 작품으로 나아가는 예술가와 예술 작품으로부터 자신의 생으로 나아가는 독자의 이 상반된 방향성 외에 제3의 방향성은 없는 걸까? 홍재숙의 「마음이 눈을 만나 뛰어나오고」는 작품으로부터 출발해서 일상으로, 그리고 일상의 경험이 다시 작품 창작으로 귀결된다는 점에서 '제3의 방향성'을 갖는다. 그의 글은 김주영의 장편소설 『홍어』에서부터 출발한다.

    '폭설' 하면 생각나는 문학이 있는지? 일탈을 꿈꾸는 이라면 문정희의 「한계령을 위한 연가」가, 떠나온 시골 고향이 그리운 누군가는 오탁번의 「폭설」을 떠올릴 수도 있겠다. 작가 역시 "어느 해 연이틀 전남 화순 산골짜기에서 질리도록 눈을 맞은" 경험을 소설 『홍어』를 매개로 털어놓는다. 그는 목화송이처럼 탐스러운 함박눈이 내리던 "그날" 소설 『홍어』가 자신을 불러냈다고 고백한다. "유혹에 이끌려 … 숙소 밖으로 나왔다."라는 대목에서의 '유혹'은 『홍어』의 저 "눈에 파묻힌" 풍경의 장관에서 오는 정서적 감동을 현실에서 다시 맛보고 싶은 욕망이었을 터이다.

그러나 이 글은 문학적 감동을 현실에서 다시 재현하는 데서 그치지 않는다. "마을도 산도 나무들도 눈 이불을 뒤집어쓰고 쌔근쌔근 잠이 든 동화 같은 세상"은 잠깐이고, 순식간에 앞이 안 보일 정도로 내리는 폭설이 "인간계"의 익숙한 세계를 지워버렸기 때문이다. 이로 말미암아 작가는 "현실이 사라진 남도 화순 골짜기의 괴이쩍은 길" 위에 서 있는 자신을 발견한다.

함박눈을 만나 반가운 마음이 자연의 난폭한 표정을 발견하고, 세계에 대한 낯선 느낌이 두려움으로 바뀐 건 순식간에 벌어진 일이다. 저승사자와 얽힌 어릴 적 기억이 작가의 의식 안에 내내 웅크리고 있다가 "폭설이 내리는 화순 골짜기에서 허리를 펴고 걸어 나"오는 장면은 마치 재해를 알리는 공습경보처럼 섬뜩하다.

홍재숙의 「마음이 눈을 만나 뛰어나오고」는 '마음'이라는 추상어가 '뛰어나오다'란 구체적이고 역동적인 형태의 서술어와 만남으로써 제목부터가 생동감이 넘친다. 자연과의 교감으로 인한 감탄과 마음 깊숙한 곳에 잠재된 공포가 눈을 만나 눈을 뜨는 순간을 한꺼번에 선보이는 이 글은, 소설 속 인물의 탄성, "세상에…, 밤새 내린 눈이 툇마루를 덮었데이."라며 깜짝 놀라는 길안댁의 혼잣말만큼이나 탄력적이다. 경험을 가감하지 않는 수필만의 진솔한 매력이리라.

미여지뱅듸

이명진

눈이 내린다. 흰 눈이 내린다. 목화솜을 닮은 함박눈이 내린다. 눈송이는 제 무게를 못 이겨 낙화를 서두르다 차분차분 항아리 위로, 소나무 가지 위로, 막 피어난 수선화 꽃잎 위로 날아와 쌓인다. 소복소복 두께를 이룬 하얀 눈송이의 결정체는 소리가 없다. 그들이 만든 별천지는 아름답게 빛을 뿜어낸다.

스물아홉 해밖에 살지 못한 아들을 보내기 위해 그녀는 눈발을 맞으며 안간힘 썼다. 을씨년스런 교차로에서 심정지 상태로 병원까지 이송된 아들이었다. 그의 몸뚱이가 허공에서 맴을 도는 듯 눈송이가 흩어졌다 모였다 곡예를 한다. 그곳이 어디일까. 넓디넓은 벌판이 보인다. 언뜻 마른 억새가 춤을 춘다. 네모나게 둘러쳐진 산담(무덤의 제주어) 사이로 작은 봉분이 바람맞이를 하고 있다. 훤칠하게 큰 키에 덩치가 육중한 젊은 남자의 모습이 눈부시게 들판을 가로질러 달려온다.

'미여지뱅듸'란 이승과 저승 사이에 존재하는 시간과 공간을 의미한다. 망자가 저승으로 갈 때 꼭 거쳐 간다고 여겨지는 곳이며, 무속에서 사용하는 제주어로 알려져 있다. 끝이 보이지 않는 허허로운 벌판 한가운데를 헤매며 떠돌고 있는 작은 아들을 위해 그녀가 할 일은 천도재 밖에 없다고 했다. 흐린 하늘에서 쏟아지는 눈발을 머금고 사찰 경내로 들어서는 그녀의 뒷모습이 너무 작고 초라해 보였다. 빨강 노랑 파랑 하양으로 치장한 탱화가 그녀의 속마음과 닮았을까. 자꾸 시선을 끈다. 찬란한 빛깔의 기운이 부처님 닮은 자비인 양 포근하다. 뎅그렁 목어의 울림 속으로 작아진 어미 몸뚱이가 휘청휘청 빨려 들어갔다.

제주도 어느 곳과 인연을 마주했을까. 온통 현무암투성인 제주에서 아들을 위한 천도재를 올리게 될 줄 어찌 알 수 있었겠는가. 탐라의 섬사람들은 아기가 태어나면 탯줄을 불태워 아무도 모르는 땅에 묻었다. 섬사람에게 땅은 자신들 탯줄을 묻은 시원의 터이며, 생명수를 갈구하는 본향인 셈이다. 하지만 육지에서 자라 죽음을 맞이한 아들에게 제주는 낯선 터일 수 있다. 봄, 여름, 가을, 겨울 사계절을 보내며 정을 쌓아 둔 곳이 아니었지만, 그녀의 소망은 간절했다. 미여지뱅듸 어느 귀퉁이를 서성일 아들에게 제주의 시간과 땅과 바람을 기억시켜 주고 싶어 했다.

남편이 세상 떠나기 전 처음으로 가족 여행을 왔던 제주였다. 끝없이 펼쳐진 벌판에서 좋아하던 아이의 천진스런 모습을 잊고 싶지 않다고 했다. 남편을 교통사고로 잃고 힘들어할 때 삶의 의미를 알려준 아들이었다. 영정 속 아들은 가장 천진난만한 모습으로 억새밭(속)에서 웃고 있었다. 양팔을 벌리고 하늘을 향해 주먹질을 하고 있는 아이의 표정은 더없이 행복해 보였다.

사람은 태어나면 언젠가는 죽는다. 이승은 우리가 태어나 경험할 수 있는 사랑, 고통, 기쁨, 슬픔 등 복잡한 감정과 관계 맺고 있다. 삶의 의미는 개인에 따라 다르게 해석된다. 사람은 타인과의 관계와 성취감과 자기 발견을 통해 성장하지 않던가. 죽음이 어떻게 다가오는지에 대한 의문은 삶을 어떻게 살아가야 하는지를 고민하게 만든다.

엄마의 새벽잠을 깨울까 살금살금 일터로 나섰던 아들이 싸늘한 주검으로 돌아오자 억척스럽던 그녀도 쓰러지고 말았다. 이른 아침, 배웅 못 한 아들의 얼굴이 생각나지 않아 눈물도 나오지 않는다며 한숨을 흘렸다. 말과 달리 흐느낌도 없이 눈물방울은 떼굴떼굴 볼을 타고 입술에 멈춰 서서 투명함을 잃었다. 밥 때가 되면 언제나 전화로 안부를 묻던 싹싹한 아들이었다. 저녁이면 제 몸도 피곤할 터인데 어미 어깨를 주무르며 아양을 떨던 막내 아니던가. 손(을) 잡고 싶어도 잡히지 않는 환영 속 애달픔을 향해 목탁 소리가 맴돈다. 아들의 그림자가 나타날 듯 말 듯 간절한 어미 소망이 허공을 갈랐다. "아들이 머물고 있는 공간은 따뜻하긴 할까." 그녀는 살아있으면서도 죽은 자와 같은 울림 없는 저음으로 중얼거렸다.

저승은 인간에게 가장 큰 미지의 영역이다. 죽음은 모든 생명의 끝을 의미하지만, 동시에 새로운 시작으로 여겨질 수 있지 않을까. 여러 종교에서는 죽음 이후를 구천이나 천국이나 극락 등으로 표현한다. 이러한 믿음은 죽음을 두려워하지 않는다. 오히려 삶을 더욱 의미 있게 살아가도록 힘을 실어준다. 그녀의 망연함을 눈치챘을까. '천도재'를 시작하며 스님은 조근조근 오늘 의식에 대해 설명하지 않았던가.

영혼을 올바른 길로 인도한다는 뜻인 '천도재'는 불교 의식을 말한다. 천도재 역시 49재와 마찬가지로 유교식 제사의 제(祭)를 써서 흔히 천도제라고 표기하기도 한다. 망자가 사후의 고통에서 벗어나 극락왕생할 수 있도록 돕기 위해 수행하는 의식이다. 고인에게 부처님의 가르침을 전달하는 법식을 베풀어, 생전 업도 씻고 미련과 원한까지 풀어주기 위해 산 사람이 할 수 있는 최대의 응원인 셈이다.

고인의 명복을 빌며 마음의 평안도 찾고, 공덕까지 쌓아 새로운 시작을 다짐하는 계기가 되었으면 하는 스님의 이야기가 귀에 들어왔을까. 그녀의 양어깨가 들썩이다 요동친다. 큰소리로 통곡하는 울음소리가 넓은 법당 안을 돌다 귓전을 때렸다. 제단에 놓인 쌀과 과일과 나물에 망자의 손길이 닿았을까. 스님의 낭랑한 독경소리에 맞춰 간절히 명복을 비는 행위가 애절하다. 부처님을 휘감는 경전의 의미에 영혼이 응답이라도 하듯 여기저기 걸쳐 놓은 지전이 마구 흔들렸다. 아득한 미지의 세계에서 갈 곳을 찾은 걸까. 환한 빛이 대웅전을 향해 걸어 들어왔다.

이제 그녀의 아들은 나비가 되어 미여지뱅듸를 떠날 채비를 하고 있으려나. 자연으로 돌아갔으니 이승과 저승의 경계에서 누릴 수 있는 마지막 행운을 만났으면 좋겠다. 《인간과문학》 2025년 봄호

●
이명진
1997년 《해동문학》 등단 / 수필집 『물숨의 약속』, 『물색없는 사랑』 외 4권
pppoyj@hanmail.net

| 평설 | **슬픔에 대한 예의** | 한 혜 경 |

 '참척(慘慽)'의 슬픔. 자식을 앞세웠을 때 참담함을 어떻게 위로할 수 있으랴. 더욱이 남편을 잃고 힘들어할 때 삶의 의미를 알려주고 남달리 배려심이 깊던 아들인데, 겨우 스물아홉의 젊은이인데….

 이명진의 「미여지뱅듸」는 소중한 아들을 갑작스럽게 잃고 무너져 내린 어미를 지켜본 글이다. 작가는 "그녀"가 어떻게 살아왔는지, 아들이 어떻게 그녀를 위로하고 힘을 북돋아 주었는지, 얼마나 훤칠하고 싹싹했는지, 잘 알고 있는 자로서, 그녀의 비통함을 고스란히 느낀다. 아니, 그녀의 비통함 속에 함께 있다. 그래서 섣불리 위로의 말을 건네지 않으며, 그저 곁에 서 있다.

 생전의 아들이 제주에서 가장 행복했기에 제주에 와서 천도재를 지내는 그녀 곁에서 작가는 묵묵히 지켜본다. 함박눈이 내리는 속에서, 눈발을 맞으며 "안간힘" 쓰는 모습, "휘청휘청" 경내로 빨려 들어가는 작고 초라한 모습을 보며, "아들이 머물고 있는 공간은 따뜻하긴 할까." "죽은 자와 같은 울림 없는 저음으로 중얼"거리는 소리, 스님의 이야기에 "큰 소리로 통곡하는 울음소리"를 들으며, 천도재의 시작부터 마무리까지 그녀의 슬픔을 함께한다.

 그 사이사이에 '미여지뱅듸'의 의미를 설명하며 삶과 죽음을 숙고한다. '미여지뱅듸'란 "너른 벌판"이란 제주어로서 "이승과 저승 사이에 존재하는 시간과 공간"을 뜻한다. 망자가 저승으로 가기 전 떠도는 허허로운 벌판이다. 저승은 "인간에게 가장 큰 미지의 영역"이므로, 나약한 인간으로서는 믿음에 기댈 수밖에 없다. 천도재를 통해 영혼을 올바른 길로 인도하고 극락왕생을 기원하는 것은 죽음이 끝이 아니기를 바라는 간절함에서 비롯된다고 하겠다.

올가 토카르추크는 다른 존재에 대한 무한한 연대와 공감의 정서를 "다정함"이라고 표현하며, 각 인물의 개별적 관점을 놓치지 않고 포착하는 동시에 전체를 포괄하며 광범위한 시야를 가진 서술자를 "총체적인 이야기꾼"이라 했다.

이명진은 천도재 내내 그녀의 마음을 헤아리는 한편으로, 삶과 죽음, 이승과 저승에 대한 사유를 펼치고 있으므로, "다정한 서술자"이면서 "총체적인 이야기꾼"의 역할을 잘 보여주고 있다. 다정함으로 그녀의 통한을 있는 그대로 바라보며 함께 아파하는 태도는 타인이 보낼 수 있는 "최대의 응원"이면서, 슬픔에 대한 예의가 무엇인지 생각하게 한다.

천도재의 끝, 대웅전을 향해 걸어 들어온 "환한 빛"은 그녀의 아들이 "갈 곳"을 찾았기를 소망하는 마음뿐 아니라 그녀의 남은 삶에 환한 빛이 깃들기를 기원하는 작가의 마음이 투영된 장면일 것이다.

손끝에 혼을 담다

권순이

　단군의 후예는 손끝이 맵다. 여인은 손끝에 혼을 담아 옷을 지었다. 명절은 한복이 맵시를 뽐내는 날이었다. 풀 먹여 다듬질한 명주를 밤새워 마름한다. 이 베는 바탕이 가늘고 고와 애써 공을 들여야 했다. 하루치 바깥일이 끝이 나야 호롱불 아래 앉는다. 인두는 놋화로에 깊숙이 묻어둔다. 일에 치이는 때이지만 그런 와중에도 어른 섬기고 자식에게 맛난 것 배불리 먹일 수 있는 넉넉한 날이니 힘들기만 하지는 않았을 것이다.

　명주실을 이빨로 톺는다. 한쪽 눈을 지그시 감고 다른 쪽 눈을 찡그려야 가늘고 짧은 바늘에 실을 꿸 수 있다. 저고리 맵시는 깃과 섶에 달려있다. 특히 깃은 솜씨를 낼 수 있는 가장 중요한 위치다. 적당하게 모서리를 굴린다. 그 선 따라 곱게 홈질하고 살짝 잡아당기면서 모양을 잡는다. 제자리에 어긋나지 않게 풀로 먼저 붙이고 안으로 바느질 땀이 보이지 않게 공그르기한다. 그러고는 인두 판 위에 올린다.

　"찌지직."

　화로에서 달궈진 인두를 옆에 곱게 개켜둔 물수건에 올려 온도를 조절한다. 그런 다음 깃 솔기 안으로 넣고 가장자리 따라 바람

길을 냈다. 깃이 안지에 착 달라붙어 납작 해지지 않게 맵시를 내야 바느질 좀 한다는 소리를 들을 수 있었다.

안과 밖을 이어 붙인다. 안소매 쪽에 남겨둔 숨구멍으로 뒤집고는 반반하게 펴 자리를 잡고 고름을 단다. 다 된 섶코에 실을 끼우고 잡아당기면 거의 완성이다. 실을 잡은 손에 힘을 가하는 기술은 가히 예술이다. 그 실은 옷을 입는 날까지 빼는 법이 없었다. 바늘에 찔려 빠짓이 솟는 선혈을 혀로 핥으면서도 아픈 줄 모르고 혼을 불어넣었다. 마지막으로 동정 다는 일만 남았다.

여름 모시 두루마기는 다림질로 마무리한다. 아침이슬에 습기가 촉촉하게 스며들면 솔기가 겹치지 않게 개켜서 밟아 두었다. 다리미는 자루 달린 대접 같았다. 여기에 아궁이에서 숯불을 담아온다. 어른들은 아래쪽 넓은 곳을 잡고 아이들은 위쪽 좁은 곳을 잡았다. 불 담긴 다리미가 아래위를 왔다 갔다 하면 잠자리 날개 같은 날렵한 옷이 완성되었다.

처서가 지나면 모시 손질법이 달라진다. 여름 모시는 다림으로써 올 사이에 바람구멍을 내고, 선선한 바람이 북쪽으로부터 불어올 무렵이면 다듬질로 바람구멍을 막았다. 여인의 손끝에서 나오는 이런 지혜는 오랜 세월 경험에서 왔으리라. 모시 중위 적삼 위에 모시 두루마기를 걸쳐 의관을 정제하시고 사립문을 나서는 할아버지의 발걸음은 잠자리 날개보다 가벼워 보였다. 안채의 정성이 사랑채 남정네의 어깨에 날개를 달아 주었다.

남녀의 옷은 여밈이 다르다. 남자의 상의는 왼쪽이 위로 올라오게 짓고, 여자는 반대로 오른쪽이 위로 와야 한다. 한번은 어머니께서 시동생의 조끼를 지으셨다. 그런데 옷을 다 만들고 보니 단춧구멍을 오른쪽에 뚫은 것이다.

"눈 감고도 이런 실수는 하지 않겠네."

가시가 돋친 시동생의 질책은 가슴을 찔렀다. 밤새워 메우고 다시 반대쪽에 뚫었다. 뚫었던 곳에는 단추를 달아 감쪽같이 만드셨다. 오누이로 자라 큰살림 휘두르는 솜씨는 없으셨는지 모르지만 꼼꼼하고 정확하셨다. 그 솜씨로 한 번도 접해보지 않았던 내 중학교 교복도 손수 만들어 주셨다. 눈이 자(尺)고 어림이 짐작이었다. 어머니도 단군의 후예임이 틀림없으셨다. 손끝은 야무지고 매웠다.

백의(白衣)는 동정에 살아 있다. 흰 천을 적당한 크기로 자른다. 도화지보다 조금 두터운 종이를 옷의 모양과 크기에 따라 오려서 인두 판 위에 올려놓고 눌러가며 붙인다. 깃 위에 옷 주인의 세 손가락 정도의 너비로 띄우고 동정을 앉힌다. 그런 다음 안쪽으로 홈질을 한 후 겉쪽으로 넘겨서 공그르기로 마지막 정성을 다해 마무리한다. 바느질한 실이 종이 겉으로 나오면 안 되었다. 종이 안쪽 천에 살짝만 걸쳐 표나지 않게 꿰매야 했다.

"그 집 새색시는 동정 달 줄도 모른대."

"동정이나마 제대로 달려는지 모르겠습니다."

시집보내는 친정 부모는 서툰 솜씨로 책이라도 잡히지 않으려나 모든 게 걱정이었다. 동정 하나만 제대로 달면 나머지 바느질 솜씨는 염려하지 않아도 된다는 얘기기도 했다. 직선이 고대를 돌아 곡선을 만들며 한국인의 강인함과 절개의 표상으로 자리매김한다. 동정은 백의민족의 징표이다.

섣달그믐이면 묵은 먼지를 털어내고 새날을 맞았다. 풀 냄새 나는 새 옷으로 갈아입고 흰 고무신에 외씨버선을 신은 발이 차갑도록 예뻤다. 소슬바람이 여덟 폭 치마 끝자락을 들춰 발목이라도 살짝 보이는 날엔 소름이 돋는다. 단호한 모습 뒤 여인의 마음마저 들춰지는 느낌에는 오싹한 아름다움이 숨어 있다.

곧 세모(歲暮)다. 정성 들여 지은 옷 차려입고 조상께 해가 바뀌었음을 고했었다. 깜냥도 되지 않으면서 넘치게 욕심내지나 않았는지, 순례하는 마음으로 걸어온 길을 뒤돌아본다. 오래 묵은 세월의 켜에 또 한 해를 더해야만 하리라. 재촉하지 않아도 빠르게 달리기만 하는 내 시간의 긴 침 앞에 마음자리를 아래로 넓고 깊게 가질 것을 다짐해 본다. 《문장》 2025년 봄호

●

권순이
2022년도 《문장》 등단 / 수필집 『용마루』 sooni@knou.ac.kr

| 평설 | **예와 정성으로 몸을 가리다** | 신 상 조 |

'겉볼안*'이라는 우리말이 있다. '겉볼안'은 얼핏 젊은이들이 만들어 쓰는 신조어 같지만, 버젓이 국어사전에 올라 있는 표제어다. "겉을 보면 속을 안 보아도 짐작할 수 있다"는 뜻을 가진 명사로 줄임말이다. 문제는 아무리 경험이 많은 사람이라도 확률적으로 겉볼안이 다 맞는다는 보장이 없다는 거다. 다음은 사람의 행동거지만 보고 좋은 쪽으로 생각했다가 낭패를 당한 경우다.

호랑이 담배 피우던 까마득한 옛날, 자유연애로 자기 짝을 찾는 따위는 꿈도 꿀 수 없던 시절의 이야기다. 장성한 아들을 장가보낼 걱정에 어디 좋은 신붓감이 없나 노심초사하던 한 어머니가 우연히 어느 집에선가 바느질하는 처녀에게 눈길을 뺏겼다. 손끝이 매운 처녀의 바느질 솜씨도 솜씨려니와, 가위나 실, 인두 등을 쓰고는 제자리에 잘 건사했다가 작업을 이어가는 품이 참으로 조심스럽고 얌전했다. 살림 솜씨가 빈틈없으니 그야말로 다른 건 안 보아도 짐작할 만했다. 이 어머니, 당장 처녀 집에 매파를 보내 혼사를 성사시킨 것까지는 좋았다. 그런데 아뿔싸, 시집온 처녀가 걸음이 성치 못한 게 아닌가. 되도록 일어선 모습을 보이지 않으려는 처녀의 노력이 남들 보기에 '겉볼안'이었던 것이다.

권순이 작가의 「손끝에 혼을 담다」는 "단군의 후예는 손끝이 맵다."란 문장으로 시작한다. 손끝이 맵다는 관용어는 "손으로 슬쩍 때

려도 몹시 아프다." 외에 "일하는 것이 빈틈없고 매우 야무지다."란 뜻을 갖는다. 이 글에서는 후자의 의미로 사용되었다. '손끝이 맵다'와 '겉볼안'은 다른 표현의 유사한 의미를 가진 말이다. 그러니 단군의 후예는 겉볼안이다.

작가는 한복을 만드는 과정을 마치 고증이라도 하듯이 세세하게 짚어나간다. 풀 먹여 다듬질한 명주를 밤새워 마름한다. 이 베는 바탕이 가늘고 고와 애써 공을 들여야 한다. 명주실을 이빨로 톺고, 바늘에 실을 꿴다. "저고리 맵시는 깃과 섶에 달려있다. 특히 깃은 솜씨를 낼 수 있는 가장 중요한 위치. 적당하게 모서리를 굴린다. 그 선 따라 곱게 홈질하고 살짝 잡아당기면서 모양을 잡는다. 제자리에 어긋나지 않게 풀로 먼저 붙이고 안으로 바느질 땀이 보이지 않게 공그르기한다. 그러고는 인두 판 위에 올린다."까지 읽고 나면 어느 곱고 단아한 여인이 곁에 있어 정성스레 우리의 전통 복식(服飾)을 가르치는 것만 같다.

"한복을 짓는 여인은 하루치 바깥일이 끝이 나야 비로소 호롱불 아래 앉"았다니, 고된 노동 끝에 "잠아잠아 오지마라 자부다가 혼난다/혼난이사 보지마는 오는 잠을 어찌런고." 노래하던 작자 미상의 민요 <잠노래>가 떠오르는 건 어쩔 수 없다. 그렇더라도 "풀 냄새 나는 새 옷으로 갈아입고 흰 고무신에 외씨버선을 신은 발이 차갑도록 예뻤다."라는 작가의 기억처럼, 옷은 새 옷이 좋고 사람은 옛사람이 좋다.

* '겉볼안'은 유선경의 『어른의 어휘력』에 자세히 소개되어 있다.

3부

도시적 풍물의 '사이'론

모탕의 시간

김철희

    무거운 쇳덩이가 하늘로 치솟다가 아래로 곤두박질치자 쩍하고 나무토막이 쪼개진다. 치켜든 팔과 다리에 잔뜩 힘이 들어간다. 낙차를 이용해 굵직한 토막을 여러 개로 쪼갤 때마다 온전히 충격을 감내해야 한다. 찬바람에 온몸을 내맡기고, 날을 세워 내리치는 도끼질에 쓰러져가는 소리를 홀로 묵묵히 받아내는 일을 아픔이라 여겨본 적이 없다. 주어진 소임이 그러하거늘, 어디에 대고 하소연할 곳도 없다. 진종일 패고 또 패고 그렇게 쌓인 장작은 겨우내 아궁이 속에 투척이 돼 장렬하게 회색빛 재로 산화한다.

    타고난 운명은 늘푸른나무였다. 땅속에서 씨앗을 틔워 가늘디가는 줄기로 햇빛과 바람을 마주하며 하늘 향해 솟구치고, 옆으로는 팔을 뻗어 가지를 만들었다. 세상의 풍파 속에서도 거뜬히 육중한 몸을 지탱해 온 힘이다. 남들은 가지를 거추장스럽다 부러뜨리지만, 지상의 뿌리는 가지다. 잡풀과 우거진 군락에서 햇빛을 쫓아 생존의 치열한 경쟁을 하며 몸집을 키우고, 지구상에서 멸종되지 않고 버텨온 세월이 억겁의 세월이다.

    무릇 생명체는 탄생과 소멸이란 짐을 함께 갖는다. 제명대로 소임을 다한 생은 복된 삶이지만, 뜻하지 않은 일로 원하지 않는 시기에 맞닥뜨리는 초라한 퇴진은 쓸쓸하다. 세상사 뜻대로 되지 않는다는 것쯤은 익히 각오하고 있었다. 부질없다 할 때 그저 빨리 소멸하기를 바랐다. 수백 년을 어둠 속 깊이 뿌리를 내리고 풍파를 견뎌온 고목이 세상에 유용한 자재로 환골탈태한 것은 부러운 일이다.

잔가지는 죽정이 불쏘시개로 쓰임을 다하지만, 모탕은 몸집이 굵고 딴딴한 재질 덕에 제때 스러지지 못하고 남겨져 방치되다 땅과 가장 밀접하게 살갗을 맞대며 쓰인다. 뿌리로부터 분리된 처지라 재질은 사막 바닥처럼 건조해 두들겨도 아픔을 모르는 허허로운 처지다. 마치 마취제 맞은 듯 고통도 느끼지 못하는…. 도끼가 표면을 찍어 홈이 파이는 우여곡절을 겪어도 묵언 정진의 자세로 시간을 버텨내야 하는 속절없음은 짊어진 숙명이다.

고되고 힘든 삶을 살아오면서 체득하는 자괴감에 낙오가 된 적이 어디 한두 번일까. 좌절을 소주로 달래며 실오라기 희망이라도 잡기 위해 아등바등 살아온 여정을 생각하면 그저 눈물겹다. 견뎌내야 한다는 일념으로 젖 먹던 힘까지 쏟아내며 가난의 먼지를 털기 위해 쪽잠으로 버텨온 만신창이 몰골일지라도 꾸역꾸역 살아가는 건 잉걸불로 남은 희망이 있기 때문이 아닐까.

몸체가 실금에 갈라지기라도 하면 나무로서의 최후를 맞아야 하지만 그중 온전한 것은 곡식을 땅바닥에 쌓을 때 밑에 괴는 나무토막으로 쓰인다.

농부는 추수를 마친 벼를 따가운 가을 햇빛에서 건조해 마당 한켠에 재인다. 지면과 살을 맞춘 굄목은 비가 내려도 가마니를 젖지 않게 하는 게 목적이다. 가마니 위에 또 한 가마니, 그 위에 또 얹히기를 반복해도 묵언으로 다 받아내야 하는 고달픈 삶을 견뎌내야만 한다. 무게를 버텨내지 못하면 농부의 한 해 농사를 망치는 일이기에 사명감으로 인내한다.

형형한 별빛이 가득한 늦은 밤, 농부의 가족이 마당 한가운데 마루에 앉아 오순도순 밤이 깊도록 얘기꽃을 피울 때야말로 홀가분함을 느낀다. 달이 휘황하게 대지를 밝히고, 농부의 다솔식구들이 깊은 잠이 들면 비로소 평화로운 시간을 맞는다.

어느 날, 쌓여있던 나락 가마니가 방앗간으로 옮겨지고 나면 소임은 끝이 난다. 농부는 뒤란 장작더미 옆에 쓰임을 다한 나무토막들을 던져놓는다. 내년 다시 쓸 요량이지만 장담 못 할 일이다.

소멸하는 모든 것들의 운명은 잊힘이다. 아무리 하찮은 것일지라도 존재할 때 가치가 있는 것이 아닐까. 아니, 내 가슴이 잊지 않는 한 그 존재는 기억된다. 가장 낮은 곳에서, 가장 볼품없는 취급을 당하면서도 스러져가는 순간까지 제 운명을 모두 바치는 모탕의 일생이 경이롭다. 《데일리한국》 월요수필 2024년 4월

●

김철희
2019년 《한국수필》 등단 / 수필집 『흰눈과 돼지고기』 chk1500@naver.com

| 평설 | **볼품없는 존재에 대한 경의** | 한 혜 경 |

에두아르도 갈레아노의 글 중에 '기억하는 나무'에 대한 시가 있다. 여인들이 각자 나뭇잎을 하나씩 귓가에 대고 가만히 바스러트리자 나무의 기억이 열린다.

"한 여인은 귓가를 간질이는 바람을 느꼈다./ 다른 여인은 나뭇가지가 부드럽게 흔들리는 소리를… (중략) … 또 다른 여인은 목소리들의 메아리를,/ 그리고 마지막 여인은 느린 발걸음 소리를 들었다."

김철희의 「모탕의 시간」은 모탕의 이야기에 귀를 기울인다. "찬바람에 온몸을 내맡기고, 날을 세워 내리치는 도끼질에 쓰러져가는 소리를 묵묵히 받아내는 일을 아픔이라 여겨본 적이 없다"고, "주어진 소임이 그러하거늘 어디에 대고 하소연할 곳도 없다"고 말하는 소리를 듣는다.

아마도 낮고 담담한 목소리로 들려줬을 모탕의 이야기는 인간의 생활에 '유용한 자재'로 소임을 다하기 위해서 도끼가 표면을 찍고 곡식 가마니가 켜켜이 무겁게 얹혀도 묵묵히 감내해온 일에 대한 것이다. 작가는 이러한 상황을 '찬바람' '충격' '고달픈 삶', '우여곡절' 등으로 표현하면서, 이를 '사명감'과 '짊어진 숙명', '주어진 소임'으로 여겨 "묵언으로 다 받아내고", "묵언정진의 자세"로 버텨내는 모탕을 "경이롭다"고 인식하고 있다.

이러한 모탕의 일생은 작가가 지나온 시간과 중첩된다. 그래서 모탕과 작가는 한 몸처럼 느껴지기도 하는데, 이는 주어가 작가인지 모탕인지 모호한 문장들에서 잘 드러나고 있다.

"고되고 힘든 삶을 살아오면서 체득하는 자괴감"에 낙오되기도 했지만, "좌절을 소주로 달래며 실오라기 희망이라도 잡기 위해 아등바등 살아온 여정", 또 "견뎌내야 한다는 일념으로 젖 먹던 힘까지 쏟아내며 가난의 먼지를 털기 위해 쪽잠으로 버텨온" 시간은 "도끼가 표면을 찍어 홈이 파이는 우여곡절"을 겪어온 모탕과 다를 바가 없는 것이다.

하지만 아무리 고달파도 주어진 소임을 사명감으로 묵묵히 감내하는 모탕처럼, "잉걸불로 남은 희망"에 기대어 고된 삶을 "꾸역꾸역" 살아가야 하리라. 그러므로 "가장 볼품없는 취급을 당하면서도 스러져가는 순간까지 제 운명을 모두 바치는 모탕의 일생"은 기억해야 할 가치가 있다. 묵묵히 견뎌온 나날 끝에 평화로운 시간을 맞이할 수 있으며, 이러한 삶이야말로 진정 숭고하고 아름다운 삶이므로.

그리하여 이 글은 "가장 낮은 곳에서" "볼품없는 취급"을 당하며 "만신창이 몰골"일지라도 주어진 소임을 다하며 정진하는 수많은 모탕들의 경이로운 삶에 바치는 헌사이다.

묘한 이야기

조재형

나는 지난 일 년간 길고양이를 만났다. 그 시간만큼은 더없이 행복했다고 말할 수 있다.

내가 지켜본 고양이는 간첩이다. 고양이를 파견한 본국은 자연이다. 혈연도, 지연도, 학연도 없는데 고양이는 나한테 무척 잘해준다. 그래서 더 수상하다. 나를 포섭해 자연으로 유인하려는 것이렷다. 가끔, 아니 자주 본국과 교신하는 것처럼 고양이는 먼 산을 오랫동안 응시한다. 아무리 봐도 밀파된 간첩이다. 내가 '고양이 동무!' 하고 부르면 고양이는 무심결에 '야, 응!' 하고 대답을 내놓는다. 본색이 드러나는 순간이다.

고양이는 낮에는 잠자는 일에 종사한다. 밥 먹고 응가 하는 일과 꼬리를 세우고 나를 반겨주는 것 말고는 잠으로 때운다. 야심한 시간에 내가 모르는 일을 해야 하기 때문이다. 고양이의 수상한 일면이다.

고양이를 만나는 것, 고양이와 같이 지내는 건 그 자체로 여행이다. 자연의 명소를 탐방하는 격이다. 고양이를 구경하면서 나는 가방이 미어터지도록 자연의 본성을 많이 주워 담을 수 있다. 온몸으로 나한테 자연의 지식을 건네주는 고양이는 자연의 백과사전이다. 무지했던 나는 비로소 자연을 조금씩 깨우치고 있다.

요즘 나의 송달 가능한 주소는 고양이다. 고양이는 자신만의 고유한 은신처를 가지고 있다. 나한테는 고양이가 은신처다. 나는 고양이한테 내 속마음을 남겨둔다. 분실할 우려가 없어 고양이는 내 속내를 숨겨두기 좋은 보고(寶庫)다. 자연이라는 종교 안에서, 고양이는 침묵을 경청할 수 있는 경당이다. 고양이는 봉쇄된 자연의 수도자들이다. 그들은 평생 맨발로 다니고 말을 아낀다. 그들의 눈빛은 형형하다. 그들은 타고난 옷 한 벌로 일생을 때운다. 자연 앞에 종신서원한 그들은 자연 밖으로 나오지 않는다. 그들이 좇는 건 강건한 추위와 바닥난 굶주림과 무일푼의 침묵이다.

나는 고양이라는 탈것을 타고 자연의 한가운데를 순례하고 있다. 고양이한테 잠시라도 눈을 떼려고 할라치면 인공의 현실로 쫓겨난다. 고양이와 나 사이의 공간은 침묵이라는 암흑물질로 채워졌다. 나는 고양이의 자유분방한 하루를 질투 섞인 눈으로 바라본다. 할 수만 있다면 고양이의 영지에 합류하고 싶다. 지루한 일상이 나의 등을 고양이에게로 떠민다. 나도 고양이의 경로를 따라가보고 싶긴 하지만 생각만 그럴 뿐이다. 소심한 나는 불 켜진 인간의 방으로 돌아오고 만다.

나는 고층 아파트로 떠난 지 근 30년 만에 땅으로 돌아왔다. 어느 날 도심 속 빌딩의 거울 속에서 나를 만났을 때 나는 놀란 입을 다물지 못했다. 시골에서 떠날 때 알고 있던 내가 아니었기 때문이다. 내 모습은 온데간데없고 늙은 소년이 거기 서 있었다. 내가 기억하고 있던 소년의 눈은 하늘을 담을 만한 창이었다. 그런데 빌딩의 거울 속에서 만난 내 눈은 짜증과 수치들이 뒤엉켜 있었다. 거기서는 희망이라든가 용기라든가 하는 것은 찾아볼 수 없었다. 내 눈은 깨진 창이었던 것이다.

나는 어머니의 집을 나서며 도시라는 손수레 위에 휙 던져졌다. 도시는 나를 어딘가로 끌고 갔고, 나는 아스팔트와 콘크리트의 미로에서 불안의 숲을 헤맸다. 어느 날 야옹 하는 소리가 도시의 소음에 빠져 있는 나를 깨웠다. 무슨 뜻인지는 모르겠지만 그 소리가 도시의 소음에서 빠져나오라는 경고로 들렸다.

도시는 빨리 달리는 기차처럼 요란했지만 세계를 향한 내 의욕의 속도는 느려지기 시작했다. 어느 때부터 나는 하루의 끝만 보이고 내일은 보이지 않았다. 의욕이 바닥나 아침에는 일어나기 싫었으며 저녁이면 지쳐 잠 속으로 떨어졌다. 삶도 무겁긴 했지만 무엇보다 지쳐 있는 내 자신이 나한테는 가장 무거운 짐이었다.

내가 도시에서 유랑할 때는 돈도 어지간히 벌고, 비싼 것을 먹고, 부자들과 어울려 지냈지만 이상하게 하나도 즐겁지가 않았다. 편안하질 않고 왠지 모를 불안이 나를 따라다녔다. 한데 고양이랑 머무는 이곳에선 불안이 끼어들 여지가 없다. 불안이 자취를 비운 자리에는 고양이의 호기심이 자리 잡았다. 간혹 권태가 방문하기도 하지만 불안은 흔적도 없다.

처음 이곳에 발을 들여놓았을 때 나는 집주인이라는 사실이 낯설었다. 마치 내가 손님처럼 느껴지고 집이 주인 같았다. 아니 나를 기다려온 고양이가 집주인 같고 나는 고양이한테 초대받은 손님 같았다. 고양이 눈빛은 호기심으로 가득 차 있었다. 고양이는 처음 나를 봤을 때 어디에서 왔는지, 누구인가를 캐묻는 표정이었다.

아파트 입주민 신분일 때는 자연 속으로 쉽사리 들어갈 수 없었지만 변두리로 내려와 살게 된 덕에 나는 일종의 특권을 누린다. 마음만 먹으면 하루에도 몇 번씩 자연 속으로 뛰어들 수 있다. 고양이의 효능을 잘 모르는 사람들은 내가 고양이 옆에서 고양이 똥오줌을 치워주면, 이러려고 주택으로 이사 왔냐고 볼멘소리로 물어보곤 한다.

고양이를 입양하면 자연을 통째로 들인 것이 된다. 고양이를 아는 만큼 자연을 알게 되는 것이다. 고양이를 아끼는 만큼 자연을 사랑하는 셈이 된다. 고양이를 가진 자가 자연을 가진 자다. 고양이를 가진 만큼 그는 자연을 보유한 것이 된다. 고양이와 가깝게 있는 만큼 자연과의 거리는 좁혀진다. 고양이 눈에 빠지면 자연의 품에 안기는 셈이 된다. 아파트는 인공의 상징이다. 아파트에 고양이를 입양해보라. 아파트가 자연 속에 있는 셈이 된다. 아파트가 잃은 자연의 기능을 고양이가 보완한다. 영혼이 없는 아파트에서 고양이는 심장이 되어 준다. 《시와산문》 2024년 봄호

●
조재형
2011년 월간 《시문학》 등단 / 산문집 『집은 텅 비었고 주인은 말이 없다』, 『말을 잃고 말을 얻다』 외 2권 yosepj@hanmail.net

평설

뜻밖의 정경, 고양이와의 시적(詩的) 조우

한 혜 경

"내가 지켜본 고양이는 간첩이다."

조재형의 「묘한 이야기」는 고양이를 '간첩'이라 명명하면서 익숙한 관습의 세계를 허물고 뜻밖의 정경을 구축한다. 작가를 "포섭해 자연으로 유인"하려고 '자연'이 파견한 '간첩'이라는 기발한 착상에서 일반적인 애묘인의 이야기와는 다르리라는 기대를 불러일으킨다.

과연, 고양이는 인간을 자연으로 유인하는 안내자로서, '인공의 현실'에 취해 잊었던 본연의 삶으로 돌아가게 하는 존재로 그려지고 있다. 그리고 자연은 '땅'이며 '어머니의 집'으로, 근원적 삶을 의미한다.

자연을 떠난 삶은 '도시'와 '인공의 현실'로 고층 아파트와 아스팔트, 콘크리트의 미로로 이루어진 세계이다. 돈도 벌고 비싼 것을 먹지만 즐거움이 증발된 불안한 삶이며, 요란한 소음 속에서 의욕을 잃고 지쳐가는 삶이다. 그리고 "하늘을 담을 만한 창"이었던 눈이 "짜증과 수치들이 뒤엉켜" 있는 '깨진 창'으로 변한 삶이다. 그러므로 근 30년을 살았어도 도시에서의 삶은 정착이 아니라 '유랑'이다. 진정한 뿌리를 내리지 못한, 허공에 뜬 삶인 것이다.

의욕의 속도가 느려지고, 내일은 보이지 않는 무거운 나날을 보내던 작가에게 어느 날 고양이 소리가 들린다. "야옹 하는 소리가 도시의 소음에 빠져 있는 나를 깨웠다." 고양이가 빈사상태에 놓인 작가의 영혼을 깨어나게 한 것이다.

이처럼 '불안의 숲'에서 빠져나오게 한 고양이는 상투적 일상을 뒤흔드는 시인과도 같다. "먼 산을 오랫동안 응시"하는 존재이며, '침묵을 경청할 수 있는 경당'이자 '봉쇄된 자연의 수도자들'이다. "평생 맨발로 다니고 말을 아낀다. 그들의 눈빛은 형형하다." 또 "타고난 옷 한 벌로 일생을 때운다." "그들이 좇는 건 강건한 추위와 바닥난 굶주림과 무일푼의 침묵이다."

"고양이의 경로를 따라가 보고 싶긴 하지만 생각만 그럴 뿐", "불 켜진 인간의 방으로 돌아오고 만다"고 작가가 고백하고 있듯이, 자본주의적 욕망이 팽배한 현대사회가 추구하는 가치와 대척점에 놓인 이러한 삶이 가능할까? 인공의 세계가 뿌려놓은 달콤한 맛에 마비된 우리 영혼이 굶주림과 무일푼의 삶을 감당할 수 있을까?

고양이처럼 살진 못할지라도, 최소한 '자연과의 거리'를 좁힐 수 있음을 이 글은 넌지시 일러준다. '땅'으로 돌아오니 불안이 흔적도 없이 사라졌음을, '영혼이 없는 아파트'에서 고양이가 '심장'이 되어준다는 사실을 알려준다. 부와 명예를 향해 질주하는 세상 한 길모퉁이에서 문득 내 모습을 마주할 때, 획일화된 세계의 민낯이 생경하게 다가오리라는 것을, 그 순간 야옹 하는 소리를 들을 수 있음을 아울러 보여주고 있다.

거품 실종 신고

이혜연

    칼국수를 끓입니다. 팔팔 끓는 육수에 면을 넣은 다음, 양파 대파 같은, 맛을 더해줄 양념들을 첨가합니다.
    한소끔 끓이자 거품이 생기기 시작하네요. 국자로 살살 걷어냅니다. 거품은 걷어내도 걷어내도 자꾸만 생깁니다. 대충 마무리하고, 채 썬 당근과 호박을 넣어 한 차례 후루룩 끓인 다음 종종 썬 대파잎과 김 가루를 고명으로 얹고 불을 끕니다.
    한 김 식힌 후 그릇에 담습니다. 그런데 미처 걷어내지 못했던 거품들은 다 어디로 사라진 것일까요? 국물이 맑습니다. 개수대 바닥에 내팽개쳐졌던 거품들을 내려다봅니다. 기포는 사라지고 희미한 얼룩만 남았네요.
    맑은 국물과 깔끔한 맛을 위해서는 거품을 말끔히 걷어내야 한다고들 합니다. 그런 요리연구가들의 한결같은 충고가 타성이 된 것일까요. 국물 요리를 할 때면 습관처럼 거품을 걷어내곤 합니다. 그런데 굳이 거품을 걷어내지 않아도 식은 후의 국물은 그다지 탁하지도, 텁텁하지도 않더군요. 정말 거품은 걷어내야 할 불순물인 것일까요?
    궁금하여 국물 요리를 할 때 거품이 생성되는 원리를 검색해 보았습니다. 물이 끓게 되면 액체의 기화 현상이 생기고, 이 기화 현상에 의해 열을 가장 많이 받는 용기 바닥에서부터 생성된 증기 덩어리가 위쪽으로 상승하면서 기포가 된다고 합니다. 따라서 거품은 불순물이 아니라, 식재료들에서 우러나온 단백질이나 전분 같은 내용물들이 물과 어우러져 생성된 것이라 볼 수 있겠네요. 재료의 참맛과 영양분을 온전히 취하려면 거품을 걷어내지 않아야 한다는 얘기가 되겠습니다. 그럼에도 사람들은 한사코 걷어내려 하네요.

같은 거품인데도 대접받는 것들이 있습니다. 카페라테나 맥주, 비누와 같은 클렌징 제품, 면도용품, 세제 등의 거품입니다. 라테와 맥주의 거품은 부드럽고 풍성한 느낌을 주어 눈을 즐겁게 할 뿐 아니라 쓴맛을 잊게 해 목 넘김을 부드럽게 해주지요.

세제의 거품이 대접을 받는 이유는 좀 다릅니다. 첨부된 계면활성제가 물과 공기를 만나 생성된 이 거품들은 물과 기름을 잘 섞이게 해 세정 역할을 톡톡히 해내기 때문이지요. 거품이 풍성하게 일어날수록 우수한 제품으로 인정받으니, 개수대 바닥에 패대기쳐진 거품과는 처지가 달라도 너무 다르네요.

대접받지 못하는 거품들이 또 있어요. 거품 경제, 거품 인기 같은 것들이지요. 국물 요리의 거품처럼 푸대접까지야 받진 않지만, 경계, 요주의 대상이라 하네요. 차근차근 단계를 밟아 이루어진 결과물이 아니라 잠깐 동안 이슈화되었거나 투기 등에 의해 부풀려진 것들이기 때문이랍니다. 한껏 부풀어 올랐던 거품이 꺼지고 난 후는 그만큼 상실감이 크겠지요.

저는 올해 8년 만에 새 수필집을 상재했습니다. 너무 오랜만이어서일까요, 아니면 나이가 들어 감정이 무디어진 것일까요. 이메일로, 전화나 문자 더러는 손편지로 전해오는 문단 선후배 여러분의 격려의 말씀에도 좀처럼 마음이 부풀어 오르지 않네요. 경험상 그것이 잠깐의 이슈일 뿐이라는 걸 짐작하기 때문인지도 모르겠습니다. 첫 번째, 두 번째 수필집을 상재했을 때와는 사뭇 느낌이 다르네요. 무지갯빛 꿈은 비눗방울처럼 마음이 훨훨 날아다녔던 그 시절. 거품 가득한 욕조에 몸을 담그고 있는 듯 기분 좋던 그날들. 설익은 글인 줄도 모른 채 인사성 칭찬을 진실로 착각하고 한껏 부풀어 올랐던, 그리운 그 시절, 그날들.

지금은 스스로의 눈으로도 제 글에서 부족한 것들이 보입니다. 퇴고 문제가 아닙니다. 메말라 가는 감성과 언어의 고착화 내지는 기교화, 사고의 일천함 혹은 편협함 같은, 본질적 문제지요. 그런 줄 알면서도 그 모자람을 덩어리로 묶어 독자에게 내보이는 것이 과연 옳은 일이었나 하는 자조(自嘲)가 자꾸만 부풀어 오르는 거품을 걷어내려 하네요.

평생을 배우다 가는 것이, 하여 영원히 미완일 수밖에 없는 것이 인생이라 하던가요? 마찬가지로 완벽도 완성도 있을 수 없는 것이 글이고 보면, 모자람에 대한 이런 나의 자조는 잘못된 자존감의 발로일 뿐이라는 또 다른 자조가 이네요. 나이는 시간의 누적이고 그 갈피갈피에는 그 시간에 맞춤한 내가 있는 법이니, 부족하더라도 그 모든 '나'가 만들어낸 창조물들을 스스로 아끼고 존중해야 함이 마땅하겠지요.

거품이 재료 자체에서 생기듯, 인사성 칭찬도 내 글로부터 연기(緣起)된 것. 거품이 꺼진 후의 상실감을 두려워하기보다는, 그 잠깐의 거품을 품어 에너지로 활용하고 시너지 효과를 만들어내는 긍정적 마음가짐이 필요한 때인 것 같습니다. 카페라테나 맥주 거품처럼요. 부풀면 반드시 꺼지는 것. 어차피 인생도 거품 아니던가요?

해서 신고합니다.

"잃어버린 거품을 찾습니다!" 《한국산문》 2025년 6월호

이혜연
1998년 《에세이문학》 등단 / 수필집 『어느 날, 그리고 문득』 외 2권
etang52@hanmail.net

| 평설 | **통섭하면 보이는 새로운 세계** | 이 방 주 |

    이혜연의 「거품 실종 신고」에서 수필적 자아는 잃어버린 거품을 찾는다. 인생은 어차피 거품이라면서도 거품을 찾는 이유는 무엇일까. 거품 같은 '인사성 칭찬'도 삶의 에너지가 되고 시너지 효과를 만들어 주기 때문이란다. 걷어내야 하는 '거품'이 에너지가 되고 시너지 효과를 보게 된 것은 단계적인 수필적 상상의 과정에서 통섭이 이루어진 결과로 보인다.

    통섭은 서로 다른 줄기인 자연과학과 인문과학을 통합하여 새로운 진리를 찾아내려는 사유 과정을 말한다. 이 작품은 이러한 통합적 사고, 즉 자연과학의 기본원리를 통하여 인문학적 진리를 찾아내는 데 설리를 확보하였기 때문에 많은 독자의 고개를 끄덕이게 한다.

    수필 창작 과정에서 흔히 '치곡(致曲)하면 견색(見賾)에 이르게 된다.'라고 말한다. 사물의 곡절을 알면 심오한 세계가 보인다는 말이라 이해할 수 있다. 작가는 '거품'이라는 제재의 속성을 과학적 법칙과 원리로 파고든다. 이것이 치곡의 첫 단계이다. 칼국수를 끓이며 생기는 거품이 불순물이라는 속설을 따르지 않고, 거품의 원리를 과학적으로 분석하여 '거품은 걷어내지 않아야 한다'라는 곡절에 이르게 된다. 두 번째 단계에서 제재의 속성을 사회적 의미나 인간적 의미와 연결시켜 해석한다. 여기서 대접받는 거품과 대접받지 못하는 거품이 있음을 확인한다. 그러나 심오한 이치가 드러나는 수필적 상상의 필수적 단계는 자아성찰이다. '카페라테'나 '맥주 거품'의 긍정적인 거품과 '거품 경제', '거품 인기' 같은 주의가 필요한 거품의 속성에 견주어 자신의 새 수필집에 대한 반응을 돌아본다. 사유가 세 번째 단계인 주제를 향한 역동적인 상상에 들어선 것이다. 거품, 즉 제재의 속성과 본질에 드러난 인간적 이미지를 형이상학적 세계와 연결시켜 생각한다. 여기서 작가는 최근에 펴낸 새 수필집의 반응에 대한 자신의 생각이 처음 수필집을 펴냈을 때와 사뭇 다르다는 것을 깨닫는다. 인사성 칭찬을 진정한 칭찬으로 착각하던 그때를 그리워하면서도, 현재는 눈에 보이는 부족함에 자조하며 거품을 걷어내려 하고 있는 자신을 발견한 것이다. 그러나 마지막 단계에서 배움의 원형은 '영원히 미완일 수밖에 없는 것'임을 깨닫는다. 자연적 원리로 생각하면 거품일 수 있는 인사성 칭찬도 형이상학적으로 생각하면 '내 글로부터 연기된 것'이라는 심오한 세계를 보게 된다. 이른바 견색에 이른 것이다. 자연과학과 인문학의 통섭에 의한 변증법적 지양(止揚)이 새로운 진리를 찾아냈다. 그래서 작가는 잃어버린 거품을 다시 찾아야 한다는 생각에 이른다.

    수필 「거품 실종 신고」는 칼국수를 끓이는 사소한 일상에서 '거품'의 자연적 본성을 인간적, 사회적 거품과 연결시키는 통합적 사유로 삶의 보편적 진리를 찾아낸 작품이다. 통섭을 적용한 수필적 상상이 새로운 세계를 찾아낸 좋은 예라고 하겠다.

획을 새기다

최운숙

　공방 입구를 지키는 나무들이 사정없이 흔들리고 있다. 그림자마저 뿌리째 뽑혀 나갈 듯 유난히 바람이 센 날이다. 바깥의 소란은 다른 세상인 듯 공방 안은 고요하고 새김질 소리만 들린다. 그는 내가 들어오는지도 모를 만큼 집중하고 있다. 바닥에 수북한 나무 밥에서 나무 냄새가 훅 끼쳐온다. 한쪽에 놓인 믹스 커피를 한 잔 타 공방을 둘러보며 그의 작업이 끝나기를 기다린다. 한 달여 만에 다시 찾은 공방은 그대로인 듯 조금씩 바뀌어 있다.

　지난번엔 없었던 <노송도>가 눈길을 끈다. 소치의 붓끝에서 태어난 노송을 그가 나무에 새겨두었다. 오른쪽에서 왼쪽으로 뻗어 나간 몸피에서 나뭇가지들이 자연스레 아래로 굽은 듯 펼쳐져 있다. 벽에 걸린 그의 지난 작업을 다 감상하는 동안에도 조각도 두들기는 소리가 멈추지 않고 일정하게 들려온다. 삼각 도로 목판에 획을 새기고 있는 그의 이마에 땀이 맺혀 있다. 반야심경을 굴곡진 나무에 새기는 일은 스님이 경전을 외는 일과 진배없어 보인다.

　그는 인쇄를 목적으로 원본을 거꾸로 붙여 새기는 반서각을 작업 중이다. 오른손에 든 작은 망치로 왼손에 잡은 끌 머리를 툭툭 두드린다. 조각칼로 나무의 성질을 다스리며 글자를 새긴다. 400

글자를 그 모양에 따라 도드라지도록 3mm 깊이로 칼을 넣는다. 글의 두께에 따라 칼의 각도는 좁아졌다 벌어진다. 툭툭툭툭, 탁탁탁, 조각칼 머리에 망치 부딪치는 소리가 적막을 깨고, 칼이 지나간 자리마다 거친 듯 고운 선이 살아난다. 서각이라고도 불리는 각자의 역사가 언제부터인지 정확히 알려지지 않았다. 다만, 신라시대 석가탑에서 발견된 무구정광대다라니경과 팔만대장경이 목판 인쇄물인 점을 보면 이보다 훨씬 이전부터 조상들의 삶 속에 자리했으리라.

공방은 작업장과 전시장, 체험 공간을 갖추고 있다. 마당에는 나무를 절이는 소금물을 담은 우물이 있고, 쓰임새를 기다리는 자작나무, 은행나무, 가래나무 등 여러 목재가 쌓여 있다. 주인은 P각자장이다. 그는 가난한 농가의 아홉 남매 속에서 자랐다. 어린 시절 취미 삼아 나무에 조각을 새기다가 각자의 길로 들어섰다고 한다. 오랜 시간 그림 위주의 전통 서각을 하다 십여 년 전 훈민정음해례본 목판 능화판으로 대통령상을 받으며 무형유산 각자장으로 지정되었다. 올해로 36년 외길 인생이다.

나무는 서각의 시작과 끝이라 해도 무리가 아니다. 적합한 나무를 구해 오랜 시간 건조하며 삭이는 과정이 필요하다. 지난번 공방을 방문했을 때 주인장은 마당 가두리에 담아둔 소금물에 잘린 나무 몸통을 집어넣고 있었다. 생나무는 썩고 뒤틀리기 쉬워 길들이는 과정이 필요하다고 했다. 단단한 나무일수록 나무가 가지는 물성은 깊다. 진액을 모두 빼내야만 오롯이 장인의 손길을 받아들일 수 있을 것이다. 사람이든 나무든 살아가는 동안 안으로 쌓인 습을 모두 지우는 것이 어디 쉽겠는가. 일 년 이상 소금물에 담가 놓았다 꺼내 찌고 다시 사오 년을 건조해야 비로소 목판의 재료가 된단다. 제대로 길든 나무는 새김에 깃든 정신을 품고 예술로 남는다.

장인이 획 새김이 끝난 추사 김정희의 '산숭해심(山崇海深)'에 찢음 무늬를 구사하기 위해 세로줄을 긋는다. 높은 산을 오르는 매의 부리가 바람을 가르듯 목판을 찍은 칼끝이 허공으로 치솟는다. 돛새치가 깊은 바다로 내리꽂다 잠영하듯 그의 손길이 물결 위를 자유롭게 노닌다. 어느새 글자는 생명을 얻어 목판 위에서 일어나 눈을 맞춰 온다. 마우스 클릭 한 번이면 인쇄물이 쏟아져 나오는 시대, 그는 무슨 마음으로 산은 높고 바다는 깊다는 선문답 같은 글을 선택했을까. 나무의 먼 시간과 무늬는 장인의 손에서 글자로 되살아났다.

몇 년 전의 일이 떠오른다. K는 어렸을 때부터 남편과 함께 지낸 그이의 오랜 동무였다. 형편이 어려운 남편이 아르바이트로 대학 등록금은 마련했으나 방을 구하지 못해 고시원을 전전할 때, K가 선뜻 자기 방을 내준 적이 있다고 했다. 작은 사업체를 꾸려 가던 K는 납품하던 회사에서 실력을 인정받아 주문량이 늘게 되었다. 남편은 그의 사업 확장을 위한 대출에 선뜻 이름을 빌려줬다. K는 파산했고 친구에 대한 믿음은 도끼날이 되어 남편을 내리쳤다. 빚은 남편 몫이 되어 평생 만져보지도 못한 큰돈을 물어내야 했다. 나는 남편을 원망했고, 그는 자책했다. 여러 날을 술병을 앓으며 드러누웠다.

집을 팔고도 해결이 되지 않았다. 남편은 집에서 200km나 떨어진 곳이지만 연봉을 올려준다는 곳으로 이직했다. 정년을 두 해 남긴 시점이었다. 퇴직하면 몇 년은 하고 싶은 것 하며 즐기겠다던 말은 남편의 가슴안에서 다른 무늬로 새겨졌다. 늦은 밤 술 몇 잔으로 얼큰해지면 "나는 열심히 일한 것밖에 없는데 이 나이에 왜 혼자 살아야 하느냐?"라고 묻는다.

그라고 터 잡은 곳에서 타지로 떠나고 싶었을까. 전화기를 들고 그의 말을 듣는 내 안에서 뜨겁고 매운 것이 울컥하고 올라온다. 하지만 그가 후회의 웅덩이에 잠겨 있지 않고 기꺼이 감당하고 있어서 고맙다. 힘든 날에는 내게 전화해 하소연해주는 것도 고맙다.

살면서 가슴에 사무치는 일 한두 번 겪지 않는 사람 어디 있으랴. 삶은 사람을 내치고 담금질하고 고달프게도 하며 애가 타고 눈물짓게 하는 일의 반복이다. 그 사이마다 아금받게 자신을 추스르며 살아갈 때 볕이 드는 것이다. 삼십 년 만에 홀로 밥을 지어 먹으며 일 나가는 그의 마른 몸이 안쓰러울 때도 있다. 후회나 마음 어지럽히던 질척한 것들 다 빠져나가고 강단만 남은 것이려니 한다. 이제 매월 몇백만 원씩 빚을 갚아나간다. 절구(絕句)처럼 그가 앞서고 내가 받쳐줄 때 우리의 아로새김도 의미를 가질 터이다. 맞잡은 우리 부부의 손에 힘이 들어간다.

 한 달에 두 번 가족이 모이는 날은 좁은 집에서 서로 숨결이 닿고 이야기가 난만하다. 역시 집밥이 맛있다는 그의 말에 손에 들릴 반찬을 꾹꾹 눌러 담는다. 이제 남편에게 무시로 불쑥 치밀던 화는 사라지고 그의 돌아갈 길이 걱정될 뿐이다. 그의 담금질은 이제 끝나가는 중인지, 이미 무언가를 새기는 중인지 궁금하다. 마지막 글씨가 새겨지고 문장이 완성될 때를 생각한다. 장인의 작품이 뿜어내는 거룩함까지는 아니어도 좋다. 칼이 지나간 자리가 매끈하면 매끈한 대로 거칠면 거친 대로 우리가 살아온 새김질의 흔적이 남는다. 불필요한 여백을 모두 깎아내고서야 자신 하나 오롯이 남길 수 있음을. 인생의 칼날을 받아들이는 남편의 가슴에 굵은 획 하나가 새겨지고 있다. 《한국수필》 2025년 6월호

최운숙
2018년 《수필과비평》 등단 / 수필집 『춤사위』 ws1568@naver.com

| 평설 | **살아냄으로써 용서하기** | 신 상 조 |

김성수 조각가의 꼭두는 밝은 외양과 달리, 그 원재료는 소위 '행복하게 자란 나무'가 아니다. 작가는 추운 겨울에, 그것도 남쪽 북쪽 산에서 자란 나무를 선호한다. 북쪽에 있는 산에서도 기왕이면 좀 더 가파른 곳에서 빛을 제대로 쬐지 못한 나무, 못 먹고 못 자라고 병을 앓느라 몸을 비틀며 자란 것들을 그는 선택한다. 나무의 아름다움은 바로 그 비틀어짐에서 나오기 때문이다. 척박한 땅과 혹독한 추위를 견디며 자란 불구(不具)의 나무들이 위로의 형상을 품고 있다는 역설이야말로 고통이 우리에게 주는 보상이 아닐까? 최운숙의 「획을 새기다」는 공방에서의 경험을 통해 같은 의미의 전언을 다음과 같이 우리에게 들려준다.

"사람이든 나무든 살아가는 동안 안으로 쌓인 습을 모두 지우는 것이 어디 쉽겠는가. 일 년 이상 소금물에 담가놓았다 꺼내 찌고 다시 사오 년을 건조해야 비로소 목판의 재료가 된단다. 제대로 길든 나무는 새김에 깃든 정신을 품고 예술로 남는다."

하지만 최운숙 작가가 정작 하고 싶은 이야기는 쌓인 습을 지우는 나무도, '사람을 내치고 담금질하고 고달프게 하는 일의 반복'인 삶도 아닌, '용서'에 관해서라는 생각이 든다. 작가의 남편이 K라는 이의 사업 확장을 위한 대출에 선뜻 이름을 빌려줬고, K가 파산함으로써 그의 엄청난 빚이 작가 부부의 몫이 되었으며, 그래서 도미노처럼 그들의 가정까지 힘겨운 처지에 놓이게 된 서사는 가슴 아프기는 해도 드물지 않은 경우다.

주목할 점은 "나는 남편을 원망했고, 그는 자책했다."라는 고백에서 환기되는 '용서'의 문제다. 비록 과거 한때, K가 가난한 청년이었던 작가의 남편에게 방을 선뜻 내주었을 정도로 선량한 사람이었다고는 하나, 이들 부부를 곤경에 처하게 한 K가 땅에 무심하게 박혀 있는 돌멩이는 아니다. 요컨대 길을 걷다 돌멩이에 걸려 넘어진 사람은 자신을 탓하지, 불운을 가져온 사물을 원망하지 않는다. 돌멩이가 자기로 말미암아 넘어진 사람에게 무심하듯, 행인도 돌멩이에 무심한 것이다.

우리는 용서하기에 앞서 해줄 만한지 '조건'을 따져야 직성이 풀리는 합리적인 존재들이다. 그러므로 "나는 남편을 원망했고, 그는 자책했다."란 대목은 넘어진 사람이 돌멩이를 탓하지 않듯, K의 불운이 불가피했음을 수용하는 이들 부부의—무심함과는 다른—너그러움을 드러낸다. 말이 쉬워 너그러움이다. 나무에 글자를 새기는 서각에 빗대 "인생의 칼날을 받아들이는 남편의 가슴에 굵은 획 하나가 새겨지고 있다."라는 고백에 이르기까지, 삶을 있는 그대로 받아들이기가 그야말로 습을 지우는 고통의 과정이었으리라. 이러한 글은 돈과 시간과 여유가 있어서 하는 한가한 예술과 거리가 멀고, 고상하고 순수한 미학적 욕망과도 다르다. 진정성을 가진 말들의 풍경이 아름다운 이유다.

불이 꺼지지 않는 방

이재헌

손을 뻗는다.

파문이 인다.

누군가 손을 잡는다.

어두운 방에 비스듬히 빛이 들어온다. 흩어지는 빛을 따라간다. 이곳은 무중력 상태인가, 몸은 새처럼 가벼운데 머리는 어지럽다. 들리는 건 내 숨소리뿐. 아직 드러나지 않은 무언가를 찾아 심해를 탐사하는 잠수부같이 조금 더 내려가 보기로 한다. 흐릿한 윤곽이 드러난다.

거기 누가 있다. 작고 가냘픈 남자가 아무것도 걸치지 않은 채 몸을 웅크리고 있다. 발자국 소리를 들었는지 고개를 들어 나를 쳐다본다. 아무런 감정이 담기지 않은 눈빛이 낯설지 않다. 서로가 누구냐고 묻지 않는다. 그냥 그의 곁에 앉는다.

그와 함께 박광(薄光)이 내려오는 허공을 올려다본다. 눈이 부시다. 불 꺼진 극장, 영사기 불빛의 산란. 오래된 기억 속의 장면들이 영화의 슬로 모션처럼 지나간다.

혀가 부끄러운 날, 속으로는 침을 뱉으면서 겉으로는 좋은 척

달콤한 말을 건넨 날. 고개를 들기 어려운 날, 오른손이 한 일을 왼손이 알도록 자랑한 민낯이 드러난 날. 비웃음 소리가 들리는 날, 남을 거부한 내가 간절히 원했던 남으로부터 거부를 당한 날. 정신이 까무러지기 직전의 내가 두 귀를 막고 넌더리를 내며 달려온다. 천장 틈으로 기웃거리다 닫혀있는 문을 힘겹게 열고 어둠 속으로 몸을 던진다.

새어드는 빛 속에서 희끄무레한 허깨비 같은 것이 보이는가 싶더니, 불시의 방문객을 받아 들고는 자신의 무릎에 앉힌다. 얼굴을 보니 창백하고 눈자위는 꺼져있다. 그러나 내 몸에 닿는 맨살이 차갑기보다 따스하고 부드럽게 느껴진다. 침묵을 지키는 것이 의무인 양, 그는 말이 없다. 고개를 비스듬히 기울인 채 내 이야기에 귀를 기울인다. 그의 검게 그늘진 눈언저리에서 물기가 배어나고, 나를 잡고 있는 깡마른 팔에서 작은 파동이 일 때마다 턱을 떨고 있는 내 몸 안으로 온기가 밀려온다. 어느 순간 그가 용수철 튀기듯 뛰어오르더니 가느다란 팔을 뻗어 희미한 빛이 쏟아지는 천장의 문을 닫는다. 음 소거 버튼이라도 누른 것처럼 방안이 고요하다. 정적 속에서 나는 편안하다.

당신의 입장을 밝혀라, 사람들이 나를 에워싸고 외친다. 오른편이냐 혹은 왼편이냐, 그들은 어느 한 편에 가담해야 행복할 것처럼 말한다. 양쪽의 목소리가 높아져 가지만 나는 어떠한 저항도 하지 못한다. 중간에 서 있지만 회색분자는 아니라고 마음속으로만 항의하고, 도망치듯 뒷걸음질을 해서 이 방 속으로 숨는다. 상처 입고 막다른 골목에 갇힌 사슴처럼 떠는 나를, 이곳의 주인이 무심히 안아준다. 그의 품은 바위처럼 단단하다.

이상하다, 이런 곳에 물이 존재하다니…. 그가 나를 수영장 같은 곳으로 이끌더니 깊은 물속으로 집어넣는다. 헤엄이 서툴러 머리를 물에 박고 있는데 지켜만 본다. 허우적거리며 눈물을 흘리는데 바라만 본다. 약하다고 꾸짖지도, 이유를 묻지도 않는다. 몸 놀리는 게 점차 버겁게 느껴져, 원망하듯 바라보자 그의 시선은 나를 비껴간다. 인내가 바닥이 날 즈음 천천히 내 쪽으로 고개를 돌린다. 그의 투명한 눈에 빛이 들어온다. 다 괜찮을 거야, 라고 말하는 것 같다. 나는 용서를 받은 학생처럼 마음이 놓인다. 사지에 긴장이 풀리자 수영이 더 이상 힘들지 않다. 고요 속에서 나는 아늑하다.

화면이 바뀐다. 어둠 속의 방을 그와 함께 걷는 사람, 내 모습이다. 새 소리도 들리지 않고 꽃향기도 나지 않는 진공 상태의 공간. 내가 손을 잡아도 그는 잠잠하다. 홀로 침전하는 그의 내면에 잠들어 있는 것은 무엇일까. 뭔가 보일 것도 같고 뭔가 들릴 것도 같은데… 잔잔한 눈이 모든 것을 빨아들여 공간을 쓸쓸하게 만든다. 그가 천장을 올려다본다. 살짝 열린 틈으로 들어온 빛이 눈동자에 부딪히며 번개처럼 사라진다. 번쩍이는 눈에서 알 수 없는 빛이 뿜어져 나온다. 나는 몸 안에서 밖으로 세차게 솟아오르려는 무언가에

전율한다. 침묵의 방에서는 섬광이 지나가는 순간 생명의 싹이 트는 것일까, 봄이 되면 언 땅에서 새순이 돋아나듯이. 적막 속에서 나는 생신(生新)하다.

나는 때때로 그곳을 찾는다. 찾을 때만 나타나는 이 공간은 있는 듯 없고 없는 듯 있다. 내게는 잠시 쉬어갈 수 있는 마음의 정거장 이상, 비밀의 정원 같은 곳이다. 거기서 나를 비우기도 하고 채우기도 한다. 기다리는 법도 배우고 빨리 잊는 법도 배운다. 세상으로부터 숨기도 하고 세상으로 나갈 추진력을 얻기도 한다. 나는 가끔, 이곳에 거주하는 존재가 부재하는 것처럼 행동하기도 한다. 그러나 이 방의 주인은 그림자처럼 나를 떠나지 않는다. 불시에 찾기도 하는 방문객을 맞기 위해 잠들지 않는다, 희미하긴 하지만 늘 불이 꺼지지 않는 방에서.

누가 손을 뻗는다,
파문이 일어난다.
물에 비친 자신을 사랑하게 된
나르키소스,
내가
그 손을 잡아준다. 《현대수필》 2025년 봄호

●
이재헌
2024년 《계간수필》 등단 jerhemy@naver.com

| 평설 | **'불이 꺼지지 않는 방', 사랑의 메타포** | 한 혜 경 |

쉿! 위험하다! 밖에는 대립과 갈등이 난무하고 기만과 위선이 범람한다. "속으로는 침을 뱉으면서 겉으로는 좋은 척" 마음과 다른 말을 건네고 부끄러운 '민낯'이 까발려진다. 비웃음당하고 거부당하고 일방적으로 매도당하기도 한다. "까무러지기 직전"이다.

넌더리가 나는 세상에서 벗어나 안으로 숨어든다. 방문을 걸어 잠그고 혹시라도 빛이 새어들까 작은 틈까지 꼭꼭 막는다. 자폐적이자 퇴행적인 인물이 탄생하는 지점이다. 90여 년 전, 이상(李箱)은 방에서만 지내며 "아무와도 놀지 않는" 자폐적 인물을 통해 '박제가 되어버린 천재'를 형상화한 바 있다.(「날개」)

그런데 이재헌의 「불이 꺼지지 않는 방」은 빈사지경에 이른 영혼을 따스하게 받아주고 위무하는 또 다른 자아 덕분에 생신(生新)에 이르는 봄 햇살 같은 이야기를 선보인다. 거울에 비친 자신의 모습에서 공포를 느낀 이상과 달리("나는 지금 거울 속의 나를 무서워하며 떨고 있다."(「오감도-시 제15호」 중) 이재헌의 또 다른 자아 '그'는 '나'와 대립하지 않고 서로 손을 잡아주며 사랑으로 감싸 안는다.

'그'는 상처 입은 이를 어떻게 대해야 하는지 모범 답안을 보여주는 것 같다. 이유를 묻지 않으며, 자신의 무릎에 앉힌 뒤 그저 이야기를 들어준다. 빛이 쏟아지는 천장 문을 닫아 편안하게 해주고 안아준다. 위로를 건넨다고 하면서 기실 '평판충조(평가 판단 충고 조언)'로 더 아프게 만드는 경우를 되돌아보게 한다.

'그'가 있는 공간 역시 '나'를 최대한 배려한 공간이다. 심해처럼 깊고 어둡고 고요하여, 안온함으로 이끈다. 그리고 깊은 물이 등장하지만, 이 또한 두려움의 대상이 아니다. 헤엄이 서툴러 허우적거려도, 꾸짖지 않고 "다 괜찮을 거야."라고 말하는 듯 바라보는 덕분에 원망의 마음은 안도로 바뀐다. 그리하여 '상처 입고 막다른 골목에 갇힌 사슴처럼 떠는 나'는 긴장이 풀리고, 그 끝에 새살이 돋기에 이른다.

작가는 '그'가 '나'를 어떻게 대하는지 그에 따라 '나'가 어떤 감정을 느끼는지 보여주는 장면을 점층적으로 쌓아 올림으로써, '세상으로 나갈 추진력'을 얻기까지의 도정을 세심하게 완성한다. "정적 속에서 나는 편안하다." "고요 속에서 나는 아늑하다." "적막 속에서 나는 생신(生新)하다." 각 단계를 거치고 난 길 끝에서 조우하는 생신의 순간은 어머니 자궁 속에서 새 생명이 태어나듯이, '생명의 싹'을 틔우기까지의 여정의 종착역이라 할 수 있다.

세상으로부터 숨고 싶을 때, 누군가 내 손을 잡아주기를 바라지 않는 이는 없을 것이다. 이재헌은 이 소망을 '나'를 사랑하는 또 다른 '나'에 투영하여, 험난한 세상을 견뎌 나갈 새 힘을 얻는 과정을 인상적으로 그려내는 데 성공했다.

'희미하긴 하지만 늘 불이 꺼지지 않는 방'에서 "불시에 찾기도 하는 방문객을 맞기 위해 잠들지 않는" 존재. 상상만 해도 행복하지 않은가.

고목과 나비

김정애

온천천 산책길은 천지가 꽃이다. 양변에 늘어선 벚나무는 잦은 봄비로 목축여 가지마다 무리무리 꽃을 피워 올렸고, 제 무게를 이기지 못한 꽃잎들이 하얀 나비 되어 폴폴 날고 있으며, 바닥은 이미 벚꽃 카펫이다. 문득 둔덕에 비스듬히 자란 한 고목의 연둣빛 모자가 눈에 확 띈다. 나도 좀 봐달라고 안달 난 1학년 아이들처럼 작은 팔들을 번쩍번쩍 치켜들고 있는 게 아닌가. 새 가지가 천변 쪽으로 어사화처럼 늘어진 것도 있다. 꽃보다 더 아름다운 연둣빛 모자, 늙은 나무의 몸에서 어찌 저리 연한 순이 온 몸을 덮을 수 있단 말인가.

새로워진다는 건 내 오랜 과제였다. 여중 입학하는 날, 중앙현관 입구 현판에 쓰인 교훈, "새롭게 살자"를 뜻도 모른 채 한동안 바라봤었다. 언어 자체가 새로웠고 내 마음의 굳은 땅을 깊이 일구듯 뭔가 설레는 느낌이었다. 이후 한 갑자(甲子)가 되돌아올 때까지 이 명제는 나의 마음에 깊이 들어앉아 같이 철들어왔다. 그러나 기간에 비해 내 의지나 실천은 게으른 굼벵이였다. 심한 건망증으로 전구에 자주 불이 나가곤 했다. 그런데 오늘 고목의 싱그러운 힘이 치매노인 기억 돌아오듯, 땅으로 굽어가던 나를 훌쩍 일으킨다. 어리바리 놀란 눈으로 고목을 쳐다보니 세월에 더욱 멋들어져 가는 할아버지가 새봄에 어린아이로 탈바꿈한 기쁨을 온몸으로 노래하고 있는 게 아닌가. 난 왜 이렇지? 그때그때 눈앞에 맞닥뜨린 문제만 해결하려 한 근시안 때문일까. 방법에 대한 진지한 고찰이 없었기 때문일까. 비결을 배우려 무릎걸음으로 다가가 돋보기를 들이댄다. 지혜의 빛을 모으니 피어오르는 연기 속으로 상상이 나래를 편다.

고목이 긴 세월을 살아내며 공들였던 장면이 하나씩 디졸브(dissolve)되며 지나간다. 그랬었지. 온 세상을 뒤덮던 초록의 성(盛)함을 버리고, 울그락불그락 불면의 밤을 보내며 머리칼을 쥐어뜯는 걸 나도 익히 보았었지. 그게 이듬해 요런 연둣빛 순을 올리기 위해서였다니. 낙엽의 아름다움이란 현재에 머무는 안분과 교만을 버리고, 쓸쓸함을 견뎌내는 붉은 뜻이 우리의 영혼에 공명했기 때문일 거야. 더 새로워지기 위해 구태를 홀홀 벗는 그의 결단과 용기를 이제야 깊이 깨닫는다. 고목이 세월에 바래지고 낡아가는 게 아니라 해마다 더 고아하고 아름다울 수 있는 비밀은 매년 새싹을 길어 올리기 위해 낡고 지친 뼈와 살을 도려내던 수고 때문이었구나. 새로워지려는 불꽃을 가슴에 안고 있었기에, 스스로를 지키는 은장도의 서슬과 겨울날 바람의 얼음 낯짚을 인고로 이겨내어 저리 연한 모습으로 재탄생할 수 있었을 게야. 비전과 결단, 자존과 겸손, 용기와 열정, 인내와 꾸준함이, 고목이 연년 새롭게 태어나는 비결이었구나.

  흰 나비가 노란 유채꽃을 향해 날아든다. 날개 끝에 회색 끝동을 달고 까만 점을 나란히 두 개씩 박은 멋쟁이다. 요 작은 아이는 꿀을 빨기보다는 놀기에 정신이 팔려 재빠르게 날갯짓하며 꽃 위로 날아만 다닌다. 자세한 모습을 살피려 눈동자 초점을 잔뜩 오므려 날개의 선율을 쫓아가 봐도 좀체 다리쉼을 하거나 꽃에 긴 대롱 입을 맞추지 않는다. 그러더니 친구를 만나 서로 대각선으로 날기도 하는 등 사랑놀이에 여념이 없는 게 아닌가. 모차르트 피아노 소나타 16번 알레그레토의 화려한 기교가 이 작은 나비들의 경쾌한 날갯짓에서 영감을 받았을까. 나비 날개에 음률을 매달아 흥얼거려본다. 나비를 향한 클로즈업 시선을 풀어 풀 샷으로 긴 유채꽃밭을 바라본다. 온천천변에 노란 명주 솔이 드리워진 것 같은 꽃 위로 흰 꼬꼬마들이 단체로 유희하고 있는 게 아닌가. 불과 며칠 전만 해도 안 보였는데, 만화방창(萬化方暢)한 계절을 한껏 만끽하고 있는 이 아이들은 대체 어디서 온 것일까? 자유로움의 심장 같은 멋진 날개를 달기까지 그들의 과거는 어떠했을까.

  알에서 깨어 보니 기다란 애벌레로 변신되어 있었다. 큰 세상으로 나서는 설렘을 갖고 나왔는데, 좁은 나뭇잎만이 내 발이 닿을 수 있는 세상의 전부였다. 작은 바람에도 흔들리는 불안정한 곳에서 주어진 운명에 응답하며 나의 한계인 이차원의 세계에 머물러 왕성하게 잎을 갉아 먹었었지. 행여 힘센 곤충들이나 새에게 먹힐

세라 보호색으로 몸을 숨기며 기어 다녀야만 했다. 공든 탑이 헌신으로만 무너지는 동료들의 삶을 목도하기도 했었지. 이파리만 먹고도 통통히 살 오른 우리들의 몸집은 뭇 생명들을 향한 육신공양의 제물이 되기 좋은 시기였다. 애달픈 시절이었다. 그게 싫어 시간이 채 익기도 전에 삼차원의 공간을 탐하여 날았다면 내 DNA에 새겨진 가능성을 모른 채 땅바닥을 기며 애벌레로서만 생을 마감할 수도 있었으리라.

드디어 번데기가 되었다. 한계를 견뎌내며 운명을 믿고 기다리는 인내와 부지런함의 끝에서야 용화과정(蛹化過程)에 들 수 있었다. 이제 나는 수행자다. 하늘을 향해 날 수 있는 자유를 얻는 변태(變態)의 고지를 향해 고치라는 껍질 속에 들어앉았다. 아무것도 먹지 않은 채 애벌레 시절 축적한 영양분인 근육과 살점 등을 조금씩 녹여가며, 나비로서의 몸의 구조로 하나하나 바꿔내야 하는 긴 구도의 기간이다. 기는 움직임의 자유마저 잃은 채 우울함의 포대 속에서 숙성과정을 견뎌야 한다. 허공에 몸을 매단 채 갈색 구차함을 견딘 시간이었고, 태풍을 만나거나 적을 만나도 숨거나 달아날 수 없는 불안의 시기였다. 나비로의 변신 소나타가 애벌레의 경쾌한 1악장을 지나, 거대한 변신의 소용돌이 속에서도 겉으론 태풍의 눈처럼 고요한 2악장으로 들어왔다. 번데기의 성찰과 서정은 잔잔한 슬픔 속에 피어나는 설렘의 안단테다.

드디어 허물을 벗고 나비가 되었다. 젖은 날개를 햇살에 말리며 세상을 보니 지천에 꽃이다. 향긋한 꽃내음이 가슴을 뛰게 한다. 빛나는 햇살 아래 꽃 위를 나는 친구들의 날갯짓이 참 부럽고 아름답다. 날개 부근의 내 몸체 근육에 힘이 솟는다. 날개를 퍼덕여 봤다. 난다. 날 수 있구나. 꽃 위로, 저 하늘을 향해 힘껏 날아 보자. 내 오랜 염원이 이루어졌다. 알에서 애벌레, 번데기를 거쳐 자유를 얻었다는 게 이제야 실감 난다. 아름다운 꽃이 품고 있는 꿀의 유혹보다, 나란 생명체에서 솟구치는 자유의 달콤함이 더 강하다. 친구들과 온갖 유희도 해봤다. 재빠르고 경쾌하고 화려한 알레그레토의 음률이 내 날개에 실린다. 한 음악이 대찬 끝맺음을 하듯 내 생명도 끝이 있으리. 다시 땅으로 돌아갈 때까지 이 영광과 기쁨을 한껏 누리리라. 길지 않기 때문에, 끝이 있기 때문에, 이 짧은 영광이 더욱 소중하고 아름답다. 화려한 날갯짓을 하던 나비의 몸에서 빠져나와 늙은 내 몸을 본다. 접은 날개가 보인다. 아아, 높이 달린 고목의 새순이 눈부셔라. 해진 날개로 눈을 가린다.

 내 지난 변신의 마디마디에도 용화(蛹化)나 변태(變態) 같은 고통과 수고로움이 수반됐었지. 불안과 극렬한 감정의 소모를 대가로 지불했었다. 그 시절 얘기는 내 기억 속에 아름답게 윤색되고 잘 발효된 술과 같아졌기에 이젠 단지뚜껑을 닫아 글 아래로 묻어도 좋으리. 청춘은 가고 육체의 쇠퇴만 남았지만, 난 지금의 내가 참 좋다. 아니 좋았었다. 양육자로서의 의무, 사회인으로서 생산자의 의무에서도 벗어난 이 홀가분한 나이가 참 좋았다. 다들 세상에 기여하느라 바쁜 대낮에 홀로 다리 쭉 뻗고 편안한 침대에서 뒹굴어도 별 흠이 되지 않는 것 같았다. 시원찮아진 내 건강에만 신경 쓰며 살아도 그게 잘하는 건 줄 알았다. 이제야 진정한 내 삶의 주인이 된 건가도 싶었다. 그런데 너무 자유의 꿀을 빠는 데만 탐닉했던가. 나이 핑계를 대며 어정쩡하게 날개 접은 내 모습에 화들짝 놀란다. 변태(變態)의 날갯짓 대신 나태라니!

"오, 위로 날기 위해 태어난 인간들이여, 왜 그렇게 약한 바람에도 떨어지는가." 이 말은 단테의 『신곡』 연옥편 12장에 나온다. '위'라는 것은 물론 천국을 뜻하겠지만 또 다른 메타포인 자아실현으로도 읽힌다. 단테가 죄와 타락으로 길을 잃고 어두운 숲속에서 헤맬 때 위대한 시인이자 스승인 베르길리우스 영혼이 나타난다. 단테가 구원받는 길로 나아가기 위해서는 저승세계를 먼저 거쳐야 한다며 안내자로서 동행해준다. 지상의 삶에서 교만의 죄를 지은 사람들의 모습이 연옥 땅에 생생하게 새겨진 그림들을 그들은 보게 된다. 연옥의 영혼들은 죄다 멍에를 지고 가는 황소처럼 돌짐을 등에 업고 길을 걸으며 지상에서의 교만의 죄를 씻고 있었다. 탄식하는 단테를 보고 천사는 단테의 이마에 새겨진 교만의 죄를 날개로 지워준다. 그의 걸음이 한결 가벼워진다. 위로 올라가려면 교만이라는 무거움부터 제거해야 한다는 뜻이리라. 19장에서는 자유의지라는 고귀한 본성을 지닌 인간이 나태와 망설임으로 영광 없는 삶에 자신을 바친 후, 연옥에서 게으름을 물어뜯으며 참회의 벌을 받는 장면이 나온다. 성할 때 자만으로 안주하지 않고 새로움으로 성장하고 있는 고목과 나비는 내게 잠시 다녀간 베르길리우스였나 보다.

고목의 연둣빛 모자가, 나비의 황홀한 날갯짓이, 희미해져 가던 이름인 예술과 학문의 여신 칼리오페를 내게 다시 안겨준다. 생로(生老)했으니 병사(病死)는 당연지사, 늙은 육체로 바칠 제물이 내게 아직 남았을까를 이젠 의심하지 말아야지. 오케스트라의 마지막 힘찬 내달음 뒤에야 내 여운도 불꽃처럼 사그라지리라. 새로운 변신의 DNA가 용틀임의 첫 뒤척임으로 푸른 눈을 빛내며 고개를 든다. 《에세이문예》 가을호

●
김정애
2012년 《에세이문예》 등단 / 수필집 『내 마음의 엑스레이』 외 3권
e9812606@hanmail.net

| 평설 | **'아하 모먼트'의 발견과 전이 시학의 전개**　　권대근 |

    제재가 현상의 세계이고 개별적 세계라면, 주제는 본질의 세계로서 보편적 세계다. 제재가 육이라면 주제는 혼이다. 심층에서 혼이 육과 접점하는 순간 주제가 제재에 승차하면서 우리는 '아하 모먼트'라는 경이의 순간을 맞보게 된다.

    단테의 『신곡』과 버무려진 중층성이 돋보이는 김정애의 「고목과 나비」는, 일흔이 넘는 지점에서 건강의 적신호를 느끼고 그에 맞는 삶의 방식에 적응하려는 안일함에 젖어있던 작가가 고목의 새순을 발견하면서 전이 미학의 옷을 입는다. "늙은 나무의 몸에서 어찌 저리 연한 순이 온몸을 덮을 수 있단 말인가." 작가는 고목을 만난 충격적 감동을 통해 새로운 깨달음으로 육화할 제재로 고목의 새순을 낙점한다. 작가는 제재를 깊이 탐구해 들어가는 과정에서 자기 삶의 모습과 의지를 중층구조로 짜고, '베르길리우스'란 제재에 담아 발효시켜 나간다.

    제재를 통해 혼이 육화되었다고 바로 수필이 되는 것은 아니다. 설명이 아닌 표현의 옷을 입혀야 한다. 그녀는 새순을 "안달 난 1학년 아이들처럼 작은 팔들을 치켜들고 있다"로 표현한다. 언어의 유려함과 그 부림은, 단풍 들어 낙엽 지는 장면을 "올그락불그락 불면의 밤을 보내며 머리칼을 쥐어뜯는" 같은 묘사를 낳는다. '구태를 훌훌 벗는 그의 결단과 용기'는 체험의 변용을 통한 삶의 변화와 기대 등 문학의 효용가치와 치유 효과를 극대화한다.

작가가 주제를 심화시킬 제재로 '나비'를 끌어들인 것이나, 온천천을 작품의 배경으로 설정한 것이나. 나비의 움직임을 "온천천변에 노란 명주 숄이 드리워진 것 같은 꽃 위로 흰 꼬꼬마들의 유희"로 표현한 것 등이 쾌미를 주면서 수필의 손맛을 더했다.

"뭇 생명들을 향한 육신공양의 제물이 되기 좋은 시기", "나는 수행자다. 기는 움직임의 자유마저 잃은 채 우울함의 포대 속에서 숙성 과정을 견뎌야 한다"는 등 작품 전반에 걸쳐 작가의 독특한 시선과 사유가 돋보였다.

이 수필의 압권은 고목이 되기 전과 나비가 되기 전의 삶을 깊이 있게 천착하여, 자기 자신의 삶과 연결시킨 데 있다. 이는 일흔 삶을 돌아보는 과정을 서술하기 위한 전제로서 문학적 장치이기도 하다. 애벌레의 헌신이나 번데기의 구도적인 모습은 지난 과거 그녀의 모습이었다. "날개 부근의 내 몸체 근육에 힘이 솟는다.", "꽃 위로, 저 하늘을 향해 힘껏 날아 보자."라는 '나비-되기'에서 행위소의 구조접속 같은 객체 지향 존재론도 보인다.

"나이 핑계를 대며 어정쩡하게 날개 접은 내 모습에 화들짝 놀란다. 변태(變態)의 날갯짓 대신 나태라니!", "생로했으니 병사는 당연지사" 등의 인식은 새 삶에 대한 기대다. 사후세계 인도를 통해 그녀는 단테에게 천국을 가르친 스승 베르길리우스를 떠올리며 "고목과 나비는 자신에게 잠시 다녀간 베르길리우스"라고 의미화함으로써 글의 최종 목적인 문학적 성취를 견인하는 데 성공했다.

깨진 유리창론

권경자

    산들바람이 불어오는 지난가을쯤이다. 베란다에서 우연히 눈을 드니 이상한 검은 물체가 유리창에 붙어 있는 것이 아닌가. 순간 두려움으로 소름이 꽉 돋는 느낌이었다.

    베란다는 좁은 공간이지만 대부분 식물로 꽉 차 있는 푸르른 곳이다. 잎이 큰 나무는 천정까지 뻗어있고 이것저것 오다가다 하나둘씩 사 모은 화분 속의 식물들은 사람 키 높이까지 자라났다. 잎도 얼굴을 가릴 정도로 넓어졌다. 작은 식물, 꽃식물도 있어 거의 돌보지 않고 물만 주는데도 햇빛과 바람 덕분인지 철 따라 예쁜 꽃도 피워준다. 작은 정원 역할을 하는 셈이다.

    자세히 살피니 검은 나비다. 지난여름 나뭇잎에 벌레가 갉아 먹은 흔적이 있어 의아했었는데 이놈인 모양이다. 작년에는 새로 들여놓은 화분도 없었는데 어디서 애벌레가 나왔을까? 곰곰이 생각하니 아마 나비의 알이 몇 년을 화분의 흙 속에서 견디다가, 어느 날 혼자서 자라 저런 성충으로 변하지 않았나 추측이 된다.

    놀란 마음을 진정시키고 나니 나비가 살아왔을 험난한 시간, 한순간도 방심하지 않고 절망하지도 않으면서 매일 조금씩 자라왔을 그 순간들이 대견하면서도 명치끝이 아련히 아파져 오는 고통이 느껴졌다.

　어느 해인가 밖에서 돌아오니 거실에서 귀뚜라미가 한 마리가 갈팡질팡 뛰고 있었다. 너무 놀라 어디서 왔는지 생각지도 못한 채 신문지를 넓게 펴서 그 위에 뛰고 있는 귀뚜라미를 겨우 올리고 바깥으로 내보내 주었다. 그런데 며칠이 지나자, 베란다에서 귀뚜라미가 울기 시작했다. 한 마리가 더 있었나 보다. 낮에도 울고 밤에도 울었다. 귀뚜라미 소리가 얼마나 절절한지 도무지 잠을 이룰 수가 없었다. 애달픈 소리가 나를 원망하는 듯이 이어졌다. 어디서 왔을까? 두 마리씩이나 밖에서 들어온다는 건 불가능한 일이다. 역시 어느 화분 흙 속에 숨어 있던 알이 부화하여 애벌레가 되고 성충이 된 모양이다. 같이 동고동락했던 한 마리가 없어졌으니 어찌하나. 그 해는 조바심으로 가슴이 죄어들어 가을이 가기만을 간절히 기다렸다.

　가끔 물을 주고 난 다음, 바닥이 흥건해지면 흙 속에 있던 민달팽이도 기어 나온다. 그때마다 화들짝 놀라곤 하지만 지금은 그냥 한 베란다 식구로 받아들이고 있다.

　어저께 신문 한 귀퉁이에서 '퇴계 이황 16대 종손' '이근필' 별세라는 기사를 읽는 순간 베란다에 있던 검은 나비 생각이 났다.

　작년 늦은 가을, 물안개 피어오르는 안동호를 지나 '퇴계 종택'을 찾았을 때 92세인 종손께서는 어린아이처럼 설레하며 우리 일행을 맞아주셨다. 하늘은 맑고 푸르고, 청청한 소나무 사이로 청량

한 가을바람이 부는 한적한 곳에서 종택은 회색빛으로 갑자기 눈앞에 드러났다. 그곳에서 허리가 구부정하고, 머리가 허연 나이 많으신 어르신이, 얼굴에도 몸에도 살점이 하나도 없이 육화된 듯한 모습으로 나타났을 때, 갑자기 여기가 어디인가 가늠할 수 없어 숨이 턱 막혀 왔었다. 그분이 종손이셨다.

투명한 피부 아래로 미소를 띠시면서 열성적으로 '조복(造福)합시다'라고 사람들에게 복 짓는 방법을 말씀하셨다. 가장 중요한 것은 말(言語)이라고 누누이 강조하셨다. 한마디의 말이 씨앗이 되어 사람과 사람 사이를 거북하게 하고 드디어는 단절하게 하는 첫걸음이라고…. 귀가 거의 들리지 않는다고 했지만 아랑곳하지 않았다.

마치 할아버지가 다 큰 자식에게 귀담아듣지 않을 줄 알지만 그래도 꼭 해주고 싶은 말, 해주어야 할 말이 있다는 듯 사명감이 표정에서 오롯이 드러나 보였다.

종손으로서의 전통을 이어가기 위해 홀로 꼿꼿하게 살아온 긴 세월이었으리라. 그 여정이 온몸으로 고스란히 느껴졌다. 종손은 베란다에 나타난 검은 나비처럼 고고하고 외경스러웠다.

미국의 범죄학자 제임스 윌슨과 조지 켈링이 주장한 깨진 유리창 이론이 생각난다. 어느 날 동네 불량배가 제과점 유리창에 돌을 던지고 달아났다. 가게 주인이 놀라 달려 나가보니 피해가 별로 크지 않아 깨진 유리창을 종이로 적당히 가리고 그냥 넘어갔다. 얼마 후 지나고 보니 그 앞에 쓰레기가 쌓이고 낙서가 생겼다고 한다. 그러자 손님이 점차 줄고 제과점 주변은 쓰레기가 더 쌓여 무법천지가 되어버렸다는 이론이다. 조그마한 무질서와 하찮은 실수, 별 것 아닌 것 같은 유혹이 사람을 황폐화하는 요인이 된다고 한다.

근래의 내 생활도 깨진 유리창처럼 변하고 있는 모양이다. 눈이 아파 제대로 활자를 볼 수 없어진 이후로 책을 조금씩 멀리했다. 활자가 주는 피로감으로 신문이나 잡지마저 그냥 지나치기 일쑤였다.

그랬더니 이젠 읽지 않고 지나도 전혀 이상하지 않다. 단어가 생각나지 않는다. 어떤 단어는 일주일 만에 겨우 생각해 낸 적이 있을 정도다. 감정도 단순해진다. 한 가지 감정에 매달리면 도무지 벗어날 수가 없다. 마음속에 조금씩 생긴 쓰레기가 이제는 산더미를 이룬 모양새다. 글쓰기도 마찬가지다. 어떤 사람은 글쓰기를 즐거운 고통(pleasant agony)이라고 했으나 이런 상태에서는 그냥 고통(agony)일 뿐이다.

미물인 나비도 귀뚜라미도 매일 매일의 힘든 일정을 그대로 지키면서 살아간다. 혼자서 알에서 깨어나고 혼자서 자라 성충이 된다. 힘이 든다고 포기하지 않는다. 쓰레기를 만들지 않는다. 그런데 만물의 영장이라는 사람인 나는 매일 조금씩 쓰레기를 만들다가 그 쓰레기더미에 갇혀 헤어 나오지 못하고 있는 형세다.

봄이다. 꽃들은 저마다 다투어 피어나고 있고 나무들은 온통 수

액으로 벙글어 있다. 어느 부분을 건드려도 무언가 생명이 튀어나올 것만 같다.

이 봄, 나도 이 쓰레기 더미에서 벗어나고 싶다. 나무처럼 벙글어지고 싶다. 온몸에 수액이 돌게 하고 싶다. 이제 탈피를 해야겠다. 하루라도 좋으니 나비가 되어 날아 보자. 《에세이스트》 2024년 7·8월호

권경자
2018년 《에세이스트》 등단 rudwk48@hanmail.net

| 평설 | **친밀하게 바라보는 사물은 그 시선에 응답한다** | 나윤옥 |

    소설과 수필은 대표적 산문문학이나 그들이 보여주는 세계의 폭은 다르다. 수필이 허구가 아닌 자신의 이야기를 한다는 점, 그리고 길이가 짧은 글이라는 점에서 폭은 달라질 수밖에 없다.

    수필이 짧은 길이의 문학임에도 서정성을 넘어 서사성을 지향하는 글들이 많다. 시간의 흐름에 따른 이야기 요소가 있으면 서사다. 하지만 단지 이야기 구조를 가졌다고 '서사성'을 가졌다고 할 수 있겠는가. 이야기와 그 속의 인물이 드러내는 의미를 읽을 수 있을 때 서사가 된다.

    그런데 수필을 읽을 때 작품 안의 한 문장에서도 '내적 긴 이야기', 즉 삶 어느 한 시점 전후의 서사가 응축되어 있음을 느낄 때가 있다. 한 문장, 심지어 작가가 골라 쓴 한 단어에서 삶을 바라보는 작가의 눈빛과 그가 살아온 삶의 서사를 유추해 볼 수 있는데, 삶을 살아온 '서사적 힘'이 느껴질 때다. 소설의 서사가 허구인 점에 비해 수필 속 서사는 작가의 체험이기 때문에 더 생생히 독자에게 다가오는 것 같다.

    권경자의 「깨진 유리창론」을 읽으며 문장들이 품고 있는 작가의 삶의 서사가 은은히 느껴졌다.

    어느 날 작가는 아파트 베란다 유리창에 검은 나비가 붙어 있는 것을 보게 된다. 지난여름, 베란다에서 자라는 나무의 나뭇잎에 벌레가 갉아 먹은 흔적을 보고 무엇이 갉아 먹었을까 의아했던 참이었다. 아마도 화분의 흙 속에 있던 애벌레가 몇 년을 혼자서 견디어 내 성충으로 변한 것으로 추측을 했다. 작가는 작은 미물인 애벌레가 흙 속에서 험난한 긴 시간을 견디어 나비가 된 것이 대견하게 생각되었다. 작은 베란다 정원은 작은 생명들이 살고 있는 그들만의 세계이기도 하다. 짝을 잃은 귀뚜라미도 있고, 민달팽이가 흙을 뚫고 나오기도 하는 곳.

퇴계 이황의 16대 종손인 이근필의 별세 소식을 접하면서 작가는 베란다의 검은 나비를 떠올렸다. 한 해 전 가을 '퇴계 종택'을 찾았을 때, '조복(造福)'을 말해주던 92세의 노인인 이근필에게서 종손으로서의 전통을 이어가느라 꼿꼿하게 살아온 기개를 느꼈다. 귀가 거의 들리지 않는 분이었으나 아랑곳하지 않고, '조복'을 위해서는 사람과의 관계, 그리고 그 관계를 위해서 '말(言語)'이 중요하다는 것을 누누이 강조한 분이었다.

피로감을 핑계로 책을 놔버렸던 작가는, '깨진 유리창' 이론─조그마한 무질서와 하찮은 실수, 별것 아닌 것 같은 유혹이 사람을 황폐화하는 요인이 된다─을 떠올린다. 이대로 멈춰 있다가는 자신의 삶에 쓰레기가 쌓여갈 것이라는 자각을 하면서 내면의 깨진 유리창을 그대로 놔두지 않겠다는 결심을 한다.

글을 읽는 동안 작가만의 삶의 서사가 와닿는다. 그가 만난 베란다의 미물들은 주어진 생명을 열심히 지켜나가 '깨진 유리창'을 만들지 않는 생명들이다. 그들을 통해 건강한 서사를 다짐하는 작가에게서 독자들은 소중한 것을 얻게 될 것이다.

검은 나비, 귀뚜라미, 민달팽이들을 작가를 통해 보며 한 철학자의 멋진 말을 생각한다. "친밀하게 바라보는 사물은 그 시선에 응답한다."

사이, 그 사이

박소윤

　해가 진다. 2호선 순환선은 한강을 지나고, 지하철 창으로 떨어지는지 올라오는지 모를 해는 벽화처럼 붙어 있다.
　퇴근 시간의 지하철은 북적인다. 사람들의 손에 들린 휴대폰은 어딘가로 보낼 반딧불이의 신호처럼 활발히 움직인다. 배낭을 멘 젊은 남자는 지하철로 오르고 그 뒤로 핸드백을 손에 든 여자가 급히 내린다. 누군가는 일터에서 집으로, 어떤 이는 출근을 위해 달린다.
　지하철을 타고 출퇴근하는 사람들 너머로 태양은 천천히 자기 자리로 돌아간다. 퇴근해야 출근할 수 있고, 출근했으니 퇴근한다. 눈앞에 잠시 스치듯 나타난 태양은 퇴근하는 빼곡한 발과 번쩍거리는 휴대폰 불빛 사이로 반사된다.
　지하철 속에서 바라본 퇴근길의 도시 풍경은 낮의 그것과 사뭇 다르다. 거리의 풍경은 연해지고 건물의 조명은 진해진다. 빛나는 모니터는 사무실에서 각자의 태양을 가진 사람들을 비춘다. 모니터 속 글자들은 태양보다 더 뜨겁게 자판을 비추고, 자판 뒤로 새겨진 글자들은 그림자처럼 남는다. 차갑게 시작하여 뜨겁게 마무리되는 사무실 모니터는 사람과 사람 사이의 온도와 일과 일 사이의 팽팽함을 기억한다.

　다시 지하철은 쉼 없이 달린다. 그 사이 지하철은 다시 지하로 이동하며 휙휙 소리를 낸다. 문이 열리고 사람들의 발걸음이 엇갈리며 발 디딜 틈이 점점 없어진다. 사람들에 떠밀려서 휘청거리던 몸은 입구에서 가까운 손잡이를 잡고서 안심이 되는지 고개가 뒤로 젖혀진다.

　보이지 않는다. 사라졌다. 조금 전, 책을 읽고 있던 남자의 자리에 다른 여자가 서 있다. 생각은 머리에서 들락거리고 손은 손잡이를 움켜쥔다. 지하철 객실은 조용하다가 붐비고, 달리다 멈추면서 지난 역에서 다음 역으로 이어진다. 쉼 없이 이어지는 지하철 노동 속에서 줄줄이 이어지는 사람들의 행렬이 도시의 하루를 만든다.

　불빛 안에서는 불빛의 색이 모호하다. 어렴풋한 선들만 이어진다. 지하철로 이동하는 사이 해는 지고, 도시의 불빛은 다시 태양처럼 환하게 거리를 밝힌다. 번쩍거리는 도시의 빛깔은 어디를 비추는지, 네온사인은 누구를 향하는지 바쁘게 빛을 낸다.

　도시의 태양은 두 개다. 낮의 태양과 밤의 네온사인이다. 태양과 네온사인은 질투하지 않는다. 태양이 시들해지면 달아오른 네온사인은 하나둘 화장을 한다. 높은 건물과 지하철로 이어지는 긴 에스컬레이터, 시간에 쫓긴 사람들이 달리는 발걸음소리, 장애인을 위해 소리 나는 신호등과 깜빡거리며 줄어드는 신호등의 숫자는 모두 도시의 불빛 속으로 숨어든다. 그 속에 반짝이는 직장인들의 휴대폰까지 그야말로 불빛의 반란이다.

　도시의 불빛을 향해 모여드는 사람은 뜨거움과 따뜻함 사이에 어떤 것이 있는지 알 방법이 없는 사람처럼 제각각 파편이 되어 달린다. 해가 지기 전까지 하나씩 사그라드는 에너지를 부여잡고 거리의 네온사인이 조금씩 빛을 내면 그제야 서서히 거리로 나서는 사람들의 행렬을 본다. 거리로 흩뿌려진 사람들이 다시 지하철로 향한다.

　일몰 시간의 지하철에서는 밖이 어떤 곳인지 분간할 수 없을 만큼 일그러진다. 달리면서 자세한 풍경을 볼 수 있을 거라 기대했던 마음이 흐려진다. 달리면서 볼 수 있는 건 무엇인가. 달리면서 무언가를 볼 수는 있는가. 무엇과 무엇 사이에는 무엇이 있는가. 무언가를 보려고 애쓰는 사람은 달리는 순간에도 무엇과 무엇 사이의 무엇을 알려고 애쓴다.

　일몰은 하루를 마무리하는 시간이다. 인생의 많은 것들은 일몰처럼 훅 밀려온다. 지하철은 빨리 달리고, 그 속에 있는 사람들은 해가 지는 풍경을 제대로 못 본다. 실은 해가 지는 것을 실제로 보지 못함을 잊는다. 눈이 보는 걸 마음은 보지 못하고, 마음이 아는 걸 머리는 모른다. 붉게 보이는 태양의 가장 뜨거운 곳은 푸른색이며, 태양이 지기 직전에는 잠시 초록빛이 보인다. 일몰과 일출 사이에는 일몰도 일출도 아닌 초록과 푸르름의 시간만이 그 자리를 채운다.

무엇과 무엇 사이, 이것과 저것 사이를 메우는 무엇무엇과 이것과 저것들이 무엇무엇이 되어 다시 만난다. 기차 옆으로 일몰이 보인 건지, 일몰이 기차를 구경하는지는 기차와 일몰 사이의 일이다. 기차는 일몰을 관통하고도 다시 다음 해를 기다린다.

　끝은 새로움을 끌어안는 힘이다. 시작과 끝 사이, 일몰과 일출 사이에는 새로운 끝이 이어진다. 도시의 밤과 낮 다르지만 같은 곳이다. 낮과 밤 사이는 욕망으로 채워지고 밤과 아침 사이에 들르는 욕정은 다른 감각을 깨운다. 또 다른 시작은 지금의 끝을 마주한다. 곧 해가 뜰 시간이다. 지하철은 다시 분주히 일출을 맞이하러 나선다. 불그스레 붉어진 태양은 아직 꺼지지 않은 도로 조명등 위로 내려앉는다. 너와 나 사이처럼. 《에세이스트》 2024년 11·12월호

●

박소윤
2021년 《에세이스트》 등단 meglio21@naver.com

평설

도시적 풍물의 '사이'론(論)

유 종 인

　태양은 크게 두 개의 뉘앙스를 가지고 있다. 하나는 열감(熱感)이요 또 하나는 광감(光感)이다. 이 두 가지는 계절과 시간에 따라 어느 한 편에 치우치기도 하지만 근본적으로는 하나로 어우러져 시공간에 작용하는 기제(mechanism)를 가지고 있다.

　박소윤의 「사이, 그 사이」는 특히 도시적 시공간(視空間)에 작용하는 이 빛의 뉘앙스를 '사이(distance)'라는 개념으로 그 겨를의 순간을 명징하게 포착하는 눈썰미가 쏠쏠하기 그지없다. 흔히 회색빛 도시의 멜랑콜리와 분위기를 말할 때 우리는 흔히 정체된 기분을 주로 노출하게 된다. 그런데 필자가 포착하듯 그려내는 도시적 일상의 풍광은 '사이'라는 겨를을 통해 상당히 역동적이고 인상적인 스크린을 제공한다. 횟감을 잘 저며내는 셰프처럼 달리는 지하철에서 맞이하는 창밖의 풍경과 풍속의 단면을 통해 우리가 처한 도시적 삶의 극적(劇的) 이미지를 추출하여 진설한다. 무연한 듯 날카롭게 사물과 풍경을 인상적으로 재단하는 방법은 '사이'라는 콘셉트로 풍경의 변화를 간파하듯 주시하는 것이다. 무딘 시간 속에 날카롭게 촘촘하니 박인 시간의 풍광들을 인화하는 마음은 "조금 전, 책을 읽고 있던 남자의 자리에 다른 여자가 서있"음을 발견하는 새삼스러움에 대한 자의식 같은 것이다. 즉물적으로 느끼기에 시간과 공간상으로 사이(間)라는 개념은 얼핏 작은 것 같으나 너르게 보면 우리는 모두 이 무한한 사이의 품 안에 놓인 사물이며 존재들인 것이다.

필자는 "도시의 태양은 두 개다. 낮의 태양과 밤의 네온사인이"라는 광원(光源)의 이미지를 통해 도시적 삶의 범위를 확장해 나간다. 하지만 도시인은 도시가 지닌 이런 스펙트럼을 다 자기화(自己化)하지 못하곤 한다. 이는 "눈이 보는 걸 마음은 보지 못하고, 마음이 아는 걸 머리는 모른"다는 언술 속에 갈마들어 있다. 그럼에도 불구하고 우리는 이 수필에서 '사이'라는 언명(言明)이 지닌 명징한 인식의 수단에 주목할 필요가 있다. 다소 어렵지만 "무엇과 무엇 사이, 이것과 저것 사이를 메우는 무엇무엇과 이것과 저것들이 무엇무엇이 되어 다시 만난다"는 필자의 말은 우연과 필연이 서로 갈마들고 헤어짐과 만남이 격절(隔絶) 속에서 나뉘어져 있지만은 않다는 걸 느끼게 한다. 그런 의미에서 도시적 시공간에 처한 사람들은 '사이'라는 다양한 의미의 공백과 거리에 심리적 좌절을 겪기도 하지만 그것은 이내 기대하고 간원하는 변화의 상태를 맞이하기도 한다. "또 다른 시작은 지금의 끝을 마주한다"라는 에피그램은 소시민적 부정성(否定性)을 긍정적인 해피 바이러스로 충전하는 계기를 부여한다.

일반적인 의미의 '사이'가 부정과 긍정의 양가적인 의미를 다 지니고 있지만, 특히 이 글에서 다양한 도시 생태적 '사이'는 여러 관계의 의미론(意味論)을 맞이하는 겨를이 쏠쏠하다. 매 순간 사이는 태어났다 저물고, 다시 생겨난다. 우리는 과연 무엇에 대해 어떤 존재의 '사이'를 가질 것인가에 대한 근원적인 질문을 갖는다. 이 연초에 품어볼 만한 존재론적 성찰의 화두 중의 하나가 바로 이 '사이'가 아닐까 싶다.

초록을 품다

강표성

　연초록 물결이 출렁인다. 절 입구에서 경내까지 오 리나 된다는 '오리 숲길'에는 느티나무와 팽나무, 갈참나무 이파리들이 봄빛을 쟁이느라 부산하다. 춘 마곡 추 갑사라는 옛말이 무색하게 봄만 되면 나는 갑사 쪽으로 기운다. 초록이 고픈 게다.

　매일 백색 풍경에 젖어 사는 에스키모인들은 흰색을 수십 가지로 나눌 수 있다는데, 이 땅의 초봄이야말로 그렇다. 같은 나무도 며칠 전에 나온 이파리와 오늘 나온 것이 다르고, 앞뒤 혹은 위아래에 따라 색의 깊이와 파장이 제각각이다. 햇살이 미끄럼 타는 애채는 파릇파릇하고, 새싹을 피워낸 나무초리는 푸르스름한가 하면, 거친 줄기마다 푸르죽죽하고, 오래된 졸가리는 검푸레해지니, 밑동을 감싼 보굿은 녹갈색을 덧칠하기 바쁘다. 이렇듯 저마다의 색감으로 봄을 찬양한다.

　꽃은 피어 열흘 붉어도 초록은 날마다 새로운 그늘을 펼친다. 숲은 그들의 신전이다. 세상의 삿된 것은 끼어들 수 없는 깊은 그늘, 그 안에 서면 박하사탕을 머금은 듯 화안해진다. 가슴이 열리고 상큼한 기운이 온몸에 고이기 시작한다. 잠시 나무에 기대본다.

　서 있는 문장들이다. 읽고 읽어도 질리지 않는 명문장에 눈맞이

시원하다. 온몸으로 읽는 줄글이 얼마나 아늑한지. 괜찮아 괜찮아, 속삭이는 잎새에 파묻혀 몸과 마음을 부린다. 새는 은빛 음절을 튕겨내고 바람은 절로 음유시인이 된다.

사람들 사이에서 길을 잃을 때면 녹색을 기웃거린다. 입에 쓴 물이 고일 때, 마음이 쑥대밭 같을 때면 나무를 찾는다. 울울창창할수록 좋다. 거친 숨결을 다스리며 헉헉대노라면 그들은 내 몸의 신호를 경청한다. 호들갑 떨지 않고 억지로 연민의 표정을 짓지 않고 묵묵히 지켜본다. 말없이 어깨를 다독이는 초록 물결, 풍경이 내 안으로 슬며시 밀려온다.

푸른 잠언들의 숲이다. 거기서는 행간에 신경 쓰지 않아도 되고 밑줄을 긋거나 괄호 표시할 필요가 없다. 시간이 그린 그림 앞에 선다. 일체를 벗어 놓고 존재 자체가 되어 본다. 침묵과 대면하니 마냥 고요해진다. 솜털 하나하나 열려, 온몸으로 스며드는 기운을 받아들면 그만이다. 더할 나위 없는 위로의 편지, 따뜻한 처방전이 거기 있다.

이 세상에 초록이 없다면 얼마나 삭막할까? 보이는 곳마다 하얀 알래스카 지방, 회색으로 빛나는 툰드라 지역, 붉은색에 빠져드는 사막 지대는 생각만 해도 답답하다. 풀빛의 넉넉함과 나무의 생기를 맛볼 수 없다는 사실만으로도 먼 유배지에 내몰린 듯하다.

삶의 현장에서도 초록은 필수다. 길을 가다 보면 곳곳에 신호등이 있다. 성급한 마음에 길목을 지나치려면 금지표시가 발목을 붙잡는다. 기다릴 줄 알아야 한다. 작은 길 하나 건너는데도 그런데 하물며 인생은 어떨 것인가. 머잖아 초록불 차례겠지, 그런 믿음으로 생의 횡단보도 앞에 멈춰 선다. 이럴 때의 초록은 희망의 색이자 질서의 색이다.

빨강이 뜨겁다면 파랑은 차가운 색이다. 이를 중화시켜주는 것이 녹색이다. 자신의 존재를 드러내기보다는 한발 물러나 중립을 지킨다. 어디서나 스스럼없이 어울리며 참을 줄도 안다. 뜨겁지도 차갑지도 않은 포용력이 있기에 보색인 밤색과도 잘 어울린다. 나무와 땅처럼 서로를 받쳐주니 주위에 생기가 흘러넘친다. 하여 조물주도 해가 바뀌면 연둣빛 붓을 제일 먼저 드시나 보다.

초록을 볼 때마다 내 삶도 그리 물들기를 바란다. 어디서나 편안하고 넉넉한 배경이었으면 한다. 꽃처럼 주목받지 않으면 어떤가, 존재 자체로 바탕이 되는 것도 좋다. 온화하고 믿을 수 있는 분위기면 족하다. 잠시 반짝이는 것보다 오래 바라볼 수 있는 편안함이 좋고, 비바람에 쉬 흔들리지 않고 제 자리를 지킬 수 있다면 더 바랄 게 없다.

어린 시절부터 녹색은 특별했다. 대여섯 살 무렵에 아버지가 새 옷을 사 오셨다. '아빠가 간따앙구 사왔당' 하며 한걸음에 달려가 자랑했더니 '아따, 참말로 이쁘다잉' 하는 추임새가 이어졌다. 원추리 이파리 같은 그걸 입고 얼마나 깡충거렸던지. 원피스보다는 '간따앙구'라는 일본말에 익숙하던 시절이라, 나일론 소재의 연초록 원피스를 보고 첫눈에 반한 것이다. 치마 부분에 자잘한 주름이 달려있던 그 옷은 나를 소공녀로 만들고도 남았다.

내 아이를 키우면서도 초록색 계열을 보면 손이 먼저 갔다. 얼마 전에 딸애의 옷장에서 비슷한 원피스를 발견했다. 순간, 작은 요정이 내게로 걸어오는 것 같았다. 보석 같은 날들이 떠올랐다. 내 아버지가 그러신 것처럼 나도, 딸애에게 연초록 원피스를 입히면서 뿌듯했다. 그 애 인생이 봄날 같기만을 바랐고, 맑고 부드러운 성정으로 어디서나 잘 어울리는 사람이길 빌었다. 삼십 년도 더 된 옷을 장롱에 다시 넣으며 새로운 주인공을 기다리기로 한다. 머잖아 우리에게 올 또 다른 생명.

나이 들수록 초록을 탐한다. 이와 비슷한 시간대가 많지 않아서인지도 모른다. 나무들이 광합성을 하듯, 사람도 해마다 푸른 시간이 돌고 돌면 좋으련만. 나무로 치면 밑동이 두툼해지고 거친 옹이도 여기저기 보인다. 속절없이 속만 비어가는 그루터기를 닮을까봐 눈길은 우듬지를 더듬고 더듬는다.

숲에 와서 인생을 다시 생각한다. 사람 또한 새순일 때가 있고, 울울창창 빛나기만 할 것 같은데 낙엽으로 내려앉을 때가 있다. 주어진 시기를 받아들이는 것, 그리고 때를 즐길 줄 아는 것, 미련 없이 자리 내어줄 준비를 하는 게 바로 초록빛이 주는 깨달음이 아닐까 싶다.

시간을 아끼며 즐기려 한다. 머잖아 기회가 오면 딸을 빼닮은 아이를 앞세우고 갑사의 오리 숲길을 거닐고 싶다. 순하지만 빛나는 생명과 손잡고 걷는 길, 상상만으로도 봄물이 고인다. 내 영혼이 절로 광합성을 한다. 《수필과비평》 2024년 4월호

●
강표성
2005년 《수필문학》 등단 / 수필집 『마음싸개』, 『와디에 서다』
kps750@hanmail.net

| 평설 | **초록으로 이루는 영혼의 광합성** | 이 방 주 |

"말없이 어깨를 다독이는 초록 물결, 풍경이 내 안으로 밀려온다."

강표성의 수필 「초록을 품다」를 읽으면 이성선 시인의 시 「미시령 노을」이 떠오른다.

"나뭇잎 하나가// 아무 기척도 없이 어깨에/ 툭 내려앉는다// 내 몸에 우주가 손을 얹었다/ 너무 가볍다."

가벼움은 인간이 스며든 자연의 존재 방식이다. 시인에게나 수필가에게나 자연과 우주의 존재 방식은 비슷하다. 인간은 자연과 소통하면서 자연의 이법(理法)을 배운다. 이렇게 터득한 이법은 우주를 이해하는 철학적 길잡이가 된다.

강표성은 인간과 자연은 운명적으로 도반이라는 사실을 잘 안다. 그래서 초록에 몰입하여 초록을 품을 줄도 안다. 사실은 초록이 작가를 품었는지도 모른다. 이 작품에는 자연과 하나 되는 사유의 과정이 전략적으로 숨어있다. "초록에 대한 인식, 초록이 주는 혜택, 초록이 스며든 자아"의 순서로 사유가 진행된다. 먼저 마음 비우기를 한 다음 초록에 몰입하여 자연과 우주를 통찰한다. 자연의 본질을 체득하면 진정성이 깨어나고 나아가 영적 사유로 자연과 합일에 이른다. 이쯤 해서 독자도 작가의 사유에 빠져버린다.

작가는 갑사로 가는 길 들머리에서부터 초록의 다양함을 비유를 통하여 묘사하였다. 이 작품이 지루하지 않은 것은 자연에 대한 철학적 인식을 친근한 보조관념에 얹어서 보여주기로 미적 긴장감을 유발했기 때문이다. 시적 구성 방법을 수용하여 '초록'이라는 하나의 대상에 대하여 일상적인 것으로부터 영적인 것으로 보조관념을 다양하게 확산해 나간다. 자아를 영적 공간인 신전으로 이끌어 내면의 삿된 모든 것을 떨어내고 초록으로 채운다. 초록에 몰입하여 자연을 통찰하는 것이다. 드디어 나무 밑동의 보굿까지 "녹갈색으로 덧칠"이 된다. 자아가 초록으로 덧칠이 된 것이다. 당연히 독자도 초록의 숲에서 잠언에 심취한다. 초록은 신전이고 문장(文章)이고 카타르시스의 잠언이다. 은빛 음절의 시어가 입에 쓴물이나 마음의 쑥대밭을 정화한다. 침묵으로 주는 처방전이라고 초록을 인식한다. 이것이 작가의 눈에 띈 자연의 존재방식이다.

　작가는 "삶의 현장에서 초록은 필수다"라면서 자연의 혜택을 체득한다. 초록에서 기다림의 지혜와 순환의 질서를 배운다. 초록은 색깔의 중화이다. 중용에서 말하는 희로애락의 중(中)과 화(和)를 초록에서 배우는 삶의 지혜를 깨닫는다. 중화의 삶의 방식이 아버지로부터 작가에게 딸에게 손자에게 이어져 순환하는 우주의 질서에 합일을 소망하는 것이다.

　"순하지만 빛나는 생명과 손잡고 걷는 길"에서 초록을 통하여 영혼의 광합성을 소망하는 것으로 끝맺는다. 생태계의 모든 인간이 자연의 일부, 우주의 일부라는 이법을 깨닫게 하는 작품이다.

그랴

김은숙

나뭇잎은 나무의 귀다. 바람은 나무 주위를 맴돌며 귓속말로 속삭인다. 이파리들은 동의하듯 몸으로 까딱까딱 맞장구를 친다. 푸른빛을 반사해 바람의 말에 화답하기도 한다. 바람은 바쁘다. 세상 곳곳에 전할 말이 많아서다. 숲을 휘돌고 강을 풀쩍 건너뛰어 들판으로 내달린다.

꽃과 풀은 바람이 전해준 세상 얘기를 도란도란 나눈다. 나무는 큰 가지를 흔들며 추임새를 넣는다. 살다 보면 사람이나 동물들, 사물에도 바른길을 안내하는 지침서가 있다. 바람이 나뭇잎에 들려주는 말은 영양분처럼 이파리를 살찌우고 품을 넓힌다. 어떤 말에는 영양소보다 더 많은 지혜가 담겨 있다. 아버지가 내게 늘 하셨던 그 말씀처럼….

우리가 매일 나누는 말(言)에는 지붕이 있고 우산이 있으며 포대기가 있다. 동글동글 꽃처럼 피어나는 말, 반듯하게 각을 살린 말, 믿음이 뭉근하게 깔린 말, 방패처럼 든든한 말이 마음을 살찌우고 키를 키운다. 좋은 말은 귀를 순하고 부드럽게 하며 근심과 걱정을 몰아낸다.

'그랴.'

이는 아버지가 생전에 즐겨 사용하던 말(言)이다. 따뜻하고 부드러워 심리적 공감대와 연결감을 주고, 모든 걸 품어주는 큰 말이었다. 돌아보면 그 말 한마디 안에서 나는 푸르게 자랐고 안전하게 꿈을 꾸었다. 아버지의 '그랴'라는 짧은 단어는 평화롭고 달콤했다. 예민했던 질풍노도의 성장기에도 마음 온도를 알맞게 데워준 말이었다.

환한 웃음으로 그리던 '그랴'에는 많은 의미가 함축되어 있었다. 옳은 일, 바른 일은 물론이고 위로와 용기가 필요할 때, 등을 다독이며 믿음을 주었다. '그랴'라는 말을 가만히 발음해보면, 보름달같이 밝고 부드러우며 명랑한 음률이 동심원처럼 퍼져나간다. 할머니가 쌈짓돈을 헐어 손자들에게 사주셨던 비타민처럼 힘이 솟구친다. 당연히 내게는 믿음이고 큰 의지였다.

맏딸인 나를 유독 예뻐하셨던 아버지는 내가 어떤 말을 하든지 한결같이 '그랴'라고 대답해 주셨다. 언제부턴가 내 가슴에는 그 말의 이미지들이 별빛처럼 영롱하게 쌓여갔다. 덕분에 많은 위기를 넘길 수 있었다. 학창시절 친구들 때문에 망쳤던 기분도 이내 뽀송뽀송해졌다. 날을 세웠던 마음속 독기가 흰 눈처럼 녹아내렸다. 아버지의 말에 기댄 하루하루는 양감이 가득한 행복으로 채워졌다. 순수하고 무결해서 지금도 내 앞길을 등불처럼 환히 비추는 것 같다.

나는 줄곧 아버지의 '그랴' 덕분에, 청춘의 뒤안길에서 희망이

골절된 목록들도 비교적 잘 견딜 수 있었다. 첫사랑에 탈이 나고 내 안으로 먹구름이 이주해 올 때도 침침한 불행들은 다행히 의식 속에서 사라졌다. 나는 그 이상 얼룩지거나 눅눅해지지 않는 법을 배웠다. 또한, 거친 세상을 살아가는 데 든든하고 푹신한 의자가 되어 주었다. 아버지는 어떻게 뒷산의 칼바람도, 운명을 찢는 사나운 불행도, 시원하게 대숲처럼 가라앉히는 법을 아셨던 것일까? 나이를 먹어가면서 아버지의 반듯함과 융통성과 너그러운 사유를 나는 조금씩 일깨웠고 배워갔다. 그로 인해 힘든 일이 생길 때면 더욱 야무지고 단단해졌다.

시간은 멈추지 않고 흘렀고 아버지는 늦게 발견된 말기 대장암으로 수개월째 병상에 누워 계셨다. 병문안하고 집으로 돌아올 때면 발걸음이 쉬이 떨어지지 않아 자꾸만 뒤를 돌아보며 아버지께 손을 흔들었다. 아버지는 나보다 더 오래 허공에 손을 흔들며 나를 바라보고 계셨다. 병원을 방문하고 며칠이 흐른 어느 날, 불안한 꿈을 꾼 직후였다. 직장에서 긴급한 업무가 생겨 아버지를 찾아뵙지 못하게 되었다. 가슴 한구석이 답답해지자 초조한 마음에 전화기를 들었다.

"아버지, 오늘은 일정이 꼬여서 뵙지 못해요. 내일 집에 모시고 와서 맛있는 진지 대접할게요."

"그랴, 바쁜데 뭘 매일 오냐? 너도 일해야지. 애비는 괜찮다. 내 걱정하지 마라. 그랴, 그랴. 내일 보자꾸나. 그랴."

그 순간이 우리의 마지막이었다. 앞으로의 내일은 우리에게 허락되지 않았다. 꿈속에서처럼 어두운 바람 한 줄기가 후욱— 아버지의 야윈 등을 떠밀었다. 그날 전화 너머로 들려온 고요하고 차분한 목소리, '그랴.'라는 한마디가 내 머릿속에 맴돌았다. 아버지는 그토록 사랑하던 딸의 손길을 마지막으로 붙잡지 못한 채, 바람에 날리는 풍등처럼 저 먼 곳으로 영영 사라져 버렸다.

아버지의 부재가 또렷해질수록 무한한 지지를 보냈던 그의 목소리는 더욱 가슴 아프게 메아리쳤다. 마지막 순간을 함께했더라면 얼마나 좋았을까. 야윈 몸을 부드럽게 쓸어내리며 '아버지, 괜찮으세요? 그랴요? 안 그랴요?'라고 조심스레 여쭤봤을 것이다. 그러면 아버지는 거친 숨을 애써 가라앉히며 '그랴, 괜찮다. 그랴.'라고 대답하셨을 터이다. 세상의 빛마저 꺼져가는 찰나, 아직 딸의 모습을 그리며 눈조차 감지 못한 아버지의 그 마지막 순간이 내 가슴에 맺혀 아련히 남아 있다.

세월은 흘러 아버지에 대한 그리움을 씻어내지 못한 채 몇 해가 무심히 지나갔다. 좋은 곳에서 평안하게 계실 거라 위로하듯 스스로 달랬지만 세월이 갈수록 그리움은 더욱 깊고 진하게 밀려왔다. 아버지는 이미 이 세상 어디에도 계시지 않는데, 계절은 무심하게 흘러가고 있다. 집 앞 호숫가 수양버들은 어느새 노인처럼 등이 굽었다. 아버지와 손잡고 호숫가를 거닐던 그 시절, 이 버드나무들은 나처럼 작고 연약했다. 하지만 지금, 어른이 된 내 모습을 바라보는 나무들은 깊은 이해와 그리움이 깃든 듯 침묵 속에서 나를 지켜본다.

　버드나무 가지들이 살랑거리며 바람의 속삭임을 전하는 듯했다. 바람의 전언을 듣고자 나는 나무 아래에 섰다. 미세하게 퍼지는 오묘한 꽃향기가 자분자분 번져난다. 먼 여정을 마치고 도착한 바람은 들판의 자잘한 풀꽃들의 속삭임을 전해주는 듯하다. 마치 바람은 꽃잎의 은밀한 이야기를 향기라는 언어로 풀어내고 있는 것 같다. '그랴.' 익숙한 말소리가 내 귓가에 은은히 맴돈다. 어릴 적 아버지와 호숫가를 거닐던 기억이 생생하다. 부드러운 바람에 풀꽃향기가 살포시 스며들던 그 순간들, 아버지의 목소리는 바람을 타고 버드나무 사이로 흘러 잔잔한 연못 위로 부드럽게 스며들었다. 이 호수는 그때의 익숙한 말을 고스란히 간직하고 있을 것이다. 그러니 나를 이곳까지 불러낸 듯하다.

　바람을 따라 푸른 버드나무 잎들이 옷자락처럼 휘어지며 연못 속에 제 그림자를 풀어놓는다. 치어 떼들이 물살을 가르는 꼬리 끝에 순한 말(言)들이 매달려 은빛 시를 적는다. 연못에 발을 담그고 먼 산을 보며 꿈을 꾸는 나무는 알까? 주말마다 이곳에 와서 어린 딸에게 아름다운 이야기를 풀어놓던 한 사내를, 그의 눈빛과 부드러운 몸짓을….

　저물어가는 햇살의 잔영을 모아 바람이 호수를 가로지른다. 그 바람의 마지막 여백에 서둘러 내 마음을 새겨 보낸다. 아마도 오늘

밤은 아버지가 '잘 지내지? 그랴?' 하며 환하게 웃는 얼굴로 내게 다녀가실 것 같다. '그랴.'라는 낯익은 음성이 귓전에 맴돈다. 나도 모르게 당신을 닮은 어조로 그랴, 라고 낮고 고요하게 불러본다. 어둠 속에 가만히 별 하나가 켜진다. 《에세이문학》 2025년 봄호

●

김은숙
2022년 《전라매일》 신춘문예 등단 happyeunni@hanmail.net

| 평설 | **말은 마음을 담은 기호** | 이 방 주 |

　마음을 기호로 고정시킨 것이 말이다. 말에 담기는 마음은 철학적 인식일 수도 있고 관습적 정서일 수도 있다. 수년간 습관으로 쌓인 성정(性情)이라고 하는 것이 좋겠다. 기호에 담긴 마음은 머물러 있지 않고 변환하고 확장되게 마련이다. 어린 시절에 자주 들은 마음의 기호는 어른이 되면서 내면화한다. 감각은 축적된 기억을 바탕으로 해석하고 해석된 지혜에 의해서 의미가 어떤 틀에 일단 고정된다. 그리고 말에 의해 행위나 정서가 촉발되고 다시 내면화된다. 이것은 말에 담기는 성정이 추상화되면서 성장과 변환을 이루는 과정이라고 말할 수 있다. 이렇게 추상화된 언어기호는 세계의 현상을 포괄적으로 내포하기도 하고 상징하기도 하면서 의미장이 넓어진다.

　김은숙의 「그랴」는 말이라는 기호가 내면화하는 과정에 대하여 체험을 서사로 구조화하여 보여줌으로써 이해가 쉽고 공감도 빠르다. 말에는 "영양소보다 더 많은 지혜가 담겨 있다"라고 작가는 말한다. 독자는 여기서 말이 무엇이든 이룰 수 있다는 언어철학을 전제로 하고 있음을 알아차리게 된다.

　어린 시절부터 아버지가 즐겨 사용하던 '그랴'라는 말을 제재로 소환한다. '그랴'는 마음을 데워준 말이라면서 '그랴'라는 성정의 기호가 고정하고 있는 몇 도막의 일화를 소개한다. 아버지의 말은 위기에서 벗어나거나, 마음의 독기가 녹아내리거나, 푹신한 의자가 되기도 했다. 이것은 어린 시절의 수동적인 편안함이었다. 나이 들면서 그 상징성은 반듯하고 융통성 있고 너그러움과 함께 "야무지고 단단해졌다"고 고백한다. '그랴'라는 말이 능동적이고 도전적인 내면화를 이루어 주었다는 의미이다.

인간은 언어를 통해서 세계를 정의하고 구조화하며 내면화 과정을 통해서 자아의 정신 기능이 성장하고 변환한다고 언어철학자들은 주장한다. 작가는 더 이상 아버지의 '그랴'를 들을 수 없게 되었을 때, 풀꽃이나 버드나무 가지가 익숙한 말소리로 '그랴'를 속삭임으로 들려주는 것으로 생각한다. 물살에서 '순한 말'이나 '은빛 시'를, 심지어 "눈빛과 부드러운 몸짓"을 감각한다. 기억의 곳곳에 묻어 있던 아버지의 말은 "가만히 켜지는 별"로 청각의 시각화인지 시각의 청각화인지 모호한 심상이 된다. 내면의 성장이고 의미장의 확장이다.

이 작품은 언어철학자들이 주장하는 언어의 기능을 문학예술에 담아 표현하였기에 의미가 깊다. 언어는 의사소통 이외에도 세계의 현상에 대하여 규정하고 체계화하여 내면화하기도 한다. 이 작품은 '그랴'라는 말이 '허용, 긍정, 인정, 수용, 포용, 용서, 양보, 위로, 애정'으로 의미장이 확장되는 과정을 작품에 담아 구체적으로 보여주었다. 인간이 삶의 세계와 관계를 맺어가는 가운데 기호와 의미장이 확장되는 복잡한 기능을 제재로 하여 서사에 서정적인 문장으로 옷을 입혀 형상화한 매우 의미 있는 작품이다.

인간의 얼룩

임이송

내 첫 얼룩은 붉은색이었고 그 다음은 검은색이었고 그 다음은 파란색이었다. 그 색깔이 품은 농도와 얼룩의 크기는 각각 달랐다. 대부분의 얼룩은 성가셨고, 쉽게 지워지지 않았다. 아주 가끔은 아름다운 운율이나 무늬를 만드는 얼룩도 있었다.

일상생활 중에 다른 일들엔 무던히 참거나 무심히 넘어가는데, 신경증적으로 집착을 하는 부문이 있다. 남들은 그런 것에 무신경하거나 대수롭지 않게 여길 수도 있는 부문인데, 나는 그렇지가 못하다. 바로 옷에 얼룩이 묻었을 때가 그렇다. 특히 흰색 옷에 음식물이 튀었거나 패딩에 기름이 묻었을 때, 모든 신경이 그리로 쏠린다. 빨리 얼룩을 지우고 싶어 다른 것에 집중을 할 수가 없다. 혹 얼룩이 번지고 지워지지 않을까 봐 애가 탄다.

또 하나 못 견디는 것은 가스레인지 위와 그 뒤 벽의 얼룩이다. 나는 음식을 할 때마다 즉시 닦으며 깨끗하게 유지한다. 음식이 끓어 넘치지 않도록 조심하고 기름이 튀지 않도록 노력한다. 그러나 어쩌다 남편이 계란프라이나 라면을 끓여 먹고 나면 가스레인지는 수프나 라면 부스러기나 소금이나 기름으로 엉망이 돼 있다. 벽엔 붉은 라면 국물까지 튀어 있다. 그렇다고 내가 모든 것에 깔끔하거나 정리 정돈을 잘 하는 건 아니다. 이 두 가지에만 정색을 한다. 기이한 버릇이자 자기 모순적인 태도가 아닐 수 없다.

오래전에 읽은 소설이 생각난다. 책 제목과 구체적인 내용은 잊었지만 주인공의 행위는 여운처럼 남아 있다. 그 남자는 자신이 살고 있는 나라에서 가장 먼 나라로 떠난다. 그리고 그 나라에서 또 가장 작은 섬으로 찾아든다. 낯선 곳이 주는 지독한 외로움 속에서 그는 자신의 상처와 적나라하게 대면한다. 모든 상처는 얼룩을 남기기에 그는 자신의 얼룩을 한없이 들여다보며, 그것들을 혐오스러워 한다. 그리고 오래도록 괴로워한다.

나 또한 수많은 얼룩을 가진 사람이다. 얼룩은 아름다운 형태를 지니기 쉽지 않다. 나는 의외로 큰 얼룩엔 담대한 편이다. 그런 것들은 내 주변의 사람들도 눈치채고 염려하고 알아주어 견뎌내기가 오히려 수월하다. 반대로 내밀한 작은 얼룩은 오래도록 나를 괴롭힌다. 그것들을 최대한 객관화시켜놓고 지우려 해도 잘 지워지지가 않는다.

초등학교에 들어가기 전, 2여 년간 실어증에 걸린 적이 있었다. 모두에게 말을 하지 않은 건 아니다. 아버지에게만 입을 닫았다. 나도 그 이유를 모르고 엄마도 명확한 이유를 모른다고 했다. 조곤조곤 이야기하기 좋아하는 내가, 아버지에게 입을 닫았을 땐 그만한 이유가 있었을 것이다. 문제는, 아버지는 나를 야단을 친 적도 혼을 낸 적도 때린 적도 없었다는 것이다. 장녀인 나를 기특해하고 믿음직스러워했다. 그런데 왜 나는 아버지에게만 마음을 닫아버렸을까.

입을 닫은 순간 그 너머의 마음속은 새까맣거나 파랬을 것이다. 말은 하지 않아도 맏딸로서의 역할엔 최선을 다했다. 가마솥 뚜껑을 반질하게 닦고 부뚜막 위도 깔끔하게 정리하고 마루도 매일 반질하게 닦고 마당도 하얗게 쓸었다. 집안에 보이는 얼룩이란 얼룩은 죄다 지웠다.

일곱 살 무렵, 아버지가 수건으로 내 목덜미를 세차게 내리치는 사건이 있었다. "왜 말을 안 해? 뭐 땜에 말을 안 해?" 나를 때린 아버지는 돌아서서 울먹였다. 나는 더욱 입을 다물어버렸다. 다른 가족에게도 점점 말수를 줄여 갔고, 심지어 그날 이후론 아버지를 피해 다녔다. 성인이 되어 무언가의 얼룩을 지울 때마다 그때의 어린 내가 생각난다. 지금이라도 깨끗한 마당처럼 만들어 주고 싶은데, 원인을 모르니 치유해줄 방법이 없다.

정혜윤의 『슬픈 세상의 기쁜 말』에는 세탁 일을 하는 사람이 나온다. 그는 수많은 인간의 얼룩을 지워봤다고 했다. 그는 인간도 옷처럼 때때로 세탁소에 가야 한다고 했다. 그에게 세탁소는 '바다'란다. 바다에 가서 그간에 쌓인 얼룩을 깨끗이 지워서 온단다.

나는 그와는 달리 참을 수 없는 얼룩무늬가 나를 뒤덮을 땐 시장에 간다. 그것도 재래시장에. 그곳에 가면 모두가 펄펄 살아 있는 것 같다. 활어처럼, 바다처럼. 물건을 파는 사람들의 높고 굵고 거친 목소리와 흥정을 하거나 사려는 사람들의 시끌벅적한 소리들이, 나도 그들처럼 살아 있는 것 같은 착각에 빠지게 한다. 그리고 나를 잠시 잊고 또 지나가게 한다. 시장의 목적은 분명하다. 팔려는 사람과 사려는 사람들. 나는 그들의 거룩한 모습을 시선에 담아 돌아온다. 그러면 한동안은 내 상처에서 비껴 나와 있을 수 있다.

어떤 상처는 유화 같다. 똑같은 자리에 여러 색감을 덕지덕지 입은. 또 어떤 것은 한 색깔을 더께더께 이고 있는 나무 껍데기 같고. 가끔 어여쁜 얼룩이 있기도 하다. 그것들은 징검다리처럼 봄꽃처럼 손님처럼 짧은 음악처럼 무지개처럼 다가와 몸속을 피처럼 돌아다니며 다른 얼룩에 숨통을 터 준다.

삶의 모든 비밀은 자기 안의 얼룩만은 알고 있다. 옷이나 가스레인지, 즉 밖의 얼룩에 예민한 것은 안의 얼룩에도 그만큼 예민하다는 방증일 것이다. 20여 년간 글을 써오면서 수많은 상처를 꺼내 위무했다. 그러나 실어증에 대한 것은 오래된 수수께끼처럼 풀 수가 없다. 마치 오늘 낮에 받은 부고 같다. 초등학교 동창생이 죽었다며 난데없이 부고가 왔다. 이름은 낯설고 얼굴은 기억에도 없는데. 그럼에도 조문을 해야 하듯, 세상에는 지울 수 없는 불가사의한 얼룩도 있는 거겠지. 《현대수필》 2025년 여름호

●

임이송
2002년 《현대수필》 등단 / 에세이집 『나는 왼손을 믿지 않는다』 외 2권
ns-lim@hanmail.net

| 평설 | **얼룩과 무늬의 상호적 탄생** | 유종인 |

우리말 중에 '받자하다'라는 어휘가 있다. "다른 사람이 괴롭히거나 요구하는 것 따위를 잘 받아주는 것"을 의미한다. 의도하지 않았건 의도하였건 우리 삶의 반경 속에 끼치는 여러 가지 물리적 충격이나 심리적 영향 등은 불가피한 경우가 왕왕 있다.

일찍이 나무는 제 안에 갈마든 얼룩이나 외부의 충격을 하나의 목질(木質)의 미감으로 키워나간다. 물론 이런 나무의 성질을 잘 아는 훌륭한 도편수 목수에 의해 눈썰미 좋게 켜져야 하는 과정이 뒤따르는 사후적인 일일 수는 있다.

임이송의 「인간의 얼룩」은 비단 필자 개인의 사소하거나 내밀한 상처의 극복기라 범박하게 말할 수 있겠지만 그보다 더 중요한 지점은 이 얼룩이나 상처를 받아들이는 섬세한 성찰과 견뎌내는 자세에 있다. 무릇 자세라는 것은 어떤 내외부의 공격이나 딜레마를 해결하는 일종의 방어기제의 지속성을 의미하지 않을까.

임이송이 일종의 결벽증에 가까운 생활의 얼룩에 대한 집착이 있기도 하고 그걸 유심히 내면화하는 성찰이 따르기도 한다. 거기다 이런 외부의 얼룩은 어느 순간 존재의 내면적 얼룩으로 옮아가면서 존재의 성찰과 개안(開眼)이라는 측면으로 변주되기도 한다. 유년 시절의 '실어증'에 대한 불가해한 기억과 상처는 내면의 얼룩이면서 단순히 얼룩이라고만 치부할 수 없는 심리적 방어기전(protective mechanism)의 양상을 되새기게 한다.

흉터를 남기면 얼룩이 되겠지만 그걸 잘 아우르고 극복하면 무늬에 가깝게 달리 보이지 않을까. 일찍이 아르튀르 랭보가 '상처 없는 영혼이 어디 있으랴.'라고 갈파했듯이 이 인구에 회자되는 에피그램의 대중성은 그 밑바닥에 상처의 만연이라는 존재의 근본적인 상황을 예시하기보다는 상처를 보듬고 나아가는 일의 중요로움을 드러냄이라 볼 수 있다. 물론 지난한 내외적인 노력이 남모르게 뒤따른다.

범박하게 말해 고통은 창조의 원천이라 할 수 있다. 그런 의미에서 얼룩과 무늬는 별개의 것이 아닐 수도 있다. 얼룩의 부정성을 무늬의 긍정성으로 전환할 태세만 있다면 얼룩과 무늬는 이미 겹치듯 한 몸으로 맘을 드러낼 요량이 능준하다. 물론 이런 전환의 마인드는 녹록지 않은 경우가 대부분이다. 하지만 "징검다리처럼 봄꽃처럼 손님처럼 짧은 음악처럼 무지개처럼 다가와 몸속을 피처럼 돌아다니며 다른 얼룩에 숨통을 터 준다"는 임이송의 웅숭깊고 미감 어린 얼룩에 대한 발견만 있다면 불가능한 것도 아니다.

기왕의 모든 삶의 겪음이라는 것은 모종의 흔적을 남긴다. 그 흔적 중에 지우고 싶은 상처가 있기도 우쭐하게 드러내고 싶은 상찬의 대상이 있기도 한다. 그러나 문제는 늘 얼룩에 가닿아 있는 인간의 상처에 대한 집착과 미련이다. 그것을 단순히 영원한 흠결로 놔둘 것이냐, 성찰과 전환의 매개로 삼을 것이냐는 전적으로 당사자의 윤리적 선택에 달려있다. 생각만큼 전환이 잘 안 되는 것은 어쩌면 인지상정이다. 하지만 화자가 제목을 "인간 얼룩의 탄생"이라고 명명한 것을 가만히 들여다볼 필요가 있다. 좋은 것에서 좋은 것만 나오는 것일까를 돌아보면 화자의 얼룩에 대한 생각은 이미 부정성을 다독여 품고 넘어가는 지경인지도 모른다. 그러고 보니 비 온 뒤 여러 날 지난 유리창의 비 얼룩도 때로 자연이 만든 무늬의 뉘앙스를 자아낸다. 부정적인 것에 깊이 매몰되지 않는 정신의 탄력성이 오늘은 얼룩과 무늬의 친교를 낳는다고 말해봐도 되지 않을까 싶다.

4부

권태, 그 현대적 불안

기다리다 못하여서

김귀선

"작은엄마요. 만다꼬 그 긴 세월을 혼자 사셨능교. 고마 멋진 남자 만나 새살림 차렸으며 팔자 폈을 건데."

내 말이 떨어지기 무섭게 허리가 아프다며 끙끙대던 팔순의 작은어머니가 새우등을 벌떡 일으켜 앉았다. 옆에 누웠던 친정엄마가 내게 눈총을 보냈다. '앗, 괜한 농담해서. 어쩌지!'

"야야 니 말 꼭 맞대이. 화국댁이 중신할 때 그때 마 시집을 갈꾸로. 무신 영화 볼끼라꼬 만고 고생하며 이지껏 살았는지 등시이 축기매로."

예상외였다. 수절한 당신의 삶에 대해 누구보다도 당당해했던 작은어머니가 아니었던가. 돌아가시기 몇 년 전 그날, 작은어머니는 제발 그렇게 건드려주기를 기다리기라도 한 듯 속마음을 드러냈다.

친정 동네에 들른 오늘, 생전의 작은어머니 집 앞에 섰다. 산골 동네 어귀의 조립식 건물은 군데군데 녹이 슬었고, 대나무로 얼기설기 막아놓은 입구엔 한삼 넝쿨이 제 집인 양 무성하다. 모내기 때가 되면 빨간 열매가 오종종 달렸던 담장 사이 앵두나무, 그 아래 반질거리던 크고 작은 장독, 정화수 한 그릇이 정갈하게 놓였던 장독대 옆 바위, 뒤 안을 돌아 흐르던 작은 도랑 등은 사라졌거나 풀숲으로 덮여 보이지 않는다. 빨랫줄이 매였던 집 입구의 감나무가 지난 시절을 회상하듯 멀거니 내려다본다.

스물한 살에 혼자된 작은어머니. 자신과 돌배기 딸을 둔 채 남편이 어느 날 집을 나가서는 돌아오지 않았다. 몇 달 후 남편이 보내온 편지로 남양군도에 있다는 걸 알게 되었다. 너무 덥다며 삼베옷을 부쳐 달래서 보낸 것이 남편과의 마지막 연락이 될 줄이야. 사십 년도 더 지난 후에야 우여곡절 끝에 연결된, 남편과 함께 일본에 갔다는 분에게서 자초지종을 들을 수 있었다. 나뭇짐을 팔러 장에 갔던 남편이 돈을 많이 벌 수 있다는 장꾼의 말에 어디인지도 모르고 따라나섰단다. 장꾼이 시키는 대로 집에는 비밀로 한 채.

죽을 고생을 하는 중에 작은아버지는 해방을 맞았고, 부산으로 가는 미어터지는 배에 겨우 난간을 잡고 올랐지만 출항한 지 삼십 분도 안 되어 그 배가 폭격되었단다. 미처 배에 오르지 못한 그분이 폭격 장면을 본 것이다. 사실을 알 리 없었던 작은어머니는 하염없이 작은아버지를 기다렸다. 아이를 들쳐업고 용하다는 점집을 찾아가길 수십 번, 굿도 여러 번 했다.

"뽀시락 소리만 들리도 너거 적은아부지인강 싶어가 잠결에 방문을 확 열어젖혀 본 적도 수타였니라. 남정네 읎이 사는 거 설움 구디더래이. 다들 읎신여기는 거 같고, 숭은 와 그래 보던지. 지게 질하다가 나자빠지면 그대로 퍼질고 울었제. 땔나무가 어데 있노.

나는 와 이케 살어야 되노 싶어 지짐에 설버가 죽고도 싶었는데, 지나고 보이 남 원망할 일도 아이고 그저 다 내 팔자다 싶더라. 야야 재혼하라 캐사도 스물두 살이던 너거 적은아부지 얼굴이 선해서 맴이 안 일어나더라카이." 새우등을 벌떡 일으켰던 그날, 작은어머니는 모든 미련을 지우는 듯 속을 툭툭 털어내었다.

'작은엄마요! 죄송해요. 어릴 적에 작은엄마가 진짜 싫었심더. '문지방에 걸터앉지 말거라. 밥 입에 물고 말하지 말거라. 다리 벌려 앉지 말거라. 신발 끌지 말거라. 말거라. 말거라…' 하도 잔소리를 하시이까내 속으로 '지는 머 잘 났다꼬'라며 씩씩거렸심더. 그런데요. 결혼하고 살아 보이 혼자 그 세월을 우째 살으셨노 싶은 게 가슴이 미어졌심더. 우리한테 했던 잔소리도 알고 보면 당신 스스로를 단속한 말이었다는 것을요.

'괘안테이. 야야 돌아보이 한 핑생이 한날 꿈꾼 거더레이. 뭐한다꼬 그케 골몰하며 살았는지. 그카이 너거는 우짜든지 맘 핀케 살거레이.'

청상의 긴 세월에 구름도 아린 듯 넓은 그림자를 드리워 빈집을 어루만진다. 작은어머니가 부르는가. 창부타령 한 자락이 바람결에 웅얼웅얼 환청으로 들린다.

아니~~~~아~~니 노지는 못하리라

기다리다 못하여서 잠이 잠깐 들었더니/ 새벽별 찬바람에

풍지가 펄렁 날 속였네/ 행여나 님이 왔나 창문 열고 내다보니/ 님은 정녕 간 곳 없고 명월조차 왜 밝았나/ 생각 끝에 한숨이요 한숨 끝에 눈물이라/ 마자마자 마쟀더니 그대 얼굴만 어른거려/ 긴긴 밤만 새웠노라

얼씨구나 절씨구나 지화자 좋구나 인생 백년이 꿈이로다

《데일리한국》4인4색 문화 에세이 2024년 8월

●

김귀선
2008년 《문장》 등단 / 수필집 『푸른 외출』 eun3005@hanmail.net

| 평설 | **닫힌 문 앞의 삶을 기억하다** | 한 혜 경 |

"내 삶은 폐쇄되기 전에 두 번 닫혔다."(에밀리 디킨슨)

작은어머니의 삶을 그린 김귀선의 「기다리다 못하여서」를 읽으며, 둔중한 아픔을 안겼던 이 시구가 떠올랐다.

돌배기 딸이 있는 스물한 살의 여인. 나뭇짐을 팔러 장에 간 남편이 돌아오지 않더니 몇 달 후 남양군도에 있다는 편지를 보내왔다. 다시 소식이 끊기고 사십 년도 더 지난 후에야 남편이 왜 그곳에 갔는지 어떻게 죽었는지 알게 된다. 돈을 많이 벌 수 있다는 장꾼의 말을 믿고 따라나섰다가 남양군도에 끌려갔고, 죽을 고생을 하다가 해방을 맞아 부산으로 가는 배에 겨우 올라탔는데 폭격으로 생을 마감했다는 사실을 무려 사십 년이 지난 후에야 알게 된 것이다.

일제 강점기, 징용에 끌려갔다가 죽은 남자와 할 수 있는 것이라곤 기다리는 일뿐인 여자의 삶은 '고진감래'란 말을 무색하게 한다. 매번 닫힌 문 앞에서 절망스러웠을 삶을 더 힘겹게 한 것은 주변의 시선이다. "다들 읎신여기는 거 같고, 숭은 와 그래 보던지"라는 말에서 "남정네 읎이 사는" 설움이 얼마나 컸는지 짐작할 수 있다.

이러한 작은어머니를 어린 시절부터 봐왔던 작가는 당시 작은엄마의 잔소리를 싫어했던 것을 사죄하며 작은엄마의 삶을 회상한다. 작은엄마의 숱한 잔소리가 "당신 스스로를 단속한 말"임을 알 리가 없으니 "지는 머 잘 났다꼬" 씩씩대던 소녀는 어른이 되어 팔순의 작은엄마에게 "만다꼬 그 긴 세월을 혼자 사셨능교." 물어본다. 그러자 작은엄마는 "제발 그렇게 건드려주기를 기다리기라도 한 듯 속마음을 드러냈다."

"뽀시락 소리만 들리도 너거 작은아부지인강 싶어가 잠결에 방문을 확 열어젖혀" 보던 밤들, 온갖 설움 끝에 "지나고 보이 남 원망할 일도 아이고 그저 다 내 팔자다"라고 내린 결론, 재혼하라는 권유에도 스물두 살 남편의 얼굴이 선해서 응하지 못했던 마음들을 풀어낸다.

그날로부터 또 시간이 흘러, 이제 고인이 된 작은엄마의 생애를 기록함으로써 작가는 그 혼을 위무하는 한편으로, 그 삶의 의미를 독자에게 묻는다. 창부타령 한 자락을 곁들여서.

'한숨'과 '눈물'로 점철된 삶을 노래 한 자락으로 녹여내며 그 모든 불행을 '팔자'라고 묵묵히 받아들인 삶을 어떻게 생각해야 할 것인가. "돌아보이 한 핑생이 한낱 꿈꾼 거더래이." 삶의 종착역에 이르러 돌아봤을 때 모든 것이 꿈처럼 느껴질 수 있겠으나, 그들 덕에 수난을 피할 수 있었던 이들과 우리 후손은 일장춘몽으로 간주해서는 안 될 것이다. 무도한 시대에 희생당한 삶을 기억하고 또 감사해야 하리라.

빨래 널기

이신애

　까마귀는 아무 때나 울지 않는다. 그런데 "악ㅡ" 하는 소리에 잠이 깼다. 물에 빠진 것 같아서 사방을 둘러보니 내 방이었다. 야트막한 산을 거의 수직으로 깎고 고층아파트를 지은 탓으로 도로가 운하처럼 깊어졌다.

　차는 지나가 버리지만 소리는 집과 산 사이에 갇혀서 우물 속의 징처럼 울리곤 했다. 한밤중에 잠이 깨면 희부연 천장이 하얘지는 것처럼 머릿속이 말개져서 다시 자려고 수없이 뒤척여도 소용이 없었다. 그게 싫어서 돌멩이 밑의 새우처럼 웅크리고 있었더니 자동차를 따라갔던 잠이 슬그머니 꿈과 함께 왔다.

　둥근 선실 창으로 보이는 가파른 석회암 절벽이 어디서 본 듯했지만 기억이 나지 않았다. 운하의 가장 좁은 곳은 24m로 그보다 큰 배는 지나갈 수 없다. 엔진의 진동으로 운하가 무너질까 봐 예인선이 배를 끌고 있었다. 나는 갑판에서 사람 손으로 팠다는 운하를 구경하다 가로질러 놓인 다리를 여러 개 보았다.

　그중 새집처럼 튀어나온 곳에서 누군가 뛰어내렸다. 그는 발목을 잡아맨 줄 때문에 반동으로 튀어 올랐다가 잠시 후에 시계추처럼 흔들리고 있었는데 자세히 보니 나였다. 키가 크는 나이도 아닌데 배를 타는가 하면 번지까지 하다니⋯. 너무 떠나고 싶었나 보다. 여행 중에 번지 점프하는 사람을 본 곳은 호주이고, 크루즈를 탔던 곳은 덴마크인데 모든 게 색색으로 이어 붙인 조각 이불처럼 각각이면서 하나였다.

깊은 해협은 그리스 코린트일 것이다. '고린도(Corinth)'를 요즘은 그렇게 읽으니 낯선 곳 같지만 중동이나 유럽의 어떤 지명들은 사실 성서에서 익히 본, 알만한 곳들이다. 그럼에도 불구하고 1960년대와 현재의 외래어 표기가 너무 달라져서 전혀 다른 지명 같이 들린다. 외국어에 대한 지침이 있어도 모두들 원어에 가깝게 읽고 쓰니 더 헛갈린다. 뇌도 컴퓨터처럼 업그레이드가 가능하면 좋을 텐데 원본 불변인 내 머리는 가끔 버벅대지만 그것도 새것일 때가 있었다.

초등학생 때였다. 방학이라 친구가 없어 심심하다고 투정하니까 교회에 가라고 했다. 별로 내키지는 않았지만 동무들을 보러 호기심에 가봤다. 방학이 끝날 무렵 성경 암송대회가 있었다. 고린도 전서 13장을 애면글면 외워서 상으로 세로글씨 성경을 받았는데 지금도 "⋯ 우리가 부분적으로 알고 부분적으로 예언하나 때가 오면⋯ 그 때에 내가 온전히 알리라. 믿음, 소망, 사랑, 이 세 가지는 항상 있을 것인데 그중에 제일은 사랑이라"가 기억나는 것을 보면 무심결에라도 삭제(delete) 키를 누르지 않았나 보다.

바이블은 세계 제1의 베스트 셀러답게 온갖 지혜가 그 속에 있어서 어디를 펼쳐도 잠언이요, 아포리즘인데 그건 놔두고 땅에 꾹 박힌 염소 매는 말뚝처럼 하루 종일 하늘을 올려다보았다. 주기도문이 "하늘에 계신 우리 아버지…"로 시작했기 때문에 혹시 아버지를 볼까 해서였다. 성서는 교과서와 달리 전과와 참고서가 없어서 자습으로 알 수 있는 것도 아니고, 모르는 낱말처럼 사전을 찾아보고 이해할 수 있는 건 더더욱 아니었다. 모르니까 잘 못 보고 뿌리가 있어도 물 위에 떠 있는 부평초같이 불안했다.

  봄이 되어 먼 산이 다가오고 뒷산에 달래가 머리카락을 풀어놓은 듯하면 들머리에 서서 바람을 맞곤 했다. 사람들은 치마폭과 잔등이 돛처럼 부풀어 오른 것만 보았지, 마음이 혼자 버스를 타고 읍내를 서너 바퀴 돌아 덕숭산까지 올라갔다가 내려온 것은 몰랐다. 심심하면 친구와 나무에 기어 올라갔다. 쭉 뻗은 가지에 다리를 걸고 팔을 늘어뜨린 후 해파리처럼 흐늘거렸는데 멀리서 보면 나무에 빨래를 널어놓은 것처럼 보였다고 한다.

  나무는 벼랑 꼭대기에 아찔하게 서 있었는데 나는 늘 보아서 아무렇지 않았다. 언덕 밑을 지나시던 어른들이 내려오라고 손짓해도 아랑곳하지 않았다. 그날도 '빨래 널기'를 마치고, 절벽 아래를 보니 구절초, 억새, 싸리 같은 게 보였다. 굵은 모래가 하얗게 깔린 곳에 아기 포크만 한 연두색 싸리 순이 소복했다. 오빠들보다 나무를 잘 타는 친구가 삶아 무쳐 먹으면 아삭한 그 나물을 그냥 둘 리 없었다.

왜 그게 그대로 있었는지 생각하지 않았다. 다시는 친구를 만날 수 없게 만든 마지막 장면은 초기화(format)할 수 없는 확장자(exe)가 되었다. '빨래'라는 말만 들어도 가슴이 아려서 양말이나 손수건을 주물거리다 꼭 짜지 못해 흘러내리는 물만 보아도 어느덧 손으로 가슴을 누르고 있는 나를 발견하곤 했다.

'높이 나는 새가 멀리 본다'는 리처드 바크의 『갈매기의 꿈』을 읽었을 때 친구가 그리워 다시 나무에 올라가고 싶었다. 한번은 빨랫줄에 색색의 옷을 그렸다가 지웠고, 나중에는 커다란 나무에 노란 리본을 다는 것으로 두루뭉술하게 끝을 냈다. 결국 나무에 걸터앉거나, 높은 곳을 쳐다보는 건 그만두었다.

발을 묶은 줄이 흔들거림을 멈추지도 않았는데 작은 배가 다가왔다. 줄을 풀고 일어서려는 찰나 보트가 기우뚱하더니 사람들을 물에 빠뜨렸다. 모두 "악—" 소리를 질렀다. 까마귀 소리가 아니었다. 또 자자. 《한국산문》 2024년 4월호

●

이신애
2010년 《에세이플러스》 등단 / 수필집 『흙반지』 cogitoiam@naver.com

| 평설 | **초기화할 수 없는 기억** | 한 혜 경 |

    글의 제목은 글의 집으로 들어가는 관문이다. 소재나 주제를 함축한 제목이 있는가 하면, 궁금증을 유발시키는 제목도 있다. 이신애의 「빨래 널기」는 평이해 보였던 제목의 문을 열고 들어갔더니 전혀 예상하지 못한 이야기가 도사리고 있는 글이다.
    "까마귀는 아무 때나 울지 않는다. 그런데 '악―' 하는 소리에 잠이 깼다." 첫 문장부터 '빨래'라는 일상적 행위와 거리가 멀어 보인다. 비명소리에 깬 작가가 둘러본 방의 풍경은 위태롭다.
    "산을 거의 수직으로 깎고" 들어선 아파트, "운하처럼 깊어"진 도로, "집과 산 사이에 갇혀서 우물 속의 징처럼" 울리는 소리 등. 이어지는 꿈속 장면도 "가파른 석회암 절벽"과 운하, 갑자기 뛰어내리는 사람이 등장해, 불안으로 채색된 풍경화를 보는 듯하다.
    이 불안의 정조는 유년의 기억에서도 발견된다. 심심해서 교회에 갔는데, 성서 내용을 알 수 없다는 사실에 "물 위에 떠 있는 부평초같이 불안했"고, 봄이 되면 들머리에 서서 바람을 맞으며 마음은 "혼자 버스를 타고 읍내를 서너 바퀴 돌아 덕숭산까지 올라갔다가 내려"오곤 했던 아이였다.
    독자의 내면에도 불안이 번져갈 즈음, 드디어 '빨래 널기'가 등장한다. 친구와 나무에 올라가 "쭉 뻗은 가지에 다리를 걸고 팔을 늘어뜨린 후 해파리처럼 흐늘거렸는데 멀리에서 보면 나무에 빨래를 널어

놓은 것처럼 보였다", '빨래 널기'는 곧 친구와의 놀이였던 것이다.

그런데 '빨래 널기'의 실체를 드러낸 후 바로 친구를 만날 수 없게 된 사실을 서술하고 있어, '빨래 널기'는 친구와의 행복했던 시간이면서 동시에 친구의 부재를 상기시키는 아픔임을 보여준다. 왜 어떻게 그렇게 되었는지 '마지막 장면'을 설명하지 않음으로써(아마도 못함으로써), 상상을 유도하는 한편으로 슬픔을 강하게 부각시킨다.

"'빨래라는 말만 들어도 가슴이 아려서 양말이나 손수건을 주물거리다 꼭 짜지 못해 흘러내리는 물만 보아도 어느덧 손으로 가슴을 누르고 있는 나를 발견하곤 했다."

시간이 많이 지났어도 작가는 여전히 슬픔 속에 있다. "나무에 올라가고 싶"지만 "나무에 걸터앉거나 높은 곳을 쳐다보는 건" 할 수 없다. '빨래'와 나무는 친구를 향한 그리움이면서 회피하고 싶은 이율배반적 대상이기 때문이다.

이처럼 그리움과 회피가 뒤섞인 마음 아래에는 '마지막 장면'을 "초기화(format)할 수 없는" 사랑이 놓여 있다. 이는 선명한 비유와 이미지로 묘사된 장면들로 배열되어 "색색으로 이어 붙인 조각 이불처럼 각각이면서 하나"인 글로 완성된다. 이 이불의 이름은 불안이란 외양 아래 흐르는 사랑이다.

권태 vs 권태

윤성근

    시간과의 싸움에서 강펀치를 맞고 널브러져 있다. 하릴없이 길기만 한 하루, 막무가내로 덤벼드는 무료한 시간과 맞서 싸울 전술이 부실해 고전하고 있다. 모자라는 시간을 쪼개 쓸 때는 이렇게 무서운 싸움인 줄 몰랐다. 잘 이겨내고 있으니 걱정할 일이 아니었다. 전황은 그대로 이어갈 줄 알았는데, 어느 날 보니 싸움 상대가 '모자라는 시간'에서 '남아도는 시간'으로 바뀌어 있었다. 선수 교체를 예측하고 작전을 바꾸어야 했는데, 슬기롭게 대처하지 못했다. 연전연패하고 있는 이유다. 맞서 겨루기 힘든 상대를 슬슬 피하며 눈치를 살피다가, 문득 이상의 「권태」가 떠올라 다시 펴든다. 지향하는 목표가 없으니 따분했을 작가의 일상, 맞닥뜨리는 현상 하나하나가 모두 권태롭기만 했을 것이다. 작품의 진면목을 뒤늦게 알아보고 고개를 끄덕인다.

    도심을 떠나 한가한 농촌 소도시로 옮겨온 지 몇 해가 지났다. 하늘은 빌딩 사이로 올려볼 때보다 훨씬 넓고, 해도 달도 지나는 궤적이 보였다. 언덕 위의 숲은 큰비가 와도 많은 눈이 쌓여도 수선떨지 않았다. 딱히 쫓길 일도 없으니 마음도 편했다. 그런데 이상한 일이다. 그 여유가 조바심으로 바뀌는 데는 그리 오랜 시간이 걸리지 않았다. 바삐 뛰도록 길든 몸으로 느슨한 환경에 적응하기가 생각보다 쉽지 않다.

  강아지와 함께 산책길에 나서면 논둑길을 걷는 것이 보통이다. 나무 한 그루 없는 무논 들판은 볼품없이 넓기만 하고, 촘촘히 줄지어 서 있는 벼포기는 죽은 듯이 조용하다. 심기고, 자라서, 열매 맺어, 베일 때까지 반년, 하루 이틀 사이의 작은 변화를 감지할 수 없으니 활력도 없다. 볏논을 처음 대하는 것도 아닌데, 왜 이렇게 무기력해 보일까? 맞부닥쳐 실랑이 벌일 일 없음이 서로 닮아 그런 것은 아닐까?

  집 베란다에서 건너다보이는 언덕 위의 숲도 죽은 듯 조용하다. 바람이 찾아와 흔들어주기 전에는 미동도 없는 어른 나무 아기 나무, 무엇을 바라고 저렇게 주야장천 서 있는 것일까? 숲을 마주 대하기 답답하면, 들판을 가로질러 뻗어간 도로 위로 눈길을 돌린다. 멀리 작게 보이지만 쉬지 않고 내닫는 자동차들, 그 무리를 따라 함께 달려갔다 되돌아오기를 반복한다. 한참을, 멍하니 선 채로.

  벽촌의 여름날은 지리해서 죽겠을 만치 길다. 동에 팔봉산, 곡선은 왜 저리도 굴곡이 없이 단조로운고? 서를 보아도 벌판, 남을 보아도 벌판, 북을 보아도 벌판, 아— 이 벌판을 어쩌라고 이렇게 한이 없이 늘어 놓였을꼬? 어쩌자고 저렇게까지 초록색

하나로 되어 먹었노? —이상 「권태」 부분

'물속 걷기'를 시작했다. 의사의 권유도 있었지만, 단순한 일상에 변화가 필요해서였다. 상태가 나빠진 무릎 때문에 헬스클럽 운동을 중단하니 시간이 지천이다. 무엇이라도 집중할 일거리를 찾아야 했다. 근처에 건설 중인 체육관이 개장되기를 기다려 달려간 이유다. 아쿠아워킹(aqua walking), 실내 풀장 25m 레인 물속을 천천히 걸어서 오가는 단순한 반복운동이다. 걷는 방법도 특별할 게 없고, 운동량도 많지 않아 성에 차지 않지만, 매일 거르지 않는다. 잃어버린 생활 리듬을 되찾기 위해서이다.

호기심에 부풀어 시작한 운동, 시간이 지나면서 지루해지기 시작한다. 땀을 뻘뻘 흘리는 운동이라야 효율적일 것이라는 선입견 때문일 터이지만, 바뀔 기미가 보이지 않는 풀장 분위기가 답답증을 부추긴다. 너울도 흐름도 없는 고인 물, 여름에도 겨울에도 한결같이 28°C를 유지하는 수온, 밤이나 낮이나 바뀔 줄 모르는 인공조명. 하지만 근본적인 이유는 변화도 발전도 없는 운동 방법인 것 같다. 제법 연륜이 쌓였는데도 걷는 방법은 첫날의 그것과 달라진 것이 없다. 별생각 없이, 한 시간여 동안, 가슴까지 차오르는 물속에서 기계적으로 천천히 발걸음을 옮겨 놓을 뿐이다. 음악에 맞추어 일사불란하게 춤을 추듯 율동하는 건너편의 아쿠아로빅(aquarobics) 팀을 부러워하면서. 그런데도 성에 차지 않는 물속 걷기를 2년 가까이 이어가고 있다. 새로운 것을 찾아 도전하기를 즐기던 그 패기는 어디로 숨어버린 것일까?

> 소는 식욕의 즐거움 조차를 냉대할 수 있는 지상 최대의 권태자다. 얼마나 권태에 지질렸길래 이미 위에 들어간 식물을 다시 게워 그 시금털털한 반소화물의 미각을 역설적으로 향락하는 체해 보임이리오? ─이상 「권태」 부분

일을 내려놓은 뒤에도 한동안 시간에 쫓기는 일상은 계속되었다. 밖으로는 사회복지시설과 성당의 봉사팀을 따라다니며 거들기도 했고, 안으로는 개인 운동에 열을 올리며 균형 잡혀가는 몸매를 비춰보며 흐뭇해하기도 했다. 틈틈이 글쓰기 모임에 참석하는 것도 흥미로운 일이었다. 지금은 정해놓고 하는 일이 없다. 함께 어울릴 이웃은 없고, 딱히 매달려 할 일도 없다. 성당은 주말 미사나 봉헌하는 곳이 되었고, 복지관도 도서관도 어디 있는지 찾아볼 생각조차 하지 않고 지낸다. 그날이 그날 같은 변함없는 나날들, 하루해가 길다.

무엇이 되었든, 이 만만치 않은 싸움을 유리하게 이끌어갈 대책이 필요하다. 지방 정부에서 운영하는 복지시설 '평생교육진흥연구회'를 기웃거린다. 이번에는 혹시 봉사 받을 기회라도 있는지 알아보기 위함이다. 마침 '독서와 토론의 하모니'라는 강좌를 개설

운영할 계획이라는 정보를 얻는다. 앞뒤 생각해볼 겨를 없이 강좌에 참여하기로 작정한다. 그래도 예상되는 수강자는 어떤 사람들인지, 강좌 운영의 기본 틀은 어떤 것인지, 알아보아야 할 일들이 적지 않다. 인터넷을 통해 강좌 내용을 꼼꼼히 살피고. 전화로 담당 직원과 상담하고, 현장 확인을 위해 방문하고…. 어떻게 시작하여 어떻게 자리매김하든, 성공적인 권태 탈출 기회가 되기를 기대한다. 《에세이스트》 2025년 3·4월호

●
윤성근
2005년 《현대수필》 등단 skyun0058@hanmail.net

| 평설 | **권태, 그 현대적 불안** | 신상조 |

어진 사람은 고요히 명상을 즐기며 살고, 지혜로운 사람은 고귀하고 위대한 일을 꿈꾼다. 어진 사람은 오래 살고, 지혜로운 사람은 즐겁게 산다는 공자의 말을 현대인들에게 곧이곧대로 적용해본다면 어떨까? 그런 맥락에서라면 오늘날 물보다 산을 좋아한다는 어진 사람을 찾아보기란 힘들지 않을까 싶다.

공자는 '명상'과 '고귀하고 위대한 일'을 대비한다. 여기서 전자를 무위(無爲)로, 후자를 무위와는 상반되는 '활동'으로 놓아본다면 이해하기 빠를 것 같다. 말인즉슨 어진 사람을 찾아보기 힘들다는 말은 현대인들이 무위를 견디지 못한다는 뜻이기도 하다. "노동과 성과를 통해 삶을 지각"하는 데 익숙한 우리에게 활동을 결여하는 삶이란, 곧장 자신이 '아무도 아닌 자(nobody)'라는 부정적 결론에 도달하게 만든다. 철학자 한병철은 『관조하는 삶』에서 "활동이 인간의 실존을 남김없이 흡수한다. 그리하여 인간의 실존은 착취 가능하게 된다."라고까지 지적한다. 거칠게 비교한다면 '명상'은 무위와 관조의 삶을 일컫고, '고귀하고 위대한 일'이란 고작 현대자본주의 시스템 속에서 '호구'가 되어 기꺼이 착취당하는 활동적 삶에 불과하다.

윤성근의 「권태 vs 권태」는 도심을 떠나 한가한 농촌으로 옮겨온 지 몇 해가 지나지 않아 끔찍하도록 권태를 경험하는 일상을 그리고 있다. 그가 이상의 산문 「권태」를 제목과 본문에서 직접 인용하는 이

유도 "벽촌의 여름날은 지리해서 죽겠을 만치 길다"라는 이상의 심정에 십분 공감해서다. 윤성근의 글은 "시간과의 싸움에서 강펀치를 맞고 널브러져 있다."라는 다소 과격한 어조로 시작한다. 흔히 '널부르지다'로 잘못 사용하기도 하는 '널브러지다'는 몸에 힘이 빠져 몸을 추스르지 못하고 축 늘어진 상태를 나타내는 동사다. 자기에게라면 모를까, 아무에게나 함부로 사용하기는 곤란한 표현이다. 이는 '널브러지다'라는 단어가 비속한 뉘앙스를 가졌다는 증거다. 이처럼 작가가 도입부에서 굳이 비속어를 선택한 데는 두 가지 이유가 있겠다. 강렬하게 시작함으로써 독자의 관심과 흥미를 끌자는 게 첫째고, 그만큼 시골에서의 권태가 지긋지긋함을 나타내기 위함이 둘째다.

그렇다면 작가는 왜 시간과의 싸움에서 패배한 걸까? 시골에서의 시간, 퇴직 후의 시간이라는 상대를 몰라도 너무 몰랐던 게 이유라면 이유다. 아니다. 자신이 노동과 성과에 철저하게 길이 든 현대인임을 (아마도) 심각하게 의식해 본 적이 없어서다. 그런 의미에서 시골에서의 권태를 이야기한 작가 이상은 한국 문학에서 자본주의 체계에 적극적으로 순응한 최초의 근대인이라고 할 수 있다.

「권태 vs 권태」는 관조와 무위의 삶을 견디지 못하고 조급해하거나 무기력해지는 우리의 현대적 '불안'을 돌아보게 만든다. 다만 필연적이지 않음에도 이상의 글을 장황하게 인용하면서 따로 문단 처리까지 한 게 걸린다. 제목의 의미를 형식화하기 위함이겠으나, 이 글의 주인공은 모름지기 윤성근의 '권태'여야 하지 않겠는가.

남편의 방

김경혜

　남편의 검정 니트 목폴라가 눈에 들어왔다. 방문 앞 턱걸이 봉에 세로로 걸려 있어 반만 보이는. 이상하게 자꾸 시선이 갔다. 저 이미지에 왜 마음이 끌렸을까.

　38년째 함께 살고 있는 사람. 목폴라의 모습처럼 남편의 반만 알고 있는 것은 아닐까 하는 생각이 스쳐갔다.

　니트 목폴라에 청바지를 즐겨 입는 그는 참 열심히 산다. 친구들은 모두 은퇴했음에도 아직 자신의 일터에 머문다. 이른 아침부터 저녁까지.

　나에 대해 간섭하지 않는 것처럼 자신 또한 간섭받지 않고 살기를 원한다. '따로 또 같이'의 삶은 합리적이기도 편안하기도 하지만 종종 외로움을 부른다. 다정다감하게 서로를 챙겨주는 부부를 보면 부러울 때도 있다. 그런 그와 살다 보니 내 외로움이 안개처럼 집안 곳곳에 퍼져 있는 듯하다. 바람 부는 날 창문을 열면 잠시 걷히기도 하지만 새로운 안개가 그 자리를 메우는 데는 그리 오랜 시간이 걸리지 않는다. 그럼에도 나는 내 서재에서 혼자 삶의 퍼즐 조각을 이리저리 맞춰보려 애쓴다. 잃어버린 조각들도 있고 도저히 위치를 알 수 없는 조각들도 생겨날 테지만….

그도 나처럼 외로움을 느낄 테지. 잠만 자는 공간이 되어버린 자신의 방에서보다 회사의 자기 방에서 더 쉼을 누리고 있는지도 모르겠다. 그러다 마음이 외로움으로 물들 때면 뛰러 나가려나. 전에 그가 말했다. 달리다 보면 어느새 무념무상의 상태가 되어 편안해진다고.

마치 그를 본 듯 걸려 있는 옷에 감정이 투영된다. 그의 표상 앞에서 내 감정을 들여다보게 되는 것이 어째 좀 쓸쓸하고도 민망하다. 그러나 요즘 내 안에 가득한 공허함을 표현하기 딱 좋은 대상이 말을 걸어오다니…. 서둘러 카메라 셔터를 누른다.

어째서였을까. 문득 오래전에 읽었던 이기호의 짧은 소설 「아내의 방」이 떠오른다.

아내에 대해, 엄마에 대해 묻지 않는 가족. 아내는 마치 투명인간처럼 존재하며 가족들의 삶에 필수적인 것들을 충족시켜주는 역할을 해낸다. 언젠가부터 베란다로 자신의 거처를 옮긴 아내. 유리문을 사이에 두고 간이침대에서 책을 읽고 빨래를 개고 아파트 앞 동의 불 켜진 주방에서 일하는 아내들을 바라보고 TV를 쳐다보다 잠든다. 참다못해 남편이 소리 지른다. "그게 뭐하는 짓이냐고, 그게 무슨 청승이냐고." 하지만 남편은 아내가 "몸에 열이 많아서, 여기가 편해서 그런"다고만 하니 말문이 막힌다며, 그 같은 상황에 대해 "다른 문제가 전혀 없으니까요"라고 말한다.

그런 아내가 '목이 늘어난 티셔츠' 한 장만을 건조대 위에 남겨 놓고 사라진다. 가족들이 거실에 있을 때 현관문 여는 소리도 없이 연기처럼. 뛰어내린 줄로만 안 남편은 1층 정원부터 살펴보았으나 아내의 흔적은 발견되지 않았다. 집안 그 어디에서도. 아무도 그런 상황을 믿어주지 않을 거라며 실종신고조차 망설이는 남편. 그런 남편은 '정말 자신의 아내가 빨래가 되어버린 거냐고, 정말 무엇이 잘못된 것인지 알 수 없다'고 항변한다.

소설 속 아내의 모습이 나인 듯도 하고 내 친구의 모습인 듯도 해 읽는 내내 가슴 가득 눈물이 고였다. 날마다 조금씩 스며든 외로움과 불안에 잠식당한 채 아내는 자기도 모르게 존재가 사라진 것은 아닐까. 유리창 너머로 바라다본 가족과 자신과의 거리. 있어도 없는 듯 없는지조차 알지 못하는 그곳에서 빠져나와 자신을 찾아 나선 것일 수도…. "목이 늘어난 티셔츠가 건조대 위에 놓여 있었다."는 구절에서 내 마음이 역할의 옷을 벗어 놓은 그녀의 마음에 잇대어졌다. 어쩌면 많은 아내들의 마음이 그랬을지도. 잇닿은 마음들이 밤새 수런거렸을 그날의 슬프고도 아릿한 정경이라니.

목폴라 사진을 보다 갑자기 소설 속 건조대 위에 걸쳐져 있던 '목이 늘어난 티셔츠'와 목폴라가 오버랩되었다. 그동안 남편은 자신의 존재가 야금야금 사라지는 것을 느끼면서도 소설 속 남편처럼 '가장은 돈 버는 일에 매진해야 맡은 바 책임을 다하는 것'이라 생각하며 약해지려는 자신을 달리기로 다잡았을까. 그는 달리며 자신에게 묻어 있는 불안과 고독을 털어냈을지도 모르겠단 생각이 들었다. 목이 늘어난 티셔츠의 주인공은 내가 아니라 남편이라는 생각과 함께.

남편의 방에 불을 밝혔다.

목소리가 들리는 듯했다. '혼자 마음대로 생각하지 말고 저 옷 좀 제자리에 걸어 달'라고 하는…. 《데일리한국》 사색수필 2025년 3월

●

김경혜
2020년 《계간수필》 등단 / 수필집 『발칙하고도 외로운 상상』
hae-kim@hanmail.net

| 평설 | **부부, 역할과 존재의 관계** | 유 종 인 |

    부부에 관련한 익숙한 말들은 여럿이다. 부부일심동체니 부창부수니 부부유별이니 하는 말들은 오늘날에 들어선 사뭇 다른 뉘앙스를 자아내기도 한다. '님이라는 글자에 점 하나만 찍으면 남이 되는' 유행가 가사도 섬뜩하지만 태연하게 불려지기도 한다. 시대의 부부관(夫婦觀)을 반영한 여러 쇼츠 같은 영상물도 신박하게 회자되기도 한다. 거기서 파생된 용어들. 졸혼이니 황혼이혼이니 쇼윈도 부부니 하는 말들. 부부의 삶이 오래될수록 서로 웅숭깊어지고 공감되지 않고 부박해지는 이유는 무엇일까. 여러 개인적 성향 혹은 사회경제적 요인들이 복합적으로 작용한 탓일 것이다.

    그런데 부부 사이의 가장 큰 불화와 갈등과 버성김의 원인은 서로에 대한 마음자리가 잘 잡히지 않는데 주로 찾곤 한다. 김경혜의 「남편의 방」은 부부의 방의 별실이지만 어느 순간 오롯한 각자의 방으로 독립된 듯하다. "따로 또 같이'의 삶은 합리적이기도 편안하기도 하지만 종종 외로움을 부른다"는 화자의 언술은 부부관계의 묘미는 합리성에만 기댈 수 없다는 감성적 추인을 드러낸다. "남편의 방"의 문턱 턱걸이 봉에 반으로 접혀 걸려 있는 "검정 니트 목폴라"는 그런 의미에서 이해와 용인의 관점으로 넘어가기 전의 소슬한 거리감과 격조(隔阻)의 상관물로 서늘하고 오롯하다. 그럼에도 아내인 화자의 눈길이 남편의 방 문턱을 처연히 넘나들며 자신의 외로움을 새삼 추인하듯 되새기는 심정은 중년 이후 부부 공통의 심리적 공유물인지도 모른다.

나눌 수 있는 것과 나눌 수 없는 것. 어느 순간 자신도 모르게 뼛속 깊이 자리한 외로움이라는 괴물의 완강한 몸부림들. 일상화된 고독의 배(船)가 접안해 있는 집안은 각자화(各者化)된 고유한 공간를 점유하지만 그와 동시에 우리라는 사랑의 존재는 쓸쓸히 퇴조기의 조짐을 갖는 공간으로 변질되기도 한다. 물론 이건 하나의 기우에 불과한 기분상의 퇴조일지도 모른다. 어쩌면 화자가 남편의 방이나 방 문턱 위에 걸린 남편의 옷을 통해 환기시키고자 하는 것은 고립된 감정이 아니라 이해와 동정으로 짠 감정의 니트 같은 연민의 방직물인지도 모른다.

비록 소설가의 「아내의 방」은 어느 순간 감쪽같이 실종된 아내의 존재에 대한 미스터리를 통해 아내라고 하는 역할의 의미를 묻는 것에 여전히 화자는 경도돼 있지만 말이다. 그럼에도 "걸려 있는 옷에 감정이 투영"되듯 혹은 "목폴라 사진을 보다 갑자기 소설 속 건조대 위에 걸쳐져 있던 '목이 늘어난 티셔츠'와 목폴라가 오버랩"시키듯 부부의 관계는 부분의 관계가 아니다. 역시 우리가 유교적 덕목처럼 여기던 역할의 관점만이 오롯한 것만도 아닐지도 모른다.

부부라는 각자의 역할이 어느 시점에 시효가 다하고 그 느낌마저 시들해질 때 우리는 그윽이 저마다의 존재를 묻게 된다. 각자의 존재가 처절해질수록 우리는 외로움이라는 원망에 휩싸이고 이를 상대방에게 투사(projection)하려는 경향에 매몰되곤 한다. 그런 의미에서 김경혜의 「남편의 방」은 어느 부부 일방의 공간에 대한 단정이 아니라 형식적 역할을 넘어선 존재를 품으려는 실천적 기미를 담고 있다. 아파야 아픈 사람의 심리적 근저(根底)와 몸 상태를 헤아리듯이 부정적 상황은 그 자체로 부정적인 것만은 아니다. 아내는 남편을 새삼 알아가려 하고 남편은 그런 아내를 다시 바라보게 될지도 모른다. 이해는 다시 열리고 마음은 새삼 돈독해질 기미를 갖는다. 즉 상대방이 지닌 취향의 내면성(inner depth)을 알아가고 그걸 활성화시켜 주는 용기, 글은 존재는 존재를 불처럼 안온하게 쬐야 한다는 사실을 스스로 똥기려는 뉘앙스가 자자하다.

섬에 들다

이춘희(봄희)

바다가 출렁이며 바람의 이야기를 쓴다. 간간이 떠 있는 섬은 푸른 문장에 마침표를 찍어 글을 단단히 여미고, 때로는 쉼표가 되어 여백을 넣는다. 바닷물이 지구를 떠날 듯이 요동치다가도 제자리로 돌아올 수 있는 것은, 심지 깊은 섬이 붙들고 있어서일지도 모른다.

바다는 삶의 터전이었다. 처음 만났던 엄마의 바다는 좁았지만 평온하고 고요했다. 엄마와 이어지던 탯줄이 끊어지면서, 나는 끝없이 너른 바다에 떠 있는 섬이 되었다. 안과 밖은 양지와 음지만큼이나 달랐다. 파도에 실려 온 매서운 바람이 때때로 몸을 빙상(氷像)으로 만들었다. 파도에 거세게 부딪힐 땐 살점이 떨어져 나갔다. 그래도 손을 내미는 이 하나 없어 '아무도'가 내 이름인가 싶었다.

네 살짜리 오빠가 지금의 내 이름을 지었다. 나를 보고 이웃집 아기 이름 부른 게 호적에 올라갔다. 그마저도 떳떳하게 불리지 못하고 이웃은 파란 대문집 막내딸 혹은 ○○○ 동생으로 나를 불렀다. 아들이길 바랐는데 다섯째 딸이 태어났으니, 부모님이 얼마나 서운했을까. 고등학생이 되었을 때, 엄마는 겸연쩍게 웃으며 무거운 마음을 털어냈다.

이름뿐만 아니라 무엇이든 새것을 손에 쥐기 어려웠다. 작아진 언니 옷을 내려 입고, 오빠 검정 고무신도 물려 신었다. 꿈속에서 새 옷과 꽃고무신을 수없이 입고 신었다. 내가 나를 가꾸어야 한다는 생각이 조금씩 마음속에 자리 잡았다.

'아무도'의 땅을 비집고 죽순처럼 꿈을 내밀었다. 쑥쑥 자라 댓잎 소리로 노래를 만들고 곧은 기상으로 하늘만큼 높아지기를 바랐다. 세상은 한기와 폭염, 가뭄과 센바람으로 싹의 생장을 막았다. 주변 섬으로 달려가는 파도의 힘을 줄이고, 거세게 부는 바람의 속도를 늦추는 것이 '아무도'인 나의 역할이라고 낮아진 자존감이 속삭였다.

학창 시절, 나의 일상은 늘 종종걸음이었다. 세상 얼굴을 더듬기 시작한 중학교 때, 도둑같이 찾아온 암 덩어리가 아버지의 온기를 앗아갔다. 친구들보다 일찍 홀로서기 발자국을 뗐다. 밤잠을 장학금과 바꾸고, 대학 등록금 마련을 위해 하루하루를 아르바이트로 채웠다. 벼르고 별러야 책 한 권 읽고, 영화 한 편 볼 수 있었다.

마침내 '아무도'가 바다 위에 견고하게 섰다. 담임교사를 적는 난에 내 이름을 적었다. 다시 태어난 기분이었다. '○○○ 선생님'을 들을 때마다 가슴이 떨렸다. 사회의 한 자리에 나의 존재를 심는 것 같아 뿌듯했다. 사춘기 학생들을 가르치며 앞날의 설계도를 그렸다. 잔잔한 파도를 즐기는 것도 잠시, 남편이 출근길을 막아섰다. 어렵게 들어선 아이를 잃을지 모른다는 노파심 때문이었다.

전업주부가 되었다. 운동화를 하얗게 씻고 구두를 광나게 닦으며 아이들과 남편의 꿈을 응원했다. 나는 구겨진 바지를 펴는 다리미가 되고 얼룩진 일상을 빼는 세탁기가 되었다. 다행스럽게 아이들은 잘 자라주었다. 잦은 병치레로 병원을 학교처럼 드나들던 큰 아들은 건강의 파수꾼이 되었다. 순한 형이 다칠세라 방패막이 역할을 하던 작은아들은 컴퓨터 보안 전문가로서 검은 손의 침입을 막는다. 허투루 보낸 날이라 생각했는데 '○○○ 엄마' 속에 내 이름이 진하게 음각되어 있었다.

어느 날, 마트에 들렀다가 TV에서 중학교 때 단짝 친구를 보았다. 그녀는 지방 행사에서 축사를 낭독하고 있었다. 유능한 사업가가 되어 지역을 위해 봉사도 하는 그녀를 보니 심장이 마구 뛰었다. 앳되던 얼굴에 생긴 주름이 세련된 옷매무새와 어우러져 중후한 멋을 자아냈다. 자신의 이름을 날리는 그녀가 마냥 부러웠다.

집으로 돌아오자마자 거울 앞에 섰다. 손가락빗으로 쓸어 넘긴 머리와 후줄근한 바지, 화장기 없는 모습이 영락없는 부엌데기였다. ○○○ 엄마, 아줌마에 익숙해져 동사무소에서 이름이 불릴 때는 한참 있다가 대답하는 경우가 많았다. 나는 관심받지 못하는 그저 '아무도'였다. 바닷물에 침식되어도 묵묵히 서 있는.

마음을 더듬어보니 또 다른 섬이 보였다. 남은 꿈을 위해 '그래도'에 발을 내디뎠다. 눈길을 돌리지 않았던 나 자신을 찬찬히 살펴보았다. 학창 시절 수북이 쌓인 낙엽 밑에 묻어둔 꿈이 생각났다. 틈나는 대로 문학소녀로 돌아갔다. 책을 읽고 일기를 쓰며 죽순의 마디를 튼실하게 만들었다. 거침없이 성장하여 잎이 무성한 대나무가 되기를 바랐다.

자그락자그락, 차르르차르르, 파도와 자갈이 몸을 부대끼는 소리는 '그래도'의 배경음악이다. 낮과 밤을 넘나들며 각진 마음의 돌을 깨부수고 갈기를 얼마나 거듭했던가. 가슴 깊숙이 만들어진 몽돌 덕에 나는 오뚝이가 되어 다시 일어난다. 이제는 바람이 불 때마다 댓잎을 비벼 나만의 노래를 연주하는 꿈을 꾼다.

'아직도'라는 섬, 아직도 개나리색 원피스를 입고 벚꽃이 흐드러지게 핀 봄 길을 나풀나풀 뛰어다니고 싶다. 낙엽 지는 플라타너스 아래 앉아 라이너 마리아 릴케의 시를 읽으며 '하루하루 일어나는 그대로 살아가라.'라는 문장에 밑줄 긋는 상상을 한다.

섬을 두른 백사장에 노을빛이 내려앉는다. 푸른 대숲 아래 달맞이꽃이 바람에 살랑인다. 댓잎의 노래로 바뀐 바람이 지나간다. 아직도 꿈을 안고 백사장에 앉아 금모래를 줍는다. 언어의 모래밭에서 주운 반짝이는 단어로 문장을 엮는다. 자음과 모음으로 꿴 목걸이를 걸고 하얀 파도를 맞는다.

원초적인 섬 '아무도'에 앉아 마음을 추스르고 '그래도'에서 희망의 씨앗을 주우며 '아직도'에서 꿈을 엮는다. 거센 물길에 휩쓸려 떠내려가는 나를 잡아주고, 뒤울이*가 몰아칠 때 포근한 외투가 되고, 가라앉는 용기를 일으켜 세운 것은 마음의 바다에 떠 있는 섬이었다.

지금도 시나브로 섬에 들며 인생의 무늬를 그린다.

《문장》 2024년 가을호

* 뒤울이: 북쪽에서 불어오는 바람.

●
이춘희
2019년 《문장》 등단 lspring15@daum.net

| 평설 | **나의 이름을 찾아서** | 한 혜 경 |

이름은 한 사람의 삶의 지향점을 함축시킨, 세상에서 가장 짧은 시라고 할 수 있다. 이름을 불러줌으로써 '몸짓'에 지나지 않던 존재는 의미 있는 '꽃'으로 거듭난다.(김춘수 「꽃」) 그래서 아기의 이름을 지을 때, 그 삶이 순탄하고 가치 있기를 소망하는 마음을 담아 짓기 마련이다.

그런데 네 살짜리 오빠가 이웃집 아기 이름을 부른 게 호적에 올라갔다면? 그마저도 온전하게 불리지 못하고 '파란 대문집 막내딸', 'ㅇㅇㅇ 동생'으로 불렸다면?

이춘희의 「섬에 들다」는 아들이길 바랐는데 다섯째 딸로 태어나 환대받지 못했던 아이가 이름을 찾고자 애써온 삶의 기록이다. 남아선호사상 때문에, 결혼 후에는 자식을 위해 자신의 꿈을 접어야 했던 수많은 여성 서사의 계보에 들어갈 수 있는 이야기를 이춘희는 '아무도', '아직도', '그래도'라는 표현을 활용해 자신만의 서사를 인상적으로 완성시킨다.

'아무도' 관심 주지 않는 환경에서 '그래도' 주저앉지 않고 '아직도' 남은 꿈을 펼치는 여정은 '노력-성취-좌절-다시 노력'의 구조로 이어진다. 일찌감치 '내가 나를 가꾸어야 한다는 생각'을 품고 "'아무도'의 땅을 비집고 죽순처럼 꿈을 내밀었"고, 꿈을 이루기 위해 '종종걸음'으로 살아왔다. "밤잠을 장학금과 바꾸고 대학 등록금 마련을 위해 하루하루를 아르바이트로 채웠다." "벼르고 별러야 책 한 권 읽고, 영화 한 편 볼 수 있"을 정도의 고투 끝에 'ㅇㅇㅇ 선생님'이란 뿌듯한 이름을 얻는다.

하지만 아이를 잃을지 모른다는 남편의 노파심으로 어렵게 얻은 이름을 포기한다. 전업주부가 되어 자신의 꿈 대신 아이들과 남편의 꿈을 응원했다. 아이들은 훌륭한 성인으로 자랐으나 자신은 'ㅇㅇㅇ 엄마' '아줌마'로 살았음을 깨닫게 된다. 그리하여 묻어둔 꿈을 위해 '그래도'에 발을 내딛는다. '오뚝이'처럼 다시 일어나, '아직도'라는 섬에서 릴케의 시를 읽으며 문장을 엮는 꿈을 꾼다.

그리고 세상이 "한기와 폭염, 가뭄과 센바람"으로 매번 그의 꿈을 막았음에도 분노나 원망 없이 담담하게 서술함으로써, 묵직한 감동의 파동을 일으킨다. 각진 돌이 몽돌이 되기까지, "바닷물에 침식되어도 묵묵히 서 있는" '아무도'를 벗어나기까지, 얼마나 긴 시간 인내하고 분투했을지 고스란히 전달되기 때문이다.

자신을 찾는 순례의 끝에서 "나의 주인은 나 자신"이라고 천명한 제인 에어처럼 환대하지 않는 세상에 무너지지 않고 자신의 이름을 찾아가는 작가, 거센 물결이 몰려와도, 뒤울이가 몰아쳐도 꿋꿋하게 직면하며 '나만의 노래'를 완성하는 꿈을 이룬 "심지 깊은" 작가에게 진심으로 존경과 응원의 마음을 보낸다.

바닥, 그 깊은 언어

김종희

    불면의 모서리가 돌아눕습니다. 어둠은 경계가 없고 눈빛은 더욱 또렷해지기만 합니다. 하얀 뼈가 드러난 앙상한 밤, 좀처럼 채워지지 않는 잠의 언어를 기다립니다. 어쩌면 기다림이란 물기 빠진 등에 흐르는 입김 같은 것일지도 모릅니다.

    경매 물건이 있다는 지인의 짧은 편지를 받았습니다. 경매라는 말에 잎 떨군 마른 나무를 보는 듯했습니다. 이리저리 바람에 팔랑거릴 이파리 하나 건사하지 못한 창백한 나무의 비쩍 마른입이 경매라는 이름으로 비틀거렸습니다. 파리하게 드러난 맨살 위로 집행영장 같은 붉은 딱지가 덕지덕지 붙었을 나무를 생각하면 경매는 참으로 잔인한 언어입니다. 그래서인지 경매 물건이 있다는 말에 나는 보트피플이 된 한 가정이 떠올랐습니다.

    삶의 과정이야 저마다 다르지만 누구든 그만큼의 무게를 지고 살아갈 테지요. 그 대상이 무엇이었든 어깨에 눌러 붙은 무게로 차라리 그 자리에 주저앉고 싶을 때도 있습니다. 움직일수록 아니 몸부림칠수록 점점 수렁으로 빠져들 때, 처지를 원망하게 됩니다. 원망은 비난을 낳고 비난은 비관을 낳으며 마침내 감정의 극단으로 몰아갑니다. 그런 순간이 오면 차라리 물처럼 흘러가도록 힘을 빼는 게 살아남는 길입니다. 흘러가는 일은 바닥으로 가는 길입니다.

바닥은 지난한 삶이 응집된 세계입니다. 그런 까닭으로 바닥은 탄탄합니다. 바닥이란 위를 향한 계단이기 때문입니다. 바닥은 끄트머리가 아닙니다. 바닥은 가장자리가 없습니다. 가장자리가 없다는 것은 구분하지 않는다는 의미와 같습니다. 그것은 모든 것이 나오는 근원이기 때문입니다. 근원으로서의 바닥이니 당연 응축과 응집이 교직으로 결구되리라 짐작해봅니다.

삶이 무엇이냐 물어본다 해도 명확한 대답을 할 수 없지만 살아있다는 것은 추상명사가 아니라 부지런히 걸어야 하는 동사 아닐까요. 바다를 만나는 일은 모든 것을 받아들일 때라야 가능합니다. 그것은 수용입니다. 운명과 숙명 사이 자아라는 끈을 놓지 않은 결과입니다. 대범하게, 호탕하게, 그럼에도 불구하고 존재자로서 삶을 발견할 때 비로소 만나게 되겠지요. 가장자리가 없는 바다를 생각하면서 무변루(無邊樓)를 세워 부릅니다.

회재 이언적이 이십 대에 정립한 '태극무변론'은 조선성리학의 터를 열었습니다. 회재는 탄핵과 유배라는 삶의 바닥을 만났습니다. 이제는 사라진 형벌 가운데 하나인 유배는 주로 반란죄에 해당되는데 이는 정치적 사형을 의미합니다. 모든 익숙한 것으로부터 분리되어 생과 사의 갈림길에 선 유배자의 삶은 매 순간 불안함으로부터 자유로울 수 없었습니다.

그러나 유배지에서의 삶은 또 다른 세계로의 길을 열어가는 창이 되기도 했습니다. 생의 가장 절박한 순간 엄습하는 불안함 가운데서도 결코 삶의 끈을 놓지 않았던 지식인들의 삶. 그들은 닫힌 세계에서 또다시 열린 세계로 나아가고자 했습니다. 유배는 절망이고, 좌절이고 삶이 끊어지는 현실입니다. 그러나 그 좌절의 시기에 자신을 가다듬은 학자들은 오히려 이를 전화위복의 계기로 삼았습니다. 그리고 보면 유배는 버려지는 시간이 아니라 오히려 생을 빛낼 수 있는 소중한 시간이었습니다. 주어진 현실이 녹록지 않을 때 우리는 흔히 절망을 경험합니다. 그러나 절망을 어떻게 인식하고 극복하는가에 따라 삶의 시간은 달라집니다. 생은 서로의 바닥으로 만나 더욱 성숙해지는가 봅니다.

내 터를 갖는다는 것은 정박할 공간이 있다는 안정감이겠지요. 그러나 생사의 경계를 지켜보면 그 터라는 것이 때로 얼마나 허무한 것이던가요. 평생을 일궈낸 터를 두고 결국은 소멸되고 마는 것이 생이잖아요. 생의 모든 것을 정박했던 터가 경매에 내몰린 현실은 어떤 말로도 위로가 되지 않습니다. 냉혹한 시장에 팔리는 불안한 눈빛의 난민으로 전락하는 순간이기 때문입니다. 그럼에도 살아있다는 것은 바닥을 향한 길 찾기를 하는 것입니다. 중력이 없는 우주의 유영처럼 그럴 때 시간의 흐름에 그냥 나를 맡겨야겠지요. 마침내 바닥에 발이 닿을 때까지….

바닥을 힘차게 발 구르기 할 때 삶은 상승합니다. 이것이 있어야 저것이 드러나듯 바닥이 밀어 올리는 삶의 그 깊이는 아무도 모릅니다. 불면의 밤, 바늘 없는 시계에 고여 있을 잠의 바닥을 봅니다. 바다, 그 깊은 언어에 경의를 표합니다. 《수필오디세이》 2024년 겨울호

●
김종희
1999년 《농민신문》 신춘문예 등단 / 수필집 『슈만의 문장으로 오는 달밤』
『돌탑에 이끼가 살아있다』 외 4권 vin0203@naver.com

| 평설 | **언어, 사유를 이끄는 변환의 에너지** | 이 방 주 |

언어는 마음의 문을 여는 열쇠이다. 마음은 원하지 않아도 언어라는 거울에 비쳐진다. 언어가 사유를 이끌고 사유가 언어를 유도한다. 언어와 사유는 상호작용을 하면서 성장한다. 언어로 인해 성품이 격을 갖추고 성품에 따라 언어가 품격을 지닌다. 언어로 과거를 고백하고 현재를 다짐하고 미래를 맹세한다. 언어가 세계를 인식하는 도구라는 말은 언어가 사고를 지배한다는 말로 이해된다. 언어는 표현과 이해하는 도구일 뿐 아니라, 언어습관에 의해 사고가 변환하고 성숙한다.

김종희의 「바닥, 그 깊은 언어」는 언어와 사유의 관계를 제재로 언어가 사유를 이끄는 변환의 에너지라는 주제를 형상화하였다.

언어의 연상 작용에 의해 정신적 불면의 밤이 바닥을 치고 변환하고 상승하는 과정에서의 심리를 묘사와 비유를 통해 그려냈다. 작가는 경매 물건이 있다는 지인의 편지를 받고 붉은 딱지가 붙어 나부낄 것 같은 '경매'라는 잔인한 언어가 발단이 되어 절망으로 향하는 연상이 시작된다. 연상이란 하나의 어떤 관념에 의해 다른 관념을 불러일으키는 심리작용이다. 작가는 마치 혼자 하는 브레인스토밍처럼 인접해 있는 다른 사물이나 관념을 연상한다. 경매의 심정은 '창백한 나무의 비쩍 마른 나뭇잎'이라는 이미지에 투영된다. 경매에서 '붉은 딱지'라는 언어의 잔인성을, 거기에서 '보트피플'을 연상한다. 경매는 삶의 과정에서 있을 수 있는 일이라는 논리적인 사유 없이도 '무게' '수렁'으로,

거기서 다시 '원망' '비난'을 낳고 비난은 감정의 극단인 '비관'으로 몰아가게 된다고 했다. 비관은 바닥에 이르는 길이다. 생각이 비관에 이르면 '차라리' 바닥으로 흘러가게 두는 것이 낫다고 생각한다. 여기에 물이 바닥으로 흘러가는 물의 법칙이 보인다.

작가는 바닥을 '지난한 삶이 응집된 세계'라고 규정한다. 바닥의 이미지는 탄탄하고, 끄트머리가 아니고, 가장자리도 없는 근원이며 응축과 응집으로 결구되어 있다고 했다. 응축이 결이 되고 응집이 올이 된다는 말이다. 바닥에 이르면 누구든 삶의 근원적 물음을 갖게 된다. 언어라는 거울에 비친 자신의 모습에서 모순을 발견하고 모든 것을 '수용'하게 된다. 이를 통하여 가치 있는 존재로 자아를 재구성한다. 존재자가 존재로 나아가는 변환과 성장이 이루어지는 모습을 보면서 우리는 박수를 보낸다. 여기에 수필적 상상의 미감이 숨어있다. 작가는 이쯤에서 바닥의 깊은 의미를 한 번 더 강조한다. 이언적이 탄핵과 유배를 겪고 현실적 자아의 수용을 통하여 닫힌 세계에서 열린 세계로 나아가 성숙에 이르는 서사 한 꼭지를 삽화로 들여온 것이다. 이 삽화는 '바닥'을 만나 힘차게 발 구르기를 할 때 삶의 의미가 상승하는 결과에 설리(說理)를 더해준다.

이 작품은 '바닥'이라는 언어의 본질적 속성을 추구하여 언어가 사유를 이끄는 변환과 성숙의 에너지라는 깊은 의미를 극명하게 드러내는 데 성공한 것으로 평가할 수 있다.

푸른 슬픔

노상비

  배들이 듬성듬성 떠 있는 마산 앞바다, 하늘까지 온통 파랗다. 가만히 바라본다. 바다의 하얀 포말을 바라보는 나의 몸과 마음이 푸른 슬픔으로 가득하다. 그녀가 다가온다. 내 앞에 와 마주 앉는다. 강희…. 맘껏 울고 싶었는데 저녁노을이 아름다워서인가 왠지 마음이 평온해진다.

  잘 지내고 있니?

  나는 손을 내밀었다. 그러나 내 손에는 아무것도 닿지 않았다.

  소식이 궁금해서 전화를 걸었다. 2년 만이었다. 그런데 전화를 받지 않았다. 왜일까. 궁금한 마음에 그녀 남편의 전화번호를 다시 눌렀다. "강희가 지금 없어요. 몇 달 전에 세상을 떠났어요." 전화기를 잡은 두 손이 마구 흔들렸다. 위암으로 고생하다가 떠났다는 것이다. 그와 무슨 이야기를 나누었는지 기억이 안 났다.

  "마산 앞바다에 뿌렸어요."

  그녀가 그리울 때마다 마산 앞바다가 떠올랐다. 그녀의 고향 앞바다이다. 그런데도 가기가 힘들었다. 어느 면으로는 두려웠다. 마음속으로 수없이 뒤척이다가 마침내 용기를 냈다. '이 마음이 끝나려면 마산 앞바다를 가야만 한다.' 마산으로 가는 버스 안에서 나는 울렁거리는 마음을 달래며 과거로 돌아갔다.

대학 입학 때부터 시작된 교내 시위는 해가 거듭되어도 끝나지 않았다. 어느 날, 합동 수업 시간에 우리는 수업을 거부하고 강당으로 모였다. 하나둘 울분을 지닌 채 모였지만 아무도 앞장서지를 않았다. 어느 순간 강당이 꽉 찼다. 그때 강희가 앞으로 나갔다. 그녀는 조동진의 <작은 배>라는 노래를 불렀다. 아주 작은 소리로 부르던 노래는 합창이 되어 강당을 울렸다.

작은 배가 있었네
아주 작은 배가 있었네
작은 배로는 떠날 수 없네
아주 멀리 떠날 수 없네

이 가사를 부를 때는 모두 자리에서 일어나 교정 밖으로 나갔다. 대열의 앞에는 그녀가 있었다. 우리에게 '작은 배로는 안 돼. 작은 배를 타고는 저 희망의 땅으로 갈 수가 없어.'라고 외치는 것 같았다. 누군가 그녀의 남자 친구가 이미 수감되어 있다는 이야기를 전했다.

강희를 다시 만난 것은 몇 해 뒤 도서관에서였다. 공부한다고 도서관에 왔는데, 우리는 만나면 복도 창가에서 머리를 맞대고 남자 친구들 이야기만 했다. 그녀도 나도 녹록하지 않은 사랑에 열중해 있었기 때문에 누군가의 위로와 지지가 필요했던 시기였다. 그때 그녀의 사랑은 보기만 해도 눈에 통증이 왔다. 남자 친구를 면회 가는 어두운 뒷모습이 아직도 기억난다.

어느 날, 강희가 내 자취방으로 왔다.

"몸이 아파."

"잘 왔다. 좀 쉬어라. 내가 밥상 차려올게."

그런데 밥을 못 먹었다. 위가 아프다는 것이다. 그렇게 2박 3일을 내 자취방에 있다가 갔다. 자다가 깨어 보면 강희는 컴컴한 방 구석에 쪼그리고 앉아 있었다. 잠을 못 잤다. 나중에 알았다. 그날 공판에서 남자 친구가 사형을 선고받았다는 것을….

바닷가를 걷는다. 고즈넉한 노을이 아름답다. 그리움을 바다에 모두 던지고 나니 노을 속에 마산 앞바다가 친근해진다. 체취가 느껴지는 듯하다. 그녀의 품으로 돌아온 느낌이랄까. 잘 웃던 모습도 떠오른다. 그 순간 무슨 소리가 들려온다. 그 소리는 바다 저편에서 내 안으로 걸어 들어왔다.

'후회 없어.'

훅하고 가슴이 떨려왔다. 나는 지금도 잘 모르겠다. 그 목소리가 그녀의 것인지 내 안의 울음인지.

강희의 결혼 청첩장을 받았던 순간이 생각난다. 한참을 청첩장을 내려다보고 있었다. '잘했어.' 나 혼자 이야기했다. 희망 없는 사랑은 저쪽 편에서 속절없이 흘러가고 있었을 뿐이었다. 그녀가 새로운 사랑을 선택한 후에 우리는 자주 만날 수 없었다. 모든 무대에서 사라졌다. 동창회에도 나오지 않았다. 사랑하는 사람을 끝까지 지키지 못해 일생 죄인처럼 숨소리도 안 내고 살았다. 아마 내 마음이 아픈 것은 그 부분인 것 같다. 어쩌다 만나도 우리는 지나간 시절은 서로 이야기를 하지 않았다. 숨이 가쁜 삶 속에 잠깐 만나 손을 잡고 웃었을 뿐이다.

그래도 한 번쯤 물었어야 했다. "네 위는 괜찮니?"라고. 그녀는 사랑을 지키느라 위병을 앓았다. 수감된 남자 친구를 만나고 오면 늘 몸이 아팠다. 음식을 먹고 나서 항상 가슴을 부여잡았다. 그러더니 결국 위암으로 떠나버렸다.

한참을 해변에 앉아서 바다의 바람을 고스란히 맞는다. 후회가 없다니, 편안한가. 그렇게 생각하니 나도 마음이 편안해진다.

'후회 없으면 됐어.'

바다는 밀려오는 어둠에 그 빛이 점점 사라져 간다. 이제 푸른 바다의 슬픔은 끝나간다. 그랬으면 좋겠다. 나는 마산 앞바다를 떠나면서 뒤를 돌아보지 않았다. 《한국산문》 2024년 6월호

●

노상비
2018년 《한국수필》 등단 / 수필집 『초록애상』 『살구빛 오후』
heasook@sookmyung.ac.kr

평설

후회 없는 삶에 바치는 푸른 송가(頌歌)

한 혜 경

한 여성이 있었다. 교내 시위가 거듭되던 대학 시절, 아무도 앞장서지 않는데 '작은 배'를 노래하며 대열의 앞에 섰던 강희. 그런데 수감된 남자 친구가 사형을 선고받자 고통으로 몸이 허물어진다.

한껏 푸르러야 할 청춘이 위가 아파 밥을 먹지 못하고 잠을 자지 못한다. 훗날 새로운 사랑을 선택해 결혼을 했지만, "사랑하는 사람을 끝까지 지키지 못해 일생 죄인처럼 숨소리도 안 내고 살았다." 모든 무대에서 사라진 채 살아간 나날은 그녀의 위를 더욱 학대했으리라. 결국 위암으로 이 세상을 떴다.

노상비의 「푸른 슬픔」은 강희의 죽음을 뒤늦게 안 벗의 애절한 별사(別辭)이다. 생의 어두운 터널을 함께 지나온 벗으로서 강희의 삶을 복기하는 이 글은 격하게 끓어오르는 붉은 울음이 아니라 수면 깊이 가라앉아 슬픔과 아픔을 아로새긴 '푸른' 빛으로 채색되어, 오래도록 마음을 울린다.

강희의 사랑은 "보기만 해도 눈에 통증이 왔"을 정도였으므로, 그녀의 결혼 청첩장을 받고 작가는 "잘했어." 지지를 보낸다. 그러나 작가의 바람과는 달리, 이후 삶에서도 마음의 평화를 얻지 못했다고 할 수 있다.

"마산 앞바다에 뿌렸어요." 마산 앞바다는 강희의 고향이면서 최종 정착지가 되었다. 이곳에 와서 작가는 강희를 회상하면서 그리움과 슬픔을 모두 바다에 던진다. "네 위는 괜찮니?" 한 번쯤 물었어야 했는데 그러지 못한 미안함도.

그 순간 들리는 소리, "후회 없어." 이 말은 자신에게 주어진 삶을 피하지 않고 최선을 다해온 자만이 할 수 있는 말이다. 부조리한 시대의 회오리를 정면으로 마주하느라 '잘 웃던 모습'을 온전히 누리지 못했고, "사랑을 지키느라" 죄인처럼 살았던 친구의 생이 존엄한 삶이었음을 뜻하는 말이다. "후회 없으면 됐어." 작가의 답은 이를 다시 한번 확인시킨다.

그러자 편안함이 찾아온다. 친구가 그리우면서도 두렵기도 하여 "수없이 뒤척이다가" 찾아간 바다에서 작가는 마침내 평안에 도달한다. 이로써 이 글은 별사를 넘어, 신의와 사랑을 지키는 난제를 온몸으로 겪어낸 이에 바치는 송가(頌歌)로 완성된다. 아울러 작가가 치르는 치유의 의식(儀式)이기도 하다.

이제 푸른 빛은 슬픔을 뒤로 하고 평온과 희망으로 나아간다. 바다는 고통과 그리움, 미안함을 흘려보내고 사랑과 평화로 출렁이고 있다.

로고스의 물임을

이호윤

    수필 교실 수강 첫날. 잠들어 있던 오래된 욕망에 눈떠 마침내 글 쓰는 일에 나선 첫 발걸음이었다. 라디오에선 때마침 흥겨운 노래가 흘러나왔다. 오늘이 새로운 삶의 시작일지 모른다는 작은 설렘과 떨림으로 운전대를 잡은 두 손에 힘을 주었다. 돌아가신 엄마가 알면 얼마나 좋아하실까? 그 순간 보석처럼 반짝이는 것들이 보였다. 차 유리에 알알이 맺힌 작은 물방울들이 햇빛을 받아 빛나고 있던 것이다. 거짓말처럼 맑은 하늘에선 소리도 없이 빗방울이 떨어지고 있었다. 엄마! 나도 모르게 탄성을 내뱉었다. 그것은 엄마의 반짝이는 눈물이었다. 내 출발을 축하해 주는 기쁨의 눈물. 엄마를 잃은 슬픔이 가벼워지는 느낌이었다.

    몇 해 전부터 부쩍 나는 내 안의 물이 마르는 것을 느껴왔다. 강물이 말라버려 바닥을 드러내듯 생명의 물이 내게서 서서히 빠져나가는 중이다. 12만 km에 이른다는 혈관이지만 작디작은 몸속에 있으니 그 과정은 순식간에 낱낱이 드러난다. 생명 유지에 가장 영향을 덜 미치는 피부와 작은 물줄기인 눈 혈관부터가 시작이었다. 각막이 찢어지고 발바닥도 갈라졌다. 물이 부족하니 피는 끈적해지고 온갖 곳에 염증이 들러붙는다. 촉촉해야 할 연골에마저 수분이 부족하고 활동에 제약을 받으니 로고스는 말할 것도 없고 영혼의 건조함마저 느껴지기 시작한다. 아주 조금씩 저 멀리 바다로 돌아갈 준비를 해야 한다고 로고스가 내게 속삭인다. 오랜 시간이 걸리겠지만 필시 나는 바다로, 물로, 자연으로 돌아가야겠기에 순순한 마음이다. 마당의 흰 목련도 물을 거두어 돌아갔듯이 내게도 그때가 다가오고 있음이니. 목련도 나도 숨 탄 모든 것들도 강물과 바다와 한가지로 돌고 도는 중이다.

오늘 오후에도 그날처럼 비가 왔다. 조용한 거실에 혼자 앉아 있던 나는 문득 본능적으로 차오르는 물기를 느꼈다. 두터운 커튼을 걷고 베란다로 나가 보니 새하얀 구름이 떠가는 맑은 하늘에서 굵은 빗방울이 소리 없이 떨어지고 있었다. 신비로웠다. 창문을 활짝 열고 얼굴을 내미니 열어젖힌 온몸의 세포마다 물기가, 생명의 힘이 빨려 들어오는 것만 같다. 거울을 보지 않아도 촉촉한 내 얼굴엔 생기가 돌고 있으리라. 비는 마치 마중물처럼 내 몸속 물줄기를 끌어올리고 있으므로. 나는 물, 로고스의 물이다.

인간을 일컬어 '소우주(mikros kosmos)'라 불렀던 데모크리토스의 '원자들'은 더할 수 없이 쪼개진 작디작은 물방울들이 아닐까 하고 상상한 적이 있다. 소우주인 우리 몸속에서 끝없이 흐르며 움직여 결합과 해체를 계속하는, 생명이게 하는 원자 말이다. 물질적 존재인 원자로는 영혼의 경계를 찾을 수 없다는 한계에 부딪혔던 데모크리토스가 그래서 나는 안타까웠다. 만약 그가 진실에 아주

가까이 다가갔던 것이라면? 무릇 과학이란 증명해 내는 바로 그 순간까지는 그저 이론에 불과한 것이니 알 수 없는 일 아닌가. 소우주 속의 초미세한 물 원자들이 바로 로고스를 담은 생명이라면? 물은 우리가 생각하는 단순한 물이 아닐지도 모른다.

동서양을 막론하고 신화에 나오는 이승과 저승의 경계는 언제나 강이다. 그리스 신화의 레테강은 이승의 마지막 기억을 말끔히 씻어내기 위해 영혼들이 허겁지겁 마셔야 했던 생명의 물이기도 했다. 살아서는 육체에 머물고 죽어서는 영혼을 어루만지는 신비로운 물.

작은 우주인 내 몸속에서 물은 끝없이 작용하며 새로운 피를, 뼈와 근육과 혈관과 온갖 호르몬과 체액 등 수없이 많은 물질과 에너지를 만들어낸다. 그는 또한 대우주의 호수요 강물이며 바다다. 언제고 호수로 강으로 바다로 돌아가는 빗물처럼 소우주인 나 역시 그러하겠지. 내 안에도 그 물이 흐른다. 내가 곧 빗물이요 강물이며 바다인 것을 깨닫는다. 제각기의 흐르는 시간으로 저마다의 길로 수많은 로고스의 물이 바다로, 하늘로 돌아가는 것도.

하늘과 별과 바람과 땅 그리고 숨 탄 모든 것들에는 물기가 스며있다. 뿌옇게 병든 하늘의 얼굴을 씻어주고 외롭게 떠도는 바람의 눈물이 되어 주고 땅 위의 숨탄것에게는 생명을 불어넣어 준다. 바다는 그렇게 오랫동안 하늘이었고 바람이었고 강이었다. 그리고 땅 위의 모든 숨탄것들까지도 모두 물이었다. 나도 물이다. 그 일체감에 가슴이 벅차오른다.

  돌이켜보니 먹고 마신 모든 것 중에 좋은 물만 있진 않았다. 약이든 술이든 몸에는 틀림없이 독이었을 그것들. 내게, 바다에게 무슨 짓을 하며 살았는지 몹시 미안하다. 내 몸속 오염된 피가 낯선 이물질로 더럽혀진 비좁고 낡은 혈관을 무사히 통과하기를. 그리고 마침내 내가 돌아갈, 그리고 내게 돌아올 호수가, 강이, 바다가 건강하기를 기도한다.

  그러면 혹시 먼 훗날 나 역시 먼바다에서 돌아와 내 딸에게 꿈결인 듯 비 되어 속삭일 수 있으려나? 《수필미학》 2024년 봄호

●

이호윤
2021년 《한국수필》 등단 sugarqn1203@naver.com

| 평설 | **로고스의 물, 인간과 우주의 존재 원리** | 이 방 주 |

"먼 훗날 먼바다에서 비가 되어 돌아와 꿈결인 듯 내 딸에게 속삭일 수 있으려나."

「로고스의 물임을」의 작가 이호윤은 이렇게 소망한다. 이 한 줄의 문장에 시간과 공간, 자연과 인간, 그리고 우주의 순환 원리를 담아냈다. 평범한 일상에서 인간과 우주의 존재 원리 즉 로고스를 체득한 철학 수필이다.

작가는 '로고스의 물'이라는 하나의 화두에 두 줄기의 사유를 담았다. 하나는 '내 안의 물줄기가 마르는' 고통이다. '생명의 물'이 빠져나가서 활동에 제약을 받는다. 이렇게 육체의 메마름은 '영혼의 건조함'까지 불러온다. 그래서 물은 육체와 영혼을 존속시키는 원소임을 깨닫는다. 빗방울을 바라보면서 다시 생기를 찾는다. 비는 마중물이 되어 '내 몸속 물줄기를 끌어올리고' 있는 에너지이며 로고스의 물임을 확인한다.

또 한 줄기의 사유는 대우주에 스며 있는 물기의 근원적 원리이다. 물기는 대우주의 별, 땅, 모든 숨탄것들에게도 생명을 불어넣어 준다는 사실을 깨닫는다. 바다도 본래는 산이었고 강이었고 작게는 인간의 눈물이었다는 사유에 이르게 된다.

두 줄기의 사유는 작은 물방울로부터 시작하여 결국 하나도 통합된다. 물방울은 기쁨이든 슬픔이든 누군가의 영혼인 눈물로부터 시작되어 빗방울이 되고, 강이 되고, 바다가 된다. 자연이 메마르면 육체가 메마르고 그것은 다시 영혼의 메마름을 불러오면서 끊임없이 순환한다. 소우주인 인간이나 자연을 넘어 대우주는 모두 초미세한 물 원자로부터 시작되는 것이 존재의 원리이므로 '로고스의 물'이라 한 것이다.

고대 그리스 철학자 탈레스(Thales)는 '만물의 근원은 물'이라고 했다. 존재와 현상의 근본 원리가 물이라는 말이다. 물이 단순한 근원적 물질이라는 의미만은 아니라고 본다. 이와 달리 헤라클레이토스(Heraclitos)는 '만물의 근원은 불'이라고 했다. 탈레스는 근원을 말했고, 헤라클레이토스는 변화를 말한 것으로 보인다. 동양의 오행상생원리로 이해하면 사물은 개별적으로 존재하는 단순한 존재가 아니라 유기적으로 서로 영향을 주면서 변화하는 통합적 존재라는 의미이다. 자연과 우주의 모든 현상과 인간의 육체와 정신세계는 이성이 중심이 되는 로고스의 원리에 의해 운용되고 순환하며 영속한다.

철학을 주제로 하는 수필은 자칫 논리에 매몰되기 쉽다. 그런데 이 작품은 일상의 체험에서 인간과 우주의 존재 원리를 통섭하는 사유로 천착해낸 작품이다. 가령 우리네 일상에서 내뱉는 한마디 말이나, 권하는 한잔의 커피도 로고스의 물일 수 있다는 생활의 철학이다. 관계와 존재의 세계에서 일거수일투족이 다 로고스의 물이라는 깨우침을 주는 작품이다.

오늘도 봄동

정옥순

봄동 겉절이를 했다. 정성껏 씻어 소금에 살짝 절여 물기를 빼고 액젓에 불린 고춧가루를 넣고 마늘도 다져 넣었다. 콧노래가 절로 나왔다.

"봄동아,/ 볼이 미어터지도록 너를 먹는다// 오랜만에 팔소매 걷고 밥상 당겨 앉아/ 밥 한 공기 금세 뚝딱 해치운다만/ 네가 봄이 눈 똥이 아니었다면/ …너처럼 당당하지 못하고….''(황상순, 「봄동아, 봄똥아」에서)

봄동을 '봄'이란 강아지가 쪼르르 길 가다가 눈 연둣빛 똥이라고 노래한 시인의 정취에 웃음이 절로 난다. 봄동을 좋아하는 나도 시인처럼 봄동만 보면 밥상 당겨 앉아 밥 한 공기 뚝딱 해치운다. 마지막 '너처럼 당당하지'라는 구절이 나의 심장을 뛰게 한다. 나도 한때 봄동처럼 당당하게 추운 삶을 맞이했던 때가 있었다.

김장철이 끝난 후 결혼했다. 직장 때문에 남편과는 주말부부로 지내며 시어머니와 살았다. '시'자가 들어가는 가족관계도 시어머니와 단둘이 먹는 밥상도 낯설었다. 시어머니의 손맛과 입맛에 따라 식탁이 차려졌다. 시어머니는 신김치를 좋아하셨다. 특히 푹 익은 김치를 좋아해서 김칫독에서 조금씩 꺼내 부엌에서 일부러 삭

히곤 했다. 반면 나는 겉절이를 좋아했다. 금방 무쳐낸 겉절이 한 입 먹으면 남편 없는 허전함도 채워질 것처럼 간절했으나 시어머니의 밥상 앞에서 내색할 수 없었다.

2월 말쯤 식탁에 봄동 겉절이가 올랐다. 저절로 입꼬리가 귀에 붙었다. 하얀 쌀밥 위에 봄동 한 잎 얹혀 먹으니 굳었던 마음도 말랑해지고 외로움도 참을 만했다. 봄동은 질긴 듯하지만 아삭아삭 씹히는 소리도 좋고 씹을수록 달큰하고 고소한 맛이 올라와 사탕 한 알 입에 문 듯 입안 가득 봄 향기가 퍼진다. 내 인생에도 곧 봄이 오겠지. 마음의 낯가림도 벗어났고 새 생명도 품었다. 마음이 봄동 고갱이처럼 노랗게 꽃피었고 헤벌쭉 웃었다. 그런데 주말부부에 지친 남편이 빨리 돈을 모아 함께 살자며 해외 파견근무를 나갔다. 2년만 기다리라는 말을 남기고.

남편이 떠난 후에 나도 청주에서 강화도로 직장을 옮겼다. 다시 모든 것이 낯설었다. 내륙지방에서만 살다가 처음 겪어보는 섬지방 특유의 강한 말투와 배타적인 태도에 혼란스러웠다. 위액까지 토해내는 심한 입덧은 나를 더 힘들게 했다. 저녁이면 팽팽하게 긴장한 배를 감싸 안고 집 근처의 작은 시냇가를 걸었다. 길을 따라 배추밭이 넓게 펼쳐져 있었다. 초록의 풋풋함은 외로움에 힘들어하는 내게 희망의 빛을 보여주는 듯도 했다.

김장철이 끝나자 배추밭은 을씨년스러웠다. 알찬 배추들은 보란 듯이 밑동만 남기고 사라졌다. 속없는 것들만 띄엄띄엄 남아서 선택받지 못한 설움에 고개를 떨구고 있었다. 밤이면 얼고 낮이면 녹기를 반복하다가 체념한 듯 널브러진 배추는 겨울 시린 눈발을 뒤집어쓴 채 숨을 죽였다. 위로의 노래를 불러주던 시냇물조차 꽁꽁 얼어 소리를 낮췄다. 누구의 돌봄도 받지 못하는 그것들이 불쌍해서, 내가 너무 고단하고 추워서 눈물이 났다. 동료들이 은근히 따돌리는 것을 느낄 때면 시꺼먼 숯덩이가 되어 폭삭 무너져 버릴 것만 같은 마음을 들키지 않으려 퍼렇게 분노하며 자존심을 꼿꼿이 세웠다.

힘이 잔뜩 들어간 일상에 지쳐갈 때 구멍 난 마음의 허기를 채워준 것이 봄동이었다. 날것의 자존심을 우걱우걱 씹으며 쌉쌀하고 거친 맛으로 새겨진 냉엄한 현실을 내 안에 받아들였다. 사람들이 버려졌던 배추의 맛을 알고 봄동을 찾을 때가 되면 겨울은 거의 끝나간다. 나의 힘든 시간 또한 그랬다. 겨울이 지나자 그들도 나를 받아들였고 나도 그들에게 동화되어 갔다.

시어머님은 봄동을 보면 "니 생각이 난다."고 했다. 이유를 여쭤보면 "그냥 니가 잘 먹으니까."였으나 속으로는 어떤 생각을 하셨을까. 넉장거리로 땅에 납작 누워 속없이 부실한 봄동 같기만 한 며느리가 걱정되지는 않았을까. 동료들과 원만치 못한 인간관계를 드러내며 저녁밥도 안 먹고 방으로 들어가기도 하고, 아이를 보며 해맑게 웃다가도 밤이면 이국땅에서 온 남편 편지에 숨죽여 우는 며느리의 아슬아슬한 마음 밭을 염려하셨으리라. 되돌아보면 칠

십 년을 살았던 고향을 떠나온 시어머니의 공허감이 나보다 더 컸을지도 모른다. 그럼에도 불구하고 가리산지리산하며 낯선 사람들 틈새에서 허둥대는 며느리를 지켜보면서 언젠가는 단단한 김장 배추처럼 속이 꽉 찬 사람이 되길 바라셨겠지. 신김치처럼 숙성되었다면 더 좋아하셨을 텐데.

봄동 속엔 늦가을 남겨진 서러움 한 움큼, 날것의 자존심 한 움큼, 외로움에 울던 내 눈물 한 움큼, 그리고 "봄동을 보면 니 생각이 난다"는 돌아가신 시어머니의 다정하고 따뜻한 목소리도 들어있다.

그래서 난 오늘도 봄동 겉절이에 마음도 양념으로 넣는다.

《한국수필》 2024년 1월호

정옥순
2019년 《한국수필》 등단 jos1213@naver.com

| 평설 | **날것에서 숙성으로** | 이 방 주 |

'우리는 늙어가는 것이 아니라 조금씩 익어가는 겁니다.'

노사연의 히트곡 <바램>의 노랫말이다. 맞다. 우리는 갖가지 고통을 이겨내면서 날것에서부터 조금씩 익어가는 것이다.

수필은 일상에 대한 인식을 철학적으로 해석하여 아름다운 언어로 형상화하는 문학이다. 형상화 과정에 문학적 구성이 필요하다. 수필을 철학과 문학 사이에 있다고 하는 이유가 여기에 있다. 수필은 짧은 산문이기에 구성은 필요하지 않다고 생각할 수도 있다. 그러나 오히려 작가의 사유를 밀도 있게 짧은 산문에 담아내려면 치밀한 구성이 절실하다. 구성은 어려운 것이 아니다. 깊은 사유만 있으면 자연스럽게 이루어진다. 정옥순의 「오늘도 봄동」은 치밀한 구성으로 일상에 대한 철학적 해석을 서정적 언어에 담아 형상화하여 독자의 가슴에 잔잔한 공명을 불러온 작품이다.

이 작품에는 세 가닥의 서사가 나란히 존재한다. 봄동의 겨울나기, 수필적 자아의 외로움 견뎌내기, 시어머니의 며느리 바라보기가 그것이다. 봄동은 추위를 견디어 풋풋한 초록으로 '겨울나기'를 하고, 작가는 남편과 떨어져 시어머니와 살면서 입덧을 겪어야 하는 외로움을 견디어 노란 고갱이 같은 마음이 된다. 시어머니는 고독을 참으며 새 생명을 잉태하는 며느리를 바라보면서 스스로도 숙성해간다. 세 가닥 서사는 날것이 숙성해가는 과정을 통하여 이렇게 하나로 수렴된다.

봄동은 '선택받지 못한 설움'으로 '밤이면 얼고 낮이면 녹으'면서 '시린 눈발'에 '숨을 죽이고 널브러진' 배추이다. 남편과 함께하지 못하는 작가가 지니고 있는 날것으로서의 자존심은 시린 눈발에 숨을 죽이는 봄동을 보면서 '내가 너무 추워 눈물'을 참지 못할 정도로 공감한다. 봄을 맞아 아삭하고 달큰하고 고소한 봄동 겉절이를 먹으면서 '냉엄한 현실을 내 안에 받아들이'고 하나로 동화된다. 날것의 자존심이 말랑하게 익어 숙성한 것이다. 익은 김치만 좋아하던 시어머니도 봄동을 좋아하는 며느리의 속내를 이해한다. 결국 세 가닥의 서사는 '신김치처럼 숙성되어' 하나로 동화된다.

깊은 사유와 문학적 상상은 자연스러운 구성을 이루어낸다. 「오늘도 봄동」은 이야기 전개가 자연스러워서 단순한 듯하지만 전략적 사유로부터 기인하는 매우 치밀한 구성이 숨어 있다. 작가는 봄동이라는 대상을 오감을 통하여 물리적 속성을 감지한다. 그리고 봄동의 '겨울나기'는 자아가 이겨내야 하는 외로움을 비추어보는 거울로 삼는다. 봄동이 지닌 물리적 속성에서 우리네 삶의 원형 상징성을 찾아냈기에 가능한 사유이다. 즉 냉엄한 현실을 받아들이는 동안 성숙하고 변환한다는 삶의 철학으로 개념화되었다는 말이다.

이 작품은 자아와 봄동과의 상관성을 연결하는 서사가 단단한 유비구조로 주제를 진하게 드러내는 한편, 우리네 공동심의를 뒤흔드는 서정적 목소리로 깊은 울림을 주었다.

달의 뒷면

장은경

　단양행 완행열차에서 처음 본 남자에게 쪽지를 받은 적이 있다. 아주 오래전 기억이라 정확하진 않지만 난 책을 읽고 있었고 그 남자는 내 옆인지 앞인지 앉아서 무엇인가 쓰고 있었다. 자주 손목시계를 들여다보며 제천쯤인가에서 내리려는 듯 짐을 챙긴 남자는 뭔가를 적은 종이 한 장을 내밀었다. 서울에 있는 모 대학 중어중문학과 학생이라고 이름 없이 자신을 소개한 후 내게 주고 싶어서 시를 적어 보았다고 했다. 얼떨결에 종이를 받아 든 내가 머뭇거리고 있는 사이에 그 남자는 시야에서 사라졌다. 시는 소동파의 「적벽회고(赤壁懷古)」의 일부분이었다. 멋 부려 쓴 듯한 단정한 필체였다.

　　마음은 고향을 향해 가니/ 다정한 사람들은 나를 보고 웃겠지/ 벌써 머리가 세어버렸냐고
　　인생은 꿈과 같은 것/ 한 잔 술을 강물 속의 달에게 부어 주네.

　나의 한숨이 그에게 전해졌을까. 소리 없이 울고 있던 나를 본 것일까. 단양엔 외면하고 싶은 엄마가 있었다. 그리고 그즈음 시작

된 첫사랑이라 믿었던 뜨거운 감정은 너무 아팠다. 가끔 그 남자에게 받은 시를 읽으며 왜 나에게 이 시를 줬을까 궁금했다. 인생이 꿈과 같다니, 시가 주는 여백의 시간에 달에게 술을 따르는 상상을 하면 왠지 든든한 친구가 생긴 느낌이 들었다. 집 근처 한강대교 위에서 강물을 보면 달빛은 취한 듯 비틀거렸다. 비틀거리는 달빛에 기도하며 수없이 많은 이야기를 했다. 나는 토끼 옆에 선명한 암스트롱의 발자국을 알고 있었지만, 달의 신령스러운 힘을 믿었다. 그때는 지구의 자전과 공전 사이 신도 정하지 않은 틈 그곳에 나의 달이 있었으니까.

1969년 7월 21일 미국 유인 우주선 아폴로 11호가 달에 착륙했다. 착륙하는 순간을 보고 싶은 사람들의 관심은 미국 역사상 가장 높은 시청률로 나타났다. 달에 대한 막연한 환상과 서정을 간직한 수많은 이들의 꿈이 깨지는 순간이기도 했다. 나의 생일은 그해 8월이다. 달과 내가 어떤 연관성이 있다면 달은 누군가에 의해 세상에 실체를 드러낸 것이고 나는 스스로 만삭의 배에서 세상으로 나온 일이다.

360도 회전하며 자전하는 지구와는 달리 달은 지구 쪽으로 앞면만을 보여주며 동주기자전을 한다. 달의 앞면엔 크고 작은 혜성의 충돌로 만들어진 약 1만 개의 운석공이 있다. 물과 공기가 없고 기상현상이 전혀 없는 달의 특성상 10억 년 전 운석공의 흔적들도 고스란히 간직되어 있다.

우리가 토끼라 믿어왔던 것이 달의 상처임은 이미 밝혀진 사실이다. 그러나 과학 기술이 발달하지 못했다면 인간은 영원히 달의 앞면만을 응시하며 토끼와 두꺼비, 계수나무, 절구 등의 존재를 믿었을 것이며 지금도 누군가는 달빛에 염원을 모아 이루고자 하는 꿈을 수없이 그곳에 보내고 있을 것이다.

어릴 적엔 달에 토끼가 산다고 믿었다. 보름달을 그릴 땐 언제나 커다란 토끼와 절구를 그렸다. 달은 늘 보름달에서 하현달로 크기를 달리하며 토끼를 보여주고 둥그러졌다가 기울어졌다. 달엔 그냥 토끼가 떡방아를 찧고 있었다.

2024년 6월 2일 중국의 '창어 6호'가 달의 뒷면에 착륙했다. 2019년 '창어 4호'가 달의 뒷면에 착륙만 했다면 이번엔 토양 샘플을 채취하는 데 성공을 한 것이다. 1969년부터 미국, 소련, 중국은 달의 앞면을 탐사하고 토양을 채취했다. 이번에 중국이 토양 표본 1.935kg을 가져온 사건에 다른 나라의 관심이 쏠렸다. 관심의 이유는 핵융합 발전의 원료인 '헬륨3'가 100만 톤가량 묻힌 달의 경제적 가치에 세계가 반응한 것이다. 헬륨3는 1g이 석탄 40t과 비슷한 에너지를 낸다고 한다. 지금보다 과학 기술이 발전한다면 달의 광물로 얻어지는 에너지를 사용할 날이 머지않아 올 것이다. 그런 날이 온다면 풍요롭게 달의 자원을 누리며 살 수 있을지 궁금하다. 그동안 우리의 삶과 공존한 달이 주었던 이야기와 빛만으로도 충분히 달의 가치를 누린 것이 아닐까 하는 생각이 든다.

지나온 세월을 거슬러보면 나는 앞면에 그려진 무늬만을 보이려고 달의 자전을 선택했다. 내가 외면하고 살아온 뒷모습엔 수없이 많은 운석공이 있을 것이다. 받은 상처보다 훨씬 증폭되어 봉인된 기억이 스스로 무늬를 그렸을지도 모르겠다.

인생이 꿈과 같은지 어렴풋이 알 것 같은 요즈음 단양행 완행열차에서 만난 그 남자가 떠올랐다. 누구도 볼 수 없을 거라 생각했던 나의 뒷모습을 잠시 스치듯 만난 남자는 보았을까? 아마도 소동파가 따라준 술잔을 받아 마신 남자가 엄마에 대한 미움과 풋사랑에 신열을 앓던 나의 뒷모습을 보았을 것이다.

가끔 한 잔 술을 강 속의 달에게 따라준다. 달엔 내가 그려 넣은 토끼와 절구, 계수나무, 두꺼비가 선명하다. 달이 숨는다. 무의식이 지배하는 꿈길을 비추던 달빛, 그 몽환적인 밝음에 깃든 고요가 사라지는 시간이다. 《한국산문》 2025년 1월호

●
장은경
2010년 《한국산문》 등단 jang6059@hanmail.net

평설 | **종도 안 쳤는데 내게 온 빛**　　　　　　　　　한 혜 경

시간이 흐른 뒤 문득 깨달아지는 일들이 있다. 라이너 쿤체의 시구를 빌려 표현한다면, 종도 안 쳤는데 빛이 와 잠자고 있던 나의 눈꺼풀을 들어 올렸구나, 그리고 그 빛을 가슴에 품고 살았구나, 불현듯 알게 되는 때가 있다.

장은경의「달의 뒷면」은 바로 그런 발견에 대한 글이다. 아픔으로 들끓던 젊은 날 스쳐 지나갔던 사건을 오래된 사진첩에서 꺼내와 들여다본다. 아주 오래전 단양행 완행열차 안에서 일어난 일. 글은 이 에피소드에서 출발해 달에 대한 설명을 거쳐, 다시 첫 장면으로 돌아오는 수미상관 구조로 이루어져 있다. 같은 상황을 다르게 받아들이는 변화를 통해 성숙해진 세계관을 읽을 수 있다.

사건은 옆인지 앞인지 앉아 있던 남자가 뭔가를 쓰더니, 내리면서 그 종이를 건넨 일이다. 거기에는 단정한 필체로 소동파의「적벽회고」의 일부가 적혀 있었다.

"인생은 꿈과 같은 것/ 한 잔 술을 강물 속의 달에게 부어주네."

얼핏 로맨틱한 영화 장면을 연상시키지만, 당시 작가는 엄마에 대한 미움과 풋사랑의 신열로 아픈 중이었으므로, "나의 한숨이 그에게 전해졌을까"가 궁금할 뿐이다. 따라서 이 일화는 이 궁금함과 시에 표현된 달에 대한 생각, 두 이야기가 뻗어나가는 시원이 된다.

먼저 달을 축으로 한 서술에서는 시에서처럼 달에게 술을 주는 상

상을 하며 '든든한 친구'처럼 여기기도 하고 달빛에 기도하며 '달의 신령스러운 힘'을 믿었음을 고백한다. 이어서 과학에 의해 밝혀진 달의 속성을 열거한다. 다소 길게 여겨지는 이 부분의 요점은 달이 지구 쪽으로 앞면만을 보여주기 때문에 그동안 우리는 달의 앞면만을 응시했다는 사실이다.

작가는 이에 자신의 삶을 오버랩시킨다. 그리하여 자신의 삶이 '앞면에 그려진 무늬'만을 보이려는 욕심에 뒷모습을 외면하고 살아왔다는 것, 그 뒷모습엔 '받은 상처보다 훨씬 증폭되어 봉인된 기억'이 무늬를 이루고 있음을 깨닫기에 이른다.

그 끝에 떠오르는 오래전 장면. 아마도 작가에겐 자신의 아픔과 상처만 보였을 젊은 날, 다른 사람의 한숨과 눈물을 본 남자를 생각한다. "누구도 볼 수 없을 거라 생각했던" 뒷모습을 본 사람, 그는 누구인가?

이제 변화된 작가는 젊은 날의 물음에 답할 수 있다. "나의 한숨이 그에게 전해졌을까. 소리 없이 울고 있던 나를 본 것일까." 비록 확신의 문장은 아니지만 "나의 뒷모습을 보았을 것이다."란 답에 도달한다. 왜냐하면 그는 "소동파가 따라준 술잔을 받아 마신" 자이므로, 겉으로 드러나지 않은 내면의 슬픔을 투시하고 상상할 수 있는 자이므로.

과학에 의해 밝혀진 사실이 '달에 대한 막연한 환상과 서정'의 자리를 밀어내듯, 작가도 오래전 '꿈길을 비추던 달빛'에서 빠져나와 현실에 단단히 발을 딛는다. 하지만 가끔은 달빛의 '몽환적인 밝음'에 기대는 것도 나쁘진 않으리라. '어두운 시간'도 많지만, 종도 안 쳤는데 다가온 빛에 눈을 뜨기도 하는 게 우리 삶이니.

그해 눈 오던 날

임미옥

부드러운 깃털들이 한들한들 내려온다. 하얀 영혼이라도 있는 듯 나풀거리는 눈은 대체 어디에서부터 오는 걸까. 끝을 알 수 없는 곳, 영원이라고 하는 그 어느 곳, 시간을 넘고 공간을 지나서 오는 눈…. 눈은, 신비를 담고 온다. 눈은, 낭만을 주고 맑은 마음이 되게 한다. 별 조각 같은 그리움들을 싣고 날리면서 내 젊은 날 순수를 떠올리게 한다.

가슴이 허허롭던 그해 겨울날, 동전만 한 눈이 종일 비처럼 퍼부었다. 약속한 적 없으나 누구라도 만날 것처럼 공연히 설렜다. 그날은 밖으로 나오지 않고는 견딜 수 없었으니, 세상을 하얗게 덮은 눈 때문이었다. 장터 '맛나당' 빵집에 들어섰다. "이게 누구야! 이렇게 만나는 행운은 눈이 주는 선물이야!" 한 남자 선배가 큰 소리로 반겼다. 나는 커다랗고 둥근 함석 난로 연통을 두 손으로 감싸 손을 녹인 후, 그와 마주 앉아 성냥개비를 쌓으며 주저리주저리 이야기를 나누었다. 무슨 대화를 나누었는지 내용은 생각나지 않지만 제법 진지하게 주고받았다. 마음을 나누는 연인 사이가 아니어도 허한 가슴을 조금 정도 채울 수 있었다.

어느 겨울에는 영화 같은 일도 있었다. 방학이라 유치원에 출근할 일도 없는데 그날도 아침부터 눈이 날렸다. 무작정 청주로 나와 눈을 맞으며 목적이라도 있는 양 성안길을 걸었다. 양화점 앞을 지날 때 충동이 일었다. 양화점에 들어가 헌 구두를 버리고 새 구두를 신고 나와 사뿐사뿐 걸었다. 그러다 극장에서 영화 한 편으로 마음을 채우고 나오니 눈송이가 동전만큼 커져서 쏟아지고 있었다. 음악다방으로 들어갔다. 쪽지에 자니 호튼의 <어느 소녀에게 바친 사랑(All for the Love of a girl)>을 적어서 뮤직 박스에 건네고는 시간 가는 줄 모르고 있다가 막차를 타게 되었다.

버스에 올라 하늘을 올려다보았다. 초저녁에 환하던 달마저 숨어버렸다. 그런데 이게 웬일! 청주에서 오십 리 되는 고향으로 가던 버스가 중간쯤 가다가는 미끄러워 더는 못 간다면서 내려놓고 가버리는 거다. 사람들이 순하던 시절이었다. 승객들 의사는 개의치 않고 한밤중 노상에 내려놓았어도 이의를 제기하는 사람은 없었다. 오히려 여기까지 데려다준 것만도 감사하다고 인사를 하는 이도 있었다.

폭설로 버스가 더는 못 가는 것이 낭만으로 여겨졌다. 부모님께 확실한 핑계를 댈 수 있었으니까. 승객 중에 낯익은 청년도 있어서 설레기까지 했다. 나는 그와 함께 설원에 취해 먼 밤길을 걷게 될 것이다. 긴 행렬 속에서 영화 같은 로맨스가 생기는 기적이 일어날지도 모른다는 기대감이 생겼다. 그도 그럴 것이, 그 청년은 아침마다 큰 기와집 대문에 기대서 내가 유치원 어린이 손을 잡고 출근하는 걸 바라보곤 했었다. 그 구간을 지날 때면 그의 시선을 뒤통수에 느끼며 지나곤 했었다.

걷기 시작하자 쏟던 눈이 멈추고 뽀얀 달님이 나왔다. 달빛에 반사돼 하얗게 빛나는 눈길을 사람들은 패잔병들처럼 터벅터벅 걸었다. 그 청년은 나보다 몇 걸음 정도 앞서서 걸었다. 그림자처럼 조용히, 무심히 걷는 그의 어깨 위로 휘영청 달빛이 쏟아져 내렸다. 걷고 걸어도 앞서 걷는 그룹과 나와의 간격이 좀체 좁혀지지 않았다. 부지런히 걸어도 내 보폭이 작아서 일행들과 점점 멀어지자 나 혼자 많이 뒤로 처지면 어쩌나 불안했다.

손목시계는 자정을 향해 달린다. 그때다. 그림자처럼 걷던 그 청년이 걸음을 늦추는 게 아닌가. 뒤를 돌아보지는 않으나 나와 속도를 맞추어 천천히 걷는 것이 분명하다. 뒤처진 내가 신경 쓰인 걸까? 남들처럼 빨리 가지 않고 걸음을 늦추는 걸 보니 내게 신경 쓰는 것이 분명하다. 그러다 보니 맨 뒤에 처진 건 우리 둘뿐이다. 그런데 그는 말하는 법을 잊어버렸나 보다. 큰 기와집 대문에 기대어 내가 출근할 때마다 바라보다가 시선이 마주치면 얼굴을 붉혀 설렘을 주더니, 오늘은 목석이라도 됐나 보다.

그는 내게 말을 걸고 싶은 의향은 없어 보였다. 내가 한걸음 뒤에 걷고 있는 것조차 모르는 사람 같았다. 길가 나무에서 잠자던 새가 푸다닥! 하고 저쪽 나무로 옮겨 가거나 풀숲에서 작은 동물이 지나는 기척이 날 때면 소스라치게 놀랐다. 백설 옷을 입은 나무들이 머리를 풀어 헤친 사람처럼 보이기도 했고, 죽은 사람이 벌떡 일어서 있는 것처럼 보이기도 했다. 온통 무서운 것뿐이라 주변을 쳐다보지 않으려고 땅만 보고 걸었다. 머리카락이 쭈뼛할 때마다 그의 팔을 잡고 같이 걷자고 하고 싶었지만 그럴 수 없었다.

그는 끝내 말을 걸어오지 않았다. 그럴 거면서 출근하는 나를 왜 바라보았을까. 큰 기와집이 다가오면 옷매무새와 머리를 만졌고, 도도한 표정으로 지나곤 했는데 말이다. 큰 기와집에는 유치원에 다니는 여자아이가 살았다. 아침마다 나를 기다리다 저만치 내가 보이면 분홍색 핀을 머리에 꽂은 아이가 뛰어오면서 "선생님!" 하고 불렀다. 나는 아이 볼에 뽀뽀해 주고는 손을 잡고 출근했었다. 그는 나를 바라본 것이 아니었나 보다. 강아지처럼 졸랑졸랑 나를 따라가는 그 아이가 귀여워서 바라보았는가 보다.

그는 누구일까. 그 아이 삼촌일까, 아니면 그 집에 세 들어 사는 사람일까. 궁금했지만 아이에게 물어보지 않았다. 물어보지 않은 것이 다행이다. 그가 바라본 게 내가 아니고 귀여운 그 아이였을지도 모르니까. 내가 물어보았다면 아이가 그에게 말할 수도 있었을 것이니까. 아이들은 엄마랑 아빠랑 부부싸움을 어떻게 했는지 여과하지 않고 유치원에 오면 다 말한다. 그날 밤 너무 무서웠어도 말을 붙이지 않은 것도 다행한 일이다. 나에게 관심 있는 줄로 착각한 것을 들킬 뻔했다.

유치원에 다니는 손녀를 둔 지금 내게, 영화 같은 그런 일이 다시 일어난다면 어찌할까. 착각이 대수냐며 내가 먼저 말을 붙일 수 있을까. 출근할 때 매일 바라본 게 누구였냐고 물어볼 수 있을까. 그랬더라면 그날 새로 산 구두가 길들지 않아서 아팠던 발이 덜 아팠을 것이고, 백설 옷 입고 귀신처럼 서 있는 길가의 나무들이 무섭지 않을 것인데 말이다. 하얀 눈은 예나 지금이나 여전히 신비를 담고 온다. 눈은 아직 그칠 기미가 없다. 《좋은수필》 2024년 1월호

●
임미옥
2013년 《동양일보》 신춘문예 등단 / 수필집 『꿈꾸는 강변』 『내 마음 아직도 그곳에』 외 2권 ohk.2226257@hanmail.net

| 평설 | **고백 없는 길에 대한 그리움** | 이 방 주 |

　사랑은 고백하는 순간부터 의무가 된다. 고백의 말은 윤리적 책임을 동반하기 때문에 용기가 필요하다. 과거의 과오를 고백하거나 미래의 다짐을 고백하는 말도 용기로부터 비롯된다. 수필은 고백의 심정을 받아 쓴 글이기에 윤리적 책임감이나 부끄러움을 넘어설 용기가 필요하다.

　임미옥의 「그해 눈 오던 날」을 읽는 동안 고백 없는 줄다리기가 가슴을 졸이게 했다. 두 청춘의 '말 걸어오기' 줄다리기의 배경은 눈 쌓인 밤길이다. '눈 내리는 달밤'이라는 배경처럼 이들의 내면은 아이러니하다. '폭설에 미끄러운 길', '달빛에 빛나는 눈길', '잠자던 새가 푸다닥' 날아가는 길을 '영화 같은 로맨스'를 기대하며 설렘과 무서움으로 걸어간다. 이들 속내에는 말 걸어오기에 대한 '기다림'과 '불안감'이 공존한다. 버스에서 함께 내린 사람들로부터 걸음을 늦추어 '맨 뒤에 처진 것은 둘뿐'이라 느슨했다가 다시 팽팽해지는 심리적 변화를 고백한다.

　과거에는 고백하지 못한 일을 지금은 고백할 수 있는 것이 인간의 보편적인 성향이다. 이 작품의 작가도 고백 없는 길을 걸었던 기억을 소환하여 지금 고백할 수 있는 양면성은 액자형 이야기 구조의 효과이다. 수필의 화자는 대개 작가와 일치한다. 그런데 이 작품에서 작가는 한 사람이지만 화자는 둘로 나뉜다. 기억을 소환하여 고백하고 있는 현재의 서술자와 소환된 기억의 시간에 고백 없는 서사를 잔잔한 어조로 들려주는 이른바 초점 화자가 있다. 현재의 서술자는 소환된 서사의 초점 화자와 다르다. 세월의 흐름에 따라 변환하고 성숙한 다른 인격체이다. 그래서 당시에는 말을 건넬 수 없었던 일을 지금은 쉽게 고백하고 있는 것이다. 이러한 수필적 착시 현상을 교묘하게 활용하여 고백 없는 길에서의 서사에 서정성 담아 잔잔하게 고백하여 효과를 거두었다.

수필이 독자에게 가까이 가려면 서사와 서정이 조화를 이루어 읽는 재미를 주어야 한다. 서사에 치우치면 한낱 이야기에 머물고, 서정이 지나치면 주관적 고백이 노출되기 쉽다. 서사와 서정이 조화를 이루어 설리(說理)에 맞게 삶의 보편적인 의미로 개념화될 때 독자의 인지적 정서적 공명을 얻어낼 수 있다. 이 작품은 서사적 구성이 치밀하고 그에 맞는 서정성이 내리는 눈이 가져다주는 신비와 낭만을 거쳐 그리움과 순수로 귀결되어서 읽는 이에게 재미와 감동을 주었다고 생각한다. 초점 화자가 경험한 고백 없는 길의 신비스러운 눈은 서술자가 맞는 오늘에도 신비와 그리움을 불러일으킨다. 초점 화자가 기억의 끝에서 서술자를 만나 오버랩되는 과정에서 독자들은 고백 없는 눈길의 아름다움에 흠뻑 빠져들게 마련이다.

5부

막장에 피는 꽃

막장

김정화

  우거진 잡목 사이로 낮은 가옥들이 보인다. 머리 위로 고가다리가 놓였고, 산자락에는 소담한 논밭이 늘어졌으며, 굽은 실개천이 내림길을 따라 흐르고 있다. 마을 뒤쪽으로 달음산 고개가 있어서인지 드문드문 등산객이 산길로 향한다.

  어렵게 찾은 길이다. 한때 지옥마을이라 불렸던 비운의 땅, 강제징용의 흔적들이 군데군데 남아 있는 오지 마을, '꽃 피는 광산마을'이라는 팻말이 떡하니 마을 어귀를 밝히고 있다. 아, 그리고 보니 찬바람 부는 들길 가장자리와 깨밭 이랑에도 섬섬하게 취꽃 군락이 일렁인다.

  옛집들이 그대로다. 지붕 밑에 지붕을 덧댄 일명 눈썹처마를 단 가옥들이 다닥다닥 모여 있다. 산언덕 가장자리와 비탈진 땅에 옹벽을 쌓아 올린 집들이라 다랑논처럼 층층이 지붕이 내려앉았다. 마치 의도적으로 서열을 나뉘어 배치한 듯 일본인 고위직의 사택이 가장 높은 곳에 지어졌고 그 아래 일본 간부들 집이 남았으며, 한국 노역자들의 가옥은 더 낮게 더 작게 담을 붙여 놓았다. 좁은 앞마당 사이로 빼꼼히 열어놓은 방 안이 훤히 보인다. 그래서인지 반듯하게 신축된 마을회관이 오래된 담장 사이에 어정쩡히 끼어 있는 것만 같아 되레 낯설다. 광산촌 입구와 주변 산사 길목에 백여 가구가 빽빽이 거주하며 번성하였던 적도 있었다지만, 이제는 모두 옛말이 되어버렸다.

골목길을 휘돌아 나오는데 공터 한쪽 평상에 호호백발의 할머니 서너 분이 모여 있다. 짐작대로 모두 광부의 미망인이라 했다. 옛일을 물었으나 가물가물한 기억에 애매한 답만 오간다. 현재 남은 마흔여 명의 주민들은 대부분 외지에서 들어왔거나 해방 이후부터 거주한 까닭에 슬픈 역사를 제대로 아는 이도 드물다. 오히려 광산의 전성기를 경험한 광부 부인들은 돈벌이가 잘되었던 시절을 기억하며 이곳을 황금의 땅으로 인식한다. 월급날이면 광산마을 장정들이야말로 읍내 술집에서 기마이 좋기로 소문났으니, 그 추어올림에 힘든 시간도 고단한 작업도 잠시 내려놓을 수 있었을까.

갱도를 직접 확인하고 싶었으나 아쉽게도 일반인은 출입 금지가 되었다. 멀리 푸른 철조망이 어렴풋이 보이는 듯하다. 그 속으로 시커먼 지옥도 같은 굴이 펼쳐졌을 테고, 아래로 더 깊이 내려갈수록 순식간에 생사가 갈라지는 사투의 현장이 기다리고 있었을 것이다.

누가 광부가 되는가. 물론 식민통치 때는 억울하게 광부가 되었으나, 세상의 벼랑 끝으로 내몰린 자들이 스스로 광부가 되었을 때도 있었다. 땅 위의 세상에서 더는 희망이 없을 때, 돈을 벌겠다는 일념으로 독기를 품고 시커먼 굴속으로 걸어 들어갔다. 그래서 광부들이 일하는 곳을 막장이라고 부른다. 갱도의 맨 끝, 더 이상 물러설 수 없는 곳, 앞이 막혀 아무것도 보이지 않는 막다른 공간, 인생의 절망보다도 더 캄캄한 세상, 긴장을 놓쳐버리면 목숨줄이 끊어지는 곳, 어쩌면 그곳이 세상의 끝이 될 수도 있겠다. 그러니 광산촌 사람들에게 금기어가 되는 건 당연한 일이 아닌가.

하지만 생각을 달리하면 오기로 다시 일어설 수 있는 곳도 막장이다. 누군들 막장까지 내려갔던 삶이 없었을까. 내가 아는 박부장도 딱 삼 년간 광부로 살았다. 그가 하던 사업이 무너졌고 통장의 잔고는 바닥이 났으며 집은 일찌감치 은행으로 넘어갔다. 끝까지 함께한 네댓 직원들의 밀린 임금과 퇴직금이 발목을 잡았다. 전세금을 찾았고 부인의 반지를 빼냈으며 두 딸의 피아노가 트럭에 실려 나갔다. 막장에서도 양심마저 버리지 않던 그가 선택한 방법은 진짜 막장 바닥이었다. 그는 검은 막장에서 검은 울음을 토하면서 견뎌내었고 기약했던 광부 생활을 마치고 목숨 같은 임금을 쥐고서 당당히 가족을 상봉했다. 지옥인 굴속에서 채탄 광부로 일한 그 종잣돈으로 지금 그는 아내와 함께 조그만 식당을 꾸려가고 있다.

창작의 고통을 안은 산실을 두고도 작가들은 저마다의 은유로써 이름을 붙여왔다. 소설가 김훈은 자신의 서재를 막장이란 말로 표현했다. 어찌 가만히 책상에 앉아 글 쓰는 일을 가지고 목숨이 달린 갱도의 막장과 비교할 수 있을까마는, 막장의 굴을 파듯 생사를 걸고 한 땀 한 땀 글 삽을 파는 글쟁이들도 존재하는 것이다. 그는 막장에서 광부가 할 수 있는 일은 딱 두 가지뿐이라고 한다. 앞으로 더 나아갈 것인지 아니면 멈출 것인지 결정하는 일이라는 것을. 만약 멈추기를 선택했다면 내려왔던 길을 따라 지상으로 되돌아가면 된다. 하지만 더 깊은 곳으로 들어가고 싶다면 어찌해야 하는가. 단단한 벽을 파내어야 할 것이다. 갱도를 개척하려는 의지를 갖고 곡괭이를 들 수 있는 곳이라면 세상 어딘들 막장 아닌 곳이 있으랴.

이런저런 생각이 깊어지는 즈음, 광산 갱도로 들어가 중석을 작업하여 먹고 살았다는 광부 미망인들의 목소리가 들린다. 누군가 옥수수를 한솥 쪄오고 어떤 이는 콩나물 국수를 삶아왔다. 훈훈해지는 인정에 광산마을 노인들은 저세상으로 떠난 광부 남편 이야기도 웃으며 한다. 바깥양반이 쇠와 돌을 지고 십 킬로미터까지 내려가서 작업했다고, 장정들이 무거운 광석을 지고 오면 여자들은 물에 걸러 서울 제련소로 보냈다고도 하고, 저 아랫골에 사는 광부는 굴속에 빠져 죽었다는데, 그 양반만 죽은 것이 아니고 그전에는 셀 수도 없었다며 목소리를 낮춘다. 그래도 그 굴 막장이 자기네들의 밥줄이 되어주었다며 아무렇지도 않게 후루룩 국수를 삼킨다. 평상 앞에 덩그러니 남은 동네 우물만이 당시의 진실을 알고 있을 터.

멀리 광부들이 다녔던 길을 올려다본다. 살기 위해 하루에도 수십 번씩 무거운 짐을 지고 오르내렸던 고행의 길. 그 길에도 계절마다 꽃이 핀다. 어디 흙 위에서 피는 꽃만 꽃이던가. 붉은 녹물 내리던 실개천도 이제 흰 물꽃이 흐르고 달음산 능선 위로는 노을 꽃이 물들며 손 흔들어주는 늙은 광부 아내의 머리에는 서리꽃이 피었다.

마을을 벗어나는 비포장길을 달리는데 이리저리 차가 흔들린다. 아니, 막장까지 무너졌던 한 여자의 옛 기억이 스멀스멀 돋다가 골바람 따라 이지러지는 중이다. 《수필과비평》 2025년 1월호

●
김정화
2006년 《수필과비평》 등단 / 작품집 『말 이상의 말, 글 이상의 글』 『가자미』 외 7권
jung-0324@hanmail.net

| 평설 | **일제의 잔재, 막장에 피는 꽃** | 권 대 근 |

작가의 사회적 책무는 그릇된 현실타파를 외치고, 진실하고 정의로운 삶을 호소하는 것이다. 의식 있는 작가라면 당연하게 우리 역사에도 관심을 가져야 한다. 김정화 수필의 특성이라면 반드시 '있어야 할 것'을 '있게 하는 데'서 발현되는 작가정신이라고 하겠다. 이 수필은 일제 강점기 강제징용의 현장을 답사하고 쓴 수필이다. 막장의 강제 노역, 그 참담한 심사와 비애를 그녀는 「막장」에 담았다.

"살기 위해 하루에도 수십 번씩 무거운 짐을 지고 오르내렸던 고행의 길. 그 길에도 계절마다 꽃이 핀다. 어디 흙 위에서 피는 꽃만 꽃이던가. 붉은 녹물 내리던 실개천도 이제 흰 물꽃이 흐르고 달음산 능선 위로는 노을 꽃이 물들며 손 흔들어주는 늙은 광부 아내의 머리에는 서리꽃이 피었다."고 한 대목은 압권 중의 압권이다. 징용자 가족의 특별한 삶, 눈물로 살아온 강제징용자의 인고를 그녀는 놓치지 않는다. 청산되지 못한 과거사를, 잊지 말아야 될 일제의 만행을 고발하는 것이다.

"땅 위의 세상에서 더는 희망이 없을 때, 돈을 벌겠다는 일념으로 독기를 품고 시커먼 굴속으로 걸어 들어갔다. 그래서 광부들이 일하는 곳을 막장이라고 부른다. 갱도의 맨 끝, 더 이상 물러설 수 없는 곳, 앞이 막혀 아무것도 보이지 않는 막다른 공간, 인생의 절망보다도 더 캄캄한 세상, 긴장을 놓쳐버리면 목숨줄이 끊어지는 곳, 어쩌면 그곳이 세상의 끝이 될 수도 있겠다. 그러니 광산촌 사람들에게 금기어가 되는 건 당연한 일이 아닌가."라는 대목에서 이 수필이 주는 감동은 절정에 다다른다.

작가는 글로써 지켜야 할 진실이 있다. 언제나 정의 편에 서고, 약자의 편에 서고, 서민의 편에 서고, 지배집단의 반대편에 서 있어야 한다. 부패한 일본의 군국주의를 정조준하는 글을 읽으면 가슴이 서늘해짐을 느낀다. 문학가에게는 그늘진 곳의 상처를 어루만져줄 사회적인 책무가 있다. 작가는 이렇게 잘못된 풍토를 비판으로, 극일의 메시지를 담아 민족정신의 바른길을 제시해왔다. 작가는 글 속에 시대의 울음을 담아내었다. 따라서 김정화의 수필은 진정한 애국시민의 역할과 사명에 대해 묻는 질문지로서 사회비평적 성격을 띤다. 작가의 용기가 이 수필을 이끄는 힘이라면, 비판적 정신은 이 작품의 쾌미다.

목숨을 담보로 한 광부들은 쉬지 않고 석탄을 생산했다. 막장 인생이라는 말, 탄광 갱도 안에 들어가 본 사람은 안다. 김정화의 이 수필은 막장이 얼마나 진지한 삶의 터전인지를 우리는 기억해야 한다고 말해준다. '위험'이 갱내 가득 떠도는 막장, 그런 곳에서 매일매일 눈물을 캤으니 얼마나 '힘든' 인생이었을까. 바다 건너 징용을 가는 대신 이곳에서 착취당한 광부들의 노동력, 그녀는 막장까지 내려갈 수밖에 없었던 그들의 고통과, 그러한 순간을 겪은 지인의 예화와 화자의 힘들었던 기억을 수필 속에 녹여 내었다. 이제 일광에서 광부는 더 이상 볼 수 없다. 광부가 사라졌으니 막장은 또 다른 형태로 희망을 캘 것이다.

물방울이 튄다

임병미

　그가 뛰어들자 물이 크게 일렁인다. 이어서 그녀가 조용히 들어온다. 주변 사람에게 가볍게 인사하고, 가만히 서 있는 그에게 다가가 등을 다독이며 속삭인다. 그러자 용기가 나는지 수영을 시작하고, 그녀는 곁에서 따라가며 걷는다. 그는 몸의 반신이 불편하다. 그래서인지 한 손을 휘저을 때마다 물방울이 사방으로 튄다. 그녀의 마음이 급해진다. 이내 고개를 숙이며 주위 사람들에게 미안한 몸짓을 한다. 물방울은 아랑곳없이 계속 튄다. 물방울들, 그녀의 눈물이다. 아니 그녀의 숨겨진 고통일지도 모른다. 왠지 그 물방울은.

　뉴스가 나왔다. 제주의 푸른 바다를 헤엄치는 돌고래들 사이에서 이상 행동을 하는 어미 돌고래가 화면에 보인다. 새끼를 숨 쉬게 하려는 듯 주둥이를 이용하여 수면 위로 올리지만 이내 떨어지고 다시 등에 올리기를 반복한다. 사실 그 새끼는 죽은 지 2주가 지났다고 했다. 아나운서의 목소리가 떨리는 것 같다. 새끼가 움직이지 못하는 것을 알았겠지, 어미니까. 그래도 끝까지 새끼를 포기하지 못하는 어미 돌고래의 행동에 가슴이 뭉클해진다. 모정이다. 이 시대에서 그 낱말은 빛이 퇴색되어 가고, 자식을 버리고도 돌아서서 웃는 어미도 있는데, 어쩌자고 그 말을 그리 품에서 놓지 못하는지….

 지인 집으로 식사 초대를 받았다. 여러 음식 중 유독 맛있는 나물 반찬이 있다. 내가 잘 먹으니 집에 가서 먹으라며 싸준다. 조리법을 물어보자 엄마 어깨너머로 배웠는데 그런대로 맛이 나왔다며 웃었다. 그 순간 '엄마처럼 잘하는구나'라는 칭찬을 듣기라도 한 것처럼 그녀가 행복해 보였다. 계량하지 않아도 적당한 간이 맞춰지고 맛있는 음식을 만들어내는 재주. 그냥 뚝딱뚝딱하는 것 같은데도 찰떡처럼 맛있는 맛을 내는 손. 엄마로부터 이어오는 손맛이다. 엄마를 생각나게 하는 음식이 참 많다는 지인이 부럽다.

 내 기억 속의 엄마는 늘 아팠다. 분명 음식을 만들기는 했을 텐데, 지금까지 아련한 추억의 음식은 없다. 아, 나도 하나 생각난다. 엄마가 아프기 전이다. 내 생일은 음력 동짓달이다. 깨우지 않아도 저절로 눈이 떠지는 아침, 그날은 아버지 것 다음으로 뜬 하얀 쌀밥과 미역국이 내 차지였다. 엄마는 간밤에 찹쌀을 물에 불려 놓으셨다가 방앗간에서 빻아 오신 쌀가루로 떡을 만드셨다. 아궁이에 장작불이 타오르고 굴뚝에서 하얀 연기가 연신 뿜어져 나왔다. 친구와 놀다가도 풀방구리 생쥐 드나들듯 부엌을 들락거렸다. 육 남매 중에 어중간한 둘째 딸만을 위한 떡이었기에 신이 났었다. 밤새 하얀 눈이 내리고, 뒤꼍 장독대 항아리 위, 소쿠리 안에 찰떡은 살짝 얼어있었다. 내가 유일하게 기억하는 엄마의 맛. 그날 이후로 나의 미각은 멈추었다. 두 번 다시 맛볼 수 없는 그 최고의 맛을 나는 지금도 잊지 못한다.

엄마와 딸로 함께 보낸 추억이 잘 생각 나지 않는다. 엄마가 딸을 돌보는 시간보다 딸인 내가 엄마를 돌보아야 하는 시간이 더 길었다. 마치 수영장 안 물속에서 오래 참기라도 하듯이 그 시간이 너무 길게 느껴졌고, 숨이 가빠졌다. 엄마를 돌보다가도 가끔 나의 숨이 차올라 허둥거렸다. 그러나 어디에도 방법은 없었다. 그저 혼자 가슴에서 삭여야 할 뿐. 생각만으로도 온통 마음이 시리다.

유년 시절에 받아야 할 사랑, 사춘기에 받아야 할 격려, 청년기에 받아야 할 위로, 그것들이 내 손안에 통 쥐어지지 않는다. 분명 없지는 않았으련만. 나는 이런 뭔지 모를 감정으로 가끔 울적해질 때가 있다. 그럴 때마다 나를 다 잡는다. 어미로서 내 새끼들에게 사랑을 아낌없이 주었다. 내 안에 숨겨진 사랑까지 모두 긁어서…. 그런데도 내 한쪽 가슴에 뚫린 구멍은 잘 메워지지 않았다. 이미 지나간 시간은 붙잡을 수도, 따라갈 수도 없다. 참으로 유치하지만 나는 나에게 소원을 하나 말하라면 엄마에게 실컷 어리광을 부려 보는 것이다. 어리광을 부리며 개구쟁이처럼 하루를 보내고 싶다. 내 일생에 가장 아름다운 그런 날처럼.

어미, 엄마라는 말은 참 그립고 따스하다. 그것은 자식, 새끼와 함께여야 더 빛이 나는 것 같다. 젊은 나이에 아픈 둘째 며느리를 대신해 손주들을 돌보느라 이웃 마을 할머님이 자주 오셨다. 아직

엄마 품이 그리운 우리는 할머님 품으로 파고들며 어리광을 부렸다. 그러면 할머님이 "아유, 내 새끼" 하며 안아주시고 치마를 걸은 안주머니에서 알록달록 '옥춘당' 사탕을 꺼내 주셨다. 얼마나 좋았던지. 내 마음도 사탕처럼 달콤하고 예쁘게 물들었다. 엄마가 아닌 할머니에게서지만.

하지만 이제는 안다. 내가 이만큼 성장하고 자식들을 키워낼 수 있었던 것은. 엄마가 그 자리를 지켜주었기에 가능했다는 것을. 내가 아파서 눈물 흘릴 때 그 눈물을 닦아주거나 안아준 기억은 없지만, 돌아보면 늘 엄마가 거기 있어 나를 바라보고 있었음을. 당신이 해줄 수 있는 것이 없기에 그저 가슴 저민 울음을 흘렸음을. 사랑이 없어서가 아니라 그 사랑을 표현하는 방법을 몰랐을 뿐이라는 것을. 그런 마음이 나를 성장시키고 지탱해주는 기둥이 되었음을.

생각에 잠겨 있던 내게 갑자기 물방울이 튄다. 어머니와 아들이 수영하며 내 옆을 지나간다. 아들 옆에서 유수풀을 걷는 그녀의 눈이 빛나고, 두 다리에 힘이 실린다. 그가 수영하며 튀기는 물방울은 무지개이다. 그 일곱 개의 색깔마다 엄마와 아들의 이야기가 들어 있다. 그 무지개를 바라보는 내 가슴이 뛴다. 그날, 엄마가 찰떡을 해주던 날에도 무지개가 떴었다. 나는 아직도 무지개를 그리워한다. 웹진《님》2024년 10월호

임병미
2019년 《창작수필》 등단 rea91@hanmail.net

| 평설 | **'엄마'라는 존재를 생각하다** | 한혜경 |

    언제 떠올려도 포근해지는 말이 있다. 나직하게 불러보면 어린 날이 아련하게 떠오르며 가슴 한구석이 촉촉해지는 말, '엄마'라는 말이다. 이 말에서 제일 먼저 연상되는 정경은 '모정'과 희생적 사랑일 것이다. 구체적으로는 "그냥 뚝딱뚝딱하는 것 같은데도 찰떡처럼 맛있는 맛을 내는" 솜씨, 학교에서 돌아오면 웃으며 맞아주고, 다치거나 아플 때 따스하게 안아주는 푸근함 같은 것이겠다.

    임병미의 「물방울이 튄다」는 이러한 엄마 이미지를 충족시키지 못한 엄마로 인해 시렸던 지난날과 뒤늦게 엄마의 마음을 알게 된 딸의 깨달음을 꾹꾹 눌러 담아 섬세하게 펼쳐낸 글이다.

    "기억 속의 엄마는 늘 아팠다." 엄마가 딸을 돌보는 시간보다 딸이 엄마를 돌보는 시간이 더 길었다. 숨이 가빠질 정도의 힘겨움을 "혼자 가슴에서 삭여야" 했으므로, "생각만으로도 온통 마음이 시리다." '엄마에게 실컷 어리광을 부려보는 것'이 소원일 정도로 '한쪽 가슴에 뚫린 구멍'은 아직도 메워지지 않았다. '유년 시절에 받아야 할 사랑, 사춘기에 받아야 할 격려, 청년기에 받아야 할 위로'의 기억이 손에 잡히지 않는 것이다.

    이 결핍감은 특히 음식에서 예민하게 도드라진다. 엄마가 해준 음식의 기억이 없기에 '엄마로부터 이어오는 손맛'의 세계에 가닿을 수 없는 작가에게 '엄마를 생각나게 하는 음식이 참 많다는 지인'은 부러움의 대상이다. 하지만 작가에게도 '유일하게 기억하는 엄마의 맛'이 있으니, 엄마가 아프기 전, 생일에 만들어준 찰떡이다. '둘째 딸만을 위한 떡', 그 '최고의 맛'은 지금도 잊지 못한다.

시간이 흐른 뒤, 작가는 돌보지 못한다고 해서 사랑이 없는 게 아니라는 사실을 뒤늦게 깨닫는다. 딸의 눈물을 닦아주고 안아주지 못해도 늘 딸을 바라보고 있었음을 알기에 이른다. 엄마가 자리를 지켜주었으므로 자신이 성장하고 자식을 키워낼 수 있었음을, "당신이 해줄 수 있는 것이 없기에 그저 가슴 저민 울음을 흘렸음을", 그리고 그런 마음이 자신을 '성장시키고 지탱해주는 기둥'이 되었음을 자각하는 것이다.

이제 눈을 떴으므로 주변은 새로운 의미로 다가온다. 반신이 불편한 이가 한 손을 휘저으며 수영할 때 사방으로 물이 튀자, 고개를 숙이며 미안하다는 몸짓을 하는 그의 어머니가 다르게 보인다. '눈물'과 '고통'처럼 느껴졌던 물방울이 이제는 무지개로 보이는 것이다. 불편한 아들을 돌봐야 하는 것이 고통이 아니라 "눈이 빛나고 두 다리에 힘이 실"리는 기쁨임도 보인다.

전에 보지 못하던 것을 볼 수 있게 되었으니, 엄마가 생일 찰떡을 해주던 날 떠올랐던 무지개는 이제 작가의 마음속에서 언제나 빛나지 않겠는지.

압구정 전단지

전미란

 농협 사거리, 오토바이를 탄 남자가 전단지를 거침없이 뿌리고 달린다. 은행잎 위에 내려앉은 광고지에 '일수당일대출, 신용불량자환영'이라고 적혀 있다. 내 자신의 판단을 유보한 채 묵묵히 돈다발을 셌던 때가 떠올랐다.

 스물세 살 무렵, 근무하던 지방의 광고회사가 문을 닫자 서울로 올라왔다. 상경 후, 신문의 구인구직란을 뒤져도 기웃거려볼 만한 곳이 도무지 없었다. 서울이라는 곳에 발붙이려면 우선 어디라도 취직을 해야 했다. 원하는 직장만 고집해서는 일자리를 얻을 수 없었다.

 '△△ 상사'라는 간판이 걸린 사무실에서 근무하게 되었다. 말이 사무원이지 나의 호칭은 '미스 전'도 되었다가 '야!'가 되기도 했다. 사장은 반말은 기본, 담배심부름에 모욕적인 언사도 서슴지 않았다.

 출근길, 압구정동으로 가는 만원 버스에 몸을 실었다. 멀리 남산타워와 한강철교가 지나가고 63빌딩이 비껴갔다. 출근하자마자 철제 캐비닛에서 장부를 꺼내 도장을 찍었다. 일수장부 페이지는 돈의 두께처럼 나날이 부풀어 올랐다.

부자도 많았겠지만, 가난을 식구처럼 껴안고 살던 시절이었다. 오는 손님 따져가며 돈장사 하는 일수쟁이는 없었다. 한 집 건너 두 집, 구멍가게, 국밥집, 택시기사, 난전장사…. 은행 문턱이 높은 사람들은 어쩔 수 없이 사채를 썼다. 실장은 오토바이 헬멧을 착용하고 폭주족처럼 거리를 질주했다. 그는 건들건들한 모습으로 하루도 빠짐없이 채무자들을 찾아가 돈을 받아왔다. 그날 받지 못하면 다음 날의 수금액은 두 배였다.

사장은 호떡 반죽에 이스트처럼 이자를 불렸다. 그는 반죽이 부풀어 오를수록 돈을 관리하는 경리를 믿지 못했고, 채무자가 튈까 봐 늘 불안해했다. 그는 굵은 금목걸이를 늘어뜨린 채 일이 터지면 좁은 미간을 찌푸리며 괴팍하게 굴었다. 그러다 뭉칫돈을 손에 쥐면 언제 그랬냐는 듯 능청스러운 미소를 지었다.

급전을 끌어다 쓴 사람들은 희망과 불행을 나란히 거느렸다. 형편이 어려운 사람들은 사채로 희망을 품었다. 돈을 빌려주기 전 계약서를 쓰지만 선이자를 떼는 일수놀이는 불법이었다. 이자는 번식능력이 좋았다. 이자에 붙은 새끼 이자까지 갚지 못하면 눈덩이가 되어 덮쳤다. 하루 벌어 하루 이어가는 사람일수록 복권인양 다급하게 손을 뻗었지만 결국 숨통을 조이는 경우를 많이 보았다. 장부 속 숫자와 이름들은 단순한 채무의 기록이 아니라, 저마다 삶의 무게가 눌려있는 압축파일이었다.

수돗물로 세수만 해도 하얘진다는 서울에서라면 무엇이라도 될 것 같았다. 그러나 내 일상은 세종대왕 초상이 접히고 펴지는 지폐 사이만을 오갔다. 내 불안한 꿈도 펴졌다 접히길 반복했다. 내가 꿈꾸던 서울살이는 아니었다. 수익률이 좋아 돈놀이를 멈추지 못하는 사장이나 적성에 맞지 않는 일을 하면서도 조금 더 나은 월급 때문에 그만두지 못한 나 또한 돈에 묶인 건 마찬가지였다. 일러스트라는 꿈을 안고 상경해 비록 일수경리나 하고 있는 형편이었지만 꿈은 버리지 않았다. 돈을 세다가 창밖으로 시선을 돌리면 화려한 거리는 비현실적으로 보였다. 손익계산서를 맞추고 독촉장을 쓸 때마다 세상에 필요한 일인지, 필요악인지 판단할 수 없었다. 스스로 선택해 올라탄 기차가 전혀 예상하지 못한 곳으로 간다는 생각은 들었지만 중간에 내릴 수는 없었다. 그 일마저도 잘 해내고 싶었다.

일렬로 늘어선 은행나무들이 잎을 떨군다. 노란 열매를 이자처럼 다닥다닥 달고 있다. 한밑천 챙긴 나무는 일수 찍듯 은행잎을 떨어뜨린다. 나무 밑동에는 잎을 꾹꾹 눌러 담긴 마대자루들이 더 부룩한 배앓이를 하고 있다. 손가락에 침을 뱉어가며 불온한 지폐를 셌던 기억 때문일까. 샛노란 은행잎이 지폐로 보인다. 압구정 시절의 상흔처럼 때 이른 추위로 푸르뎅뎅해진 잎들에게 눈도장을 찍으며 걷는다.

어디선가 된바람이 불어오자 누렇게 뜬 은행잎들이 불온한 전단지처럼 날아간다. 시인 유하는 "바람 부는 날이면 압구정에 가야 한다"고 했던가. 무수한 눈송이가 무수한 눈물로 바뀌지만, 마침내 눈으로 허공에 설원을 이룬다는 시어는 눈(雪)과 눈(目)의 중의적인 모호함으로 다가왔다. 시는 자본주의 사회의 끝없는 욕망을 담았지만, 나는 나만의 욕망을 위해 원치 않은 업무에 매달렸다.

세상에 없어도 되는 직업이 어디 있겠는가. 돈이 무엇인지 몰랐던 때는 매정한 놈으로 생각했지만, 돈이 무엇인지를 알고 나서는 결코 우습게 여기지 못하는 것이 돈의 속성이 아닌가 싶다. 코를 쥐게 하는 은행 열매 구린내가 나무의 생존법이라지만 황금빛 빛깔이 두렵게 느껴지는 까닭은 여전히 시대를 반영하고 있기 때문이 아닐까. 《한국창작수필》 2025년 창간호

전미란
2002년 《수필과비평》 등단 / 수필집 『이별의 방식』 mudamssi@hanmail.net

| 평설 | **불온한 삶을 챙기다** | 유 종 인 |

돌돌괴사(咄咄怪事)라고까지 할 거는 없지만 사채업자 일수쟁이들의 행태는 오히려 영화나 드라마 같은 데서 어느 정도 봐왔다. 그래서 전미란의「압구정 전단지」는 기시감이 들면서도 오히려 묘한 새로움이 묵은 풍속들 속에서 돋아난 새삼스러운 기분을 던져준다. 그러나 그 새로움은 지극한 인간사, 그야말로 먹고사는 문제의 이 흔전만전한 풍속일 텐데 그 속사정이나 속내는 그야말로 만만치가 않다. 왜냐면 직업적 선택은 '일수경리'로 이미 낙찰돼 근무하는 거였지만 그의 내면엔 항상 윤리적 선택의 기로(岐路)가 아직도 '일러스트'를 상정한 채 마음의 허공에 매달려 흔들리기 때문이다. 화자의 직장 대표는 "굵은 금목걸이를 늘어뜨린 채 일이 터지면 좁은 미간을 찌푸리며 괴팍하게" 구는 것을 서슴지 않는 '이자 기생충'일 수 있다. 채무 회수와 이자 획득의 진척에 따라 몰강스럽고 살똥스러운 것을 마다하지 않는 체질은 따로 그런 사람에겐 유전적 성향으로 확정된 걸까.

"형편이 어려운 사람들은 사채로 희망을 품"는 데 반해 이들을 숙주(宿主)로 삼아 이자 기생충으로 배가 터질 듯이 사익을 취하는 무리는 여전히 윤리적 갈등에 아득히 둔감하다. 아니 자신의 도덕관념과 돈에의 집착을 연계시켜 숙고하는 경우는 오히려 나이브(naive)하다. 그것은 사채업자에게 허무맹랑한 코미디에 불과하다. 왜냐면 삶의 악착(齷齪)이라는 것은 물신적 본능에 가깝기 때문이다. 적자생존의 사회적 틀거지 안에서 윤리적 판단에 귀 기울인다는 건 몹시 거추장스럽고 패배주의자의 몬존한 선택에 불과하기 때문이다. 돈의 힘은 전방위적이고 전지구적이다. 이런 천민자본주의의 추종자는 비단 일수업자만의 문제는 아니다. 영혼의 호주머니에서 영원히 꺼내 버리지 못하는 것 중의 하나가 이 물신(fetish)과의 커플링 반지가 아닐까.

그럼에도 우리는 전미란의 글에서 흔들리는 마음의 힘을 보게 된다. 자신의 불가피한 과거의 선택 속에서 이 흔들리는 마음은 세속에 편승해 보이지만 그게 전부는 아니다. 흔들린다는 것은 강퍅한 현실 한켠에서 자신의 존재를 다잡는 내면의 힘으로 전향(轉向)되기도 한다. 필요악(必要惡)이 있어 왔다면 필요선(必要善)은 부당한 현실에 노출돼 사는 자신의 상황을 늘 되돌아보는 속종으로 오롯하다 할까. "샛노란 은행잎이 지폐"로 보이지만 한켠으로 책장에 끼워 넣던 노란 부채 모양의 책갈피로도 보는 양가적(兩價的) 이미지에의 상상과 생각들.

"돈의 속성"은 선량하기도 하지만 부라퀴처럼 사악하기도 하다. 그걸 체득했던 화자에게 "코를 쥐게 하는 은행 열매 구린내가 나무의 생존법"만이 유일무이한 건 아니다. 이 구린내 나는 황금나무만의 문제가 아니라 우리 삶도 온갖 악취와 갈등과 교활한 술수와 썩음의 환부를 진설해 놓고 번연히 다함께 살아간다. 차악(遮惡)을 완벽히 할 순 없지만 우리는 그걸 기꺼이 또 다른 비전을 위한 통과제의로 삼을 수는 있다. 우리 안에 뿌리 깊은 돈에 대한 갈망에 일말의 거리두기로 모종의 서정도 감돈다 할까. 전미란의 일수경리 경험은 속됨을 반추하는 힘과 갈등을 중재하는 중심의 힘으로 일궈낸 담백한 수채화처럼 선연하다. 영화의 B컷 같은 압구정 이면사는 오히려 갈등하는 정신의 돈을 새김으로 진실의 구체(具體) 앞에 독자들을 데려다 놓는다. 비루한 상황을 온전히 겪어낸 그 자체의 몸과 마음은 불온함을 일방적으로 터부시하지 않는다. 더불어 우리는 언제 돈을 쓰기 전에 마음을 쓸 수 있을까. 왠지 무망(無望)하고 덧없는 생각이 더위 속 한 줄기 바람처럼 스치는 것을 어쩔 수 없다.

감꽃 핀 자리

김정태

    저절로 서 있는 마당 한 편 감나무에 올해도 감꽃이 피었다. 덩달아 서 있는 듯 무심한 목련은 꽃잎을 떨군 지 오래다. 제 몸의 무게만으로 목련의 꽃잎은 수직으로 떨어진다. 바람에 날려 사선을 그으며 춤을 추듯 생을 마감하는 다른 꽃잎을 되레 나무라는 것일까. 그냥 있다가 문득 뚝 떨어진다. 떨어진 꽃잎은 바닥에 발을 굳게 디디고 가는 바람에는 꿈쩍도 하지 않는다. 목련 꽃잎이 바람에 떠밀리는 때는, 이미 제 모습을 잃고 누렇게 변색 되어 삶의 무게를 덜어냈을 때다. 덜어내 가볍긴 하되 색은 꺼무튀튀하다. 그때쯤 나무는 연둣빛 물감을 제 몸에서 풀어낸다.
    나란히 서서 같은 양의 볕을 받고 바람도 쐬지만 감꽃의 생애는 목련과는 사뭇 다르다. 감꽃이 한창 필 때, 꽃은 나무에 가득하고 떨어진 꽃은 바닥에 무더기로 눕는 것인데, 누운 감꽃에는 아득함이 배어 있다. 그 아득함이 감꽃 어디에서 오는지 알지 못하니 난 감꽃의 아득함에 대해서 말하지 못한다.
    봄볕을 다 쐬고 초여름 볕이 내리기 시작할 때, 감꽃은 초록 이파리 사이에 숨어 핀다. 얼굴을 쉽게 내밀지 않아, 초경을 앞둔 딸아이의 요동치는 마음을 겉으로만 보고 변화를 모르듯 언뜻 알아채기 쉽지 않다. 볕을 받던 감꽃은 무리 같으면서도 개별적이어서 각각 시나브로 떨어지기 시작한다. 꽃잎을 분산시키지 않고 통으로 떨어진다. 떨어진 꽃은 포개져 무더기를 이룬다. 감꽃은 땅위에 내려앉았지만 목련의 그것처럼 땅에 발을 디디지 않고 다만 땅 위에 엎힌다. 엎힌 감꽃을 바람이 데리고 간다. 꽃 진 자리에 아기 손톱만 한 열매가 달린다. 열매를 두고 내려앉은 감꽃은 까맣게 변색되어 간다. 피어난 감꽃은 생을 마감하고 개별적으로 뒹굴지 않고 바람이 부는 대로 구르다가 낮은 곳에 포개져 마치 한 덩어리처럼 모여 있다. 그것은 생의 끝을 합장(合葬) 의식으로 치르는 듯하다. 땅에 엎혀서 그 신산한 제 몸통을 통째로 볕에 말린다. 까맣게 변한 감꽃의 생애다.

'환갑이나 넘기겠느냐' 하시던 어머니는 구순을 넘기고 이태를 더 살아내고 계신다. 늘 방안에 누워 미동도 없다. 살 겉이 물러 약을 발라 드리면 볕에 꽃잎 말라가듯 꾸덕꾸덕해진다. 그 과정은 늘 심란한 것이어서 바람이라도 쐬라고 창문을 열면 이불 속으로 몸을 숨긴다. 바람과 볕에 까매지는 것을 아시는 건지. 그렇게 마르며 까매져 끝에 닿는다는 것을. 물어볼 일도 아니지만 물어도 대답을 아니 하실 것이다. 뒷일을 보는 것조차 힘들고 때론 잊기도 한다. 기억은 풀어진 실타래처럼 엉켜 추슬러 되감기엔 시간이 넘어서 앞질러 가고 있다. 그 시간을 부릴 수 없으니 나는 도리가 없다. 어쩌면 풀어 헤쳐진 실은 어느 지점에서 끊어진 게 분명하다. 이제

실타래에 남아 있는 실은 잘 사려 감는다고 해도 몇 올밖에 되지 않을 것이다. 그 한 움큼도 되지 않을 풀어진 실타래 같은 기억의 저편에 감꽃이 피고 지고 말라가고 있다.

 어릴 적 앞집에 고목이 된 감나무 두 그루가 있었다. 그 해, 시집을 온 열여덟 새색시 내 어머니가, 배가 고파 나무 아래 누워 있는 소년 인민군을 부엌으로 데려와 밥을 먹였다던 아득한 추억의 감나무이다. 그때, 마지막 감꽃이 지고 있었다고 기억이 있던 어머니는 말했었다. 사실과 전설은 이제 구분되어지지도 구분할 이유도 없다.

 어린 시절의 봄날, 아침잠에서 깨면 앞집 감나무 아래로 뛰어가곤 했다. 노란 감꽃이 바닥을 온통 물들이고 있었다. 실로 꿰어 감꽃 목걸이를 만들거나, 더러는 주우며 먹기도 했다. 꽃 속에 숨어 있던 개미가 놀라 기어 나오면 개미보다 더 놀라 입안의 꽃을 뱉었다. 달착지근한 맛이 아까시꽃보다 맛이 순했다.

 잠에서 깨 마당에 서서 눈가 졸음을 지우려고 할 때, 어머니는

 "앞집 감나무 아래 가보렴. 누나 거기 갔다." 하시곤 했다.

 누나와 함께 주은 감꽃 그득 담긴 바구니를 어머니에게 보여드릴 때, 무슨 장한 일이라도 해낸 것처럼 뿌듯했다.

 "막내 바구니가 누이보다 그득하네."

 어머니가 하시던 그 말이 그때는 왜 그리 좋았던지.

 미동도 않던 어머니 방에서 기척이 났다. 같은 자세로 오래 누

워 있다가 몸이 불편할 때 짧게 내는 나름의 구조 요청 신호라는 것을 안다. 방안은 냄새가 가득했다. 이불을 들추고 돌아 뉘였다. 기저귀 밖으로 뒷일 본 것이 노랗게 새어나와 있었다.

대학시절인지, 졸업 후 결혼하기 전인지 어머니와 내 어릴 적 이야기를 두런두런 나눈 일이 있었다. 서향이던 마루에 앉아 앞산에서 내려오는 저녁노을을 등으로 받으며 칼국수 반죽을 밀고 계셨던가. 어쩌다 똥 싼 일이 화젯거리가 됐는지는 기억에 없다. 다만 우리 남매들 똥 이야기를 유쾌하게 하시던 어머니와 얼굴을 찡그리며 얘기를 나누던 일이, 저녁 하늘을 힘껏 물들이고 산으로 가라앉는 순간의 해처럼 또렷하다.

"엄니, 자식 똥이라도 여하튼 똥은 더럽잖수. 그래, 삼남매 똥을 다 치우며 농사일을 어찌하셨소? 집안 일거리가 적은 것도 아니고."

어머니는 그때 그러셨다. 들에 갔다 오면 기저귀는 기저귀대로 나뒹굴고 똥 범벅을 한 애는 애대로 울고 있었다고. 이불 위에 똥을 싼 것을 보면, 감꽃이 떨어져 마르기 전에 움푹한 곳에 쌓여있는 것 같았다고. 내 새끼 똥을 맨손으로 치웠다고.

그러기는 하거니와, 지금, 어머니의 뒷일 본 것이 내게 감꽃으로 보일 리 만무다.

"엄니 날 부르면 되잖소? 왜 더럽게…."

아, 이 말은 입 밖에 낼 소리가 아닌데…. 이미 늦었다.

벌어지는 일만으로도 기막힌 일인데, 더 기막히게도 쓸데없는 말까지 부조하고 나선 꼴이 됐다. 아니꼬운 자식의 자리에서 들이댈 만한 말이 아니란 것쯤이야 진즉 알고도 남는데, 무릅쓰고 가야 할 길에서 번번이 쑤셔 박힌다.

어머니의 뒷일 본 것을 기저귀에 욱여싸서 방문을 나서는데 눈앞이 뿌예져 벽에 똥 묻은 기저귀를 뭉갤 뻔했다.

감꽃이 무더기로 말라가든 낱개로 흩어져 개별성을 유지하든, 떨어진 감꽃의 끝은 말라간다는 것일 터인데, 사람의 일을 앞에 놓고 보편성이라는 단어로 밀어붙이면 내 어머니의 지금 삶은 그저 그런 일이 되고 마는 것인가. 떨어지면 마르는 것이고, 나이 들면 흐려지고 가벼워지는 보편적 상황에서 내 어머니의 삶도 뭉뚱그려 그 범주에 넣으면 불민한 자식은 맘이 편해질까. 이런 모든 것들을 누군가에게 어떻게 생각하는지 묻고 싶으나 될 말이 아니기에 묻지 않는다.

물을 데워 몸을 씻기고 뽀송한 요대기를 골라 앉혀드렸다. 모자 간에 서로 손길이 가지 않은 곳은 없다. 당신이 내게 했듯, 몸을 씻겼다. 갈아 입혀드린 윗옷 헐렁한 목 사이로 어머니의 낮아진 젖무덤이 안쓰럽게 붙어 있다. 가슴 양쪽으로 감꽃 진 자리에 떨구지 못한 감꽃이 까맣게 매달려 있다.

감꽃 핀 자리, 거기가 내 생의 시원(始原)인데.《수필미학》2024년 가을호

●

김정태

2016년《수필과비평》등단 / 수필집『밥과 똥을 생각하며』j-tae42@hanmail.net

| 평설 | 자연에서 찾은 생(生)의 시원(始原) | 이 방 주 |

김정태의 「감꽃 핀 자리」를 읽고 한동안 가슴이 먹먹했다. 절절한 서사가 울렸고, '감꽃'이라는 상관물의 본질을 통찰하여 자아의 실존적인 문제를 담담하게 고백하는 구조화된 수필 쓰기에 감탄했고, 대상을 묘사하여 자신의 심상을 독자에게 재생시키는 수필적 언어와 형상화 기법에 놀랐다.

문학적 치유의 효과는 진정성 있는 성찰과 고백에 있다. 실체적 진실에 바탕을 둔 진정성 있는 언어가 울림이 큰 것은 말할 것도 없다. 그래서 작가는 창작과정에서, 독자는 수용과정에서 변환과 성장을 가져오게 마련이다.

김정태의 「감꽃 핀 자리」는 일단 서사가 감동적이다. 환갑을 넘은 작가 자신이 노환중인 구순 어머니를 지극한 마음으로 부양한다. 어머니를 모시면서 자신의 어린 시절 기억을 반추한다. 거기에 감꽃에 대한 기억과 어머니의 기억이 함께 한다. 자식 같은 '인민군에게 밥을 준' 어머니, '내 새끼 똥은 감꽃'이라며 손으로 똥을 치운 이야기를 하던 어머니를 기억하며 지금은 작가 자신이 어머니의 똥을 치운다.

또한 감꽃이라는 상관물에 비추어 자아의 존재 의미를 천착하는 사유의 세계가 돋보인다. 감꽃의 생애는 그 존재의 근원이 '아득함'이다가 '초경을 앞둔 딸아이의 요동치는 마음'처럼 짐작하기 어렵다가 '무리'인 듯 '개별적'이다가 결국 생의 끝에서 무더기가 되어 '합장(合

葬)의식'으로 까맣게 변해간다. 여기서 감꽃의 생애에 대한 통찰은 결국 어머니의 생애 돌아보기를 전제로 한다. 감꽃의 생애는 어머니의 생애를 철학적으로 반영하는 청동경(靑銅鏡)이다. 감꽃이 개별적으로 떨어져 무더기로 말라가듯 어머니의 생애도 감꽃처럼 까맣게 말라간다. 실타래처럼 엉켜서 되감을 수 없는 어머니 기억의 저편에서 감꽃은 피었다 떨어져 말라가는 것이다. 감꽃과 어머니 생애는 결국 하나이다. 감꽃과 어머니 생애가 자연의 섭리라는 하나의 원리로 합일된 것이다. 자연의 일이나 사람의 일이나 떨어지면 마르고 나이 들면 흐려지고 말라가는 것으로 보편화한다. 합일의 울림은 여기서 그치지 않는다. 낮아진 어머니의 젖무덤에서 '떨구지 못한 감꽃'을 발견한다. 그리고 거기서 자아의 실체적 본질을 발견한다. "감꽃 핀 자리, 거기가 내 생의 시원(始原)인데"라고 독백처럼 내뱉은 마지막 일갈(一喝)이 '감꽃, 어머니, 나'가 우주의 섭리에 의해 하나로 모아졌음을 꾸짖어 깨우친다. 어머니 젖꼭지는 지금은 감꽃처럼 까맣게 말라가지만 지난날 우리네 생의 근원이고 자연과 우주의 시작점이었다고 말하는 것이다.

   이 작품은 일상적이고 개별적인 소재를 감각적이고 섬세한 묘사로 기억을 재생시켜 깊은 인상을 심어주었다. 아울러 수필은 진정성 있는 고백으로 개별적 경험을 보편화하여 철학적 변환과 성장을 가져오는 문학 양식임을 확신할 수 있도록 한 작품이다.

율원에 산다

추선희

시간은 내 속도를 아랑곳 않고 인간관계는 내 뜻과 어긋난다. 그나마 공간은 내 의지를 반영할 수 있어 마음이 간다. 시간으로 다급해지고 사람으로 흔들리는 마음이 공간의 위로를 받는다. 덕분에 아슬해도 무사하게 하루에서 다음 하루로 건너간다. 건너가고자 나만의 공간을 무시로 매만진다. 생활자의 손과 감상자의 눈이 고루 필요하다.

그러다 어느 구석 어느 사물이 눈에 거슬리는 날이 있다. 가구나 그림일 수 있고 연필꽂이일 수 있고 연필꽂이 앞 핸드크림일 수도 있다. 꿈틀대는 마음 따라 사물이 움직이고 공간은 달라진다. 마음의 지형과 일치해야 걸림 없이 위로가 되므로 그 방향으로 간다. 거실에서 스트레칭을 하다 멈추고 소파를 부엌 쪽으로 조금 밀고 탁자를 따라 옮기고 탁자 위 바구니를 치워버리기도 한다. 그런데 가끔, 그러나 강렬하게, 죽기 전 아니 아프기 전에 온전히 내 취향에 맞춘 공간에서 일상을 누려보고 싶다는 욕망이 올라왔다. 더 늦기 전에 보다 큰 맥락을 바꾸고 싶었다. 이십여 년간 손보지 않은 아파트 안에서 꼼지락대는 것이 답답했나 보다. 이 욕망은 노화의 속도에 비례하여 빨라졌는데, 경제력의 문제로 단독 주택과 새

아파트에 대한 욕구는 쉽게 물러나고 지금 사는 곳을 리모델링하는 쪽으로 방향을 잡았다.

제대로 깊어진 욕망은 기회를 바로 알아본다. 촉수가 예민하다. 어느 날 들른 브런치 카페의 내부가 몹시 마음에 들었다. 단정하거나 자유롭게 아늑했다. 특히 목재가 엉기성기 받치고 있는 천정과 화장실 입구의 둥근 모서리가 눈에 들어왔다. 가볍지만 단단하고 뽐내는 곳도 없고 서로 기대는 곳도 없었다. 공간의 정체감이 확실했다. 나는 건축가 연락처를 구했고 상담을 의뢰했다. 집으로 온 건축가는 서재의 낡고 얼룩진 벽지를 들여다보더니 좋은데요, 라고 했다. 안방의 장판, 구형 가스레인지 등 뜻밖의 것에 감탄했다. 내 생각에도 아름다운 것은 모두 시간의 손길이 더해진 것이었다. 사물이든 사람이든 아름다움은 시간이 마무리한다. 그 건축가에게 공사를 맡기기로 했다.

시작은 철거였다. 몰라서 상상한 적 없던 공간의 맨몸과 처음 대면했다. 벽돌과 시멘트, 전선과 관, 크고 작은 구멍. 맨몸은 거칠지만 간결하고 제 홀로 당당했다. 여태 여기에 기대 살았구나. 벽지와 마루, 타일 아래서 말없이 있었구나. 설비, 전기, 미장, 목공, 도장, 벽지, 바닥, 조명, 가구 등을 거치며 공간은 안에서 밖을 향하여 차분히 나아갔다. 한 공간을 향유하기 위해 이토록 많은 과정과 일손이 들어가는 줄 몰랐다. 이면을 보았으니 이제부턴 표면이 달리 보일 것이다. 겹겹한 그 깊이에 더 잘 기댈 수 있을 것이다. 다른 한편으로 공사 서너 달 전부터, 그리고 공사 내내 상담이 이어졌다. 공사에 대한 이야기는 번번이 삶의 다른 영역으로 뻗어갔다. 사물과 사람, 매일의 습관과 삶의 지향, 자신과 가족, 과거와 미래, 죽음에 가닿았다. 공간 이야기는 본디 그렇게 사방팔방 퍼진다.

공사과정을 목격하면서 내 취향을 바로 반영하는 것이 이토록 재미날 줄 몰랐다. 그것은 생각이 물질로 구현되고 감정과 이성이 어우러지는 쾌락이었다. 예산으로 인해 우선순위를 고민해야 했지만, 그 역시 나에게 중요한 것이 무엇인지 확인하는 작업이었다. 원목 마루와 이끼 정원은 포기했다. 간살 창문은 포기할 수 없었다. 창은 방의 눈이기에 아름다운 눈을 가지고 싶었기 때문이다. 가구는 대부분 그대로 사용하고 그림을 돋보이게 하는 마이너스 몰딩과 부분 조명을 설치했다. 나는 무용하지만 아름다운 소유물이 있어야 현실에 발을 붙일 수 있는 사람이기 때문이다. 포기가 살짝 가미된 선택이 이어지는 가운데 공간은 마음과 나란히 가주었다.

재입주 전부터 이 공간과 사랑에 빠진 나는 '율원'이라는 이름을 지었다. 리듬 율, 정원 원. 만물, 만사가 리듬을 탈진대, 이곳에 제 음색대로 제 속도대로 리듬이 흐르기를 바라는 마음에서다. 지금 율원 안의 모든 것들은 순응과 동화를 되풀이하면서 적응 중이다. 공간과 공간, 사물과 공간, 사람과 공간, 사물과 사람, 사람과 사람 사이에 길이 생겨나고 있다. 앞으로 더 많은 샛길이 생겨나다 사라지기를 반복할 것이다. 간혹 사람 사이 균열이 일어나 어두워지는 내게 율원은 타이른다. 율원에서 그 정도 일로 리듬을 잃느냐, 각자 제 리듬대로 뛰노는 곳이니 기다려라. 아름다운 간살 창문으로 산을 바라보아라. 조명으로 환해진 그림 속으로 들어가 쉬어라.

시간과 사람은 여전해도 공간을 내 결대로 갖추고 나니 한결 견딜 만하다. 나는 그저 그 안에서 리듬을 타다가 종내 마지막 춤이나 추면 되겠다. 율원에 산다.《현대수필》 2025년 여름호

추선희
2008년《현대수필》등단 / 수필집『시시미미』『명함』 simple-hee@hanmail.net

| 평설 | **무용(無用)함을 예찬한다** | 신 상 조 |

아이들은 자기가 변화시킬 수 있거나 변화하는 것들에 흥미를 보인다. 어릴 적 소꿉놀이를 떠올려보자. 사금파리가 보석이 되고, 나뭇가지가 마법 지팡이가 되는 등, 아이들은 놀이 속에서 무한한 가능성을 경험한다. 공을 차거나 찰흙을 주무르며 신나게 놀고 있는 아이를 책상 앞에 데려다 앉히기가 지극히 어려운 이유다.

어른이라고 다르지 않다. "You Only Live Once"의 줄임말인 욜로(YOLO)는 한 번뿐인 인생을 후회 없이 즐기고, 현재의 행복을 가장 중요하게 여기는 현대인 삶의 태도와 소비 방식을 보여준다. 사소하게는 내 방의 가구 위치를 바꾸는 데서부터 거창하게는 새로운 리더가 시도하는 팀원들 교체까지도 '자율성과 주도성 발휘'라는 놀이의 측면이 개입한다. 요한 하위징아는 이러한 인간의 본성을 놓고 '호모 루덴스(Homo Ludens)', 즉 놀이하는 사람이라 명명했다. 이는 이성과 지혜와 지식을 갖춘 호모 사피엔스(homo sapiens, 知識人), 노동과 생산에 정통한 호모 파베르(homo faber, 工作人)와 정확히 대척점에 있는 인간관이다. 생산활동에서 소외된 인간이 자기의 시간을 적극적이고 쾌적하게 소비함으로써 인간 실존(實存)을 확증해 보려고 애쓰는 유형이 바로 호모 루덴스다.

추선희의 「율원에 산다」는 하위징아의 '호모 루덴스'를 떠올리게 하는 동시에, 그 제목이 마치 '욜로에 산다' 같다는 기시감을 불러일으킨다. '율원'과 '욜로' 둘 다 2음절에 울림소리가 많아서이기도 하지만, 실용성을 중시하지 않는 작품의 전반적 분위기로부터 기인한 착각이다. 작가는 "어느 구석 어느 사물이 눈에 거슬리는 날이 있다. 가구나 그림일 수 있고 연필꽂이일 수 있고 연필꽂이 앞 핸드크림일 수도 있다. 꿈틀대는 마음 따라 사물이 움직이고 공간은 달라진다."라고 쓴다. 나아가 그는 적극적 향유를 위해 이 공간을 "어느 날 들른 브런치 카페의 내부"처럼 꾸미려 작정한다.

카페 내부의 인상이 단정하면서도 자유롭게 아늑했다는 표현은 역설적이다. "목재가 엉기성기 받치고 있는 천정과 화장실 입구의 둥근 모서리가 눈에 들어왔다. 가볍지만 단단하고 뽐내는 곳도 없고 서로 기대는 곳도 없었다."라는 묘사와 진술이 카페에 대한 우리의 상상을 돕는다. "나는 무용하지만 아름다운 소유물이 있어야 현실에 발을 붙일 수 있는 사람"이라는 대목은 무용함이야말로 곧 유용함이라는 작가의 내면 의식을 드러낸다. 무릇 창조 행위란 어떤 외부적인 보상이나 강요 없이 내적인 만족감을 위해 이루어지기 때문이다.

쇼펜하우어는 인간이 고통(Suffering)과 권태(Boredom) 사이를 오간다고 보았다. 에드워드 랠프는 "인간답다는 것은 의미 있는 장소로 가득한 세상에서 산다는 것"이라고 했다. 어쩌면 작가에게 '율원'은 욕망이 충족되지 않은 고통에서 벗어나기 위한 노력이거나, 자기의 공간을 "리듬을 타다가 종내" 춤을 추기 위한 정원으로 재구성하려는 예술적 행위다. 이번만큼은 쇼펜하우어보다 에드워드 랠프를 지지하고 싶다.

고흐의 별, 나선은하 M51a

김미경

 눈물 젖은 별을 본 적이 있는가. 세상엔 내가 울면 같이 우는 별, 내가 웃으면 함께 웃는 웃음 뭉치, 별무리도 있어라.

 생레미 마을 하늘에 뜬 소용돌이별을 본다. 얼마나 오래 바라보아야 별로 뜰 수 있을까. 우주선을 타지 않아도 은하계로 날아가 별이 된 사람을 나는 기억한다. 고흐는 세상에서 상처를 받아도 더 이상 슬프거나 아파하지 않겠다는 의지를 별빛으로 돌돌 휘감은 소용돌이별로 탄생시켰다. 생폴 드 모솔 수도원의 요양병원 병실에서 바라본 별은 수소 가스를 태워 빛을 내는 가스덩어리만은 아니었다. 그것은 고흐의 눈물을 닦아주고, 마음의 소리에 귀를 기울인 치유의 별은 아니었을까. 소용돌이 별들이 상처 많은 화가의 마음속으로 꿈틀거리며 굴러왔을지도 모른다. 세상과 불화하고 슬픔으로 점철된 노스텔지어, 어둠 속에 갇혀 빛을 갈구하는 영혼, 예술을 이어갈 수 없는 가난한 현실의 고통을 회오리 별들이 다 알고 있다는 듯 그러안아 주었으리라.

 <별이 빛나는 밤> 그림에서 소용돌이별 패턴은 고흐가 앓았던 정신병이나 뇌전증 증상으로 나타난 병적인 문양으로만 볼 수 있

을까? 화가가 병에 걸렸다는 이유만으로 그의 순수한 예술성마저 부정적으로 해석하고 속단하는 것은 지나친 편견과 선입견 때문일 듯싶다. 마이클 벤슨이라는 예술가는 <별이 빛나는 밤>에서 소용돌이별은 고흐가 나선은하 M51a를 직접 보고 그린 것이라고 주장했다.

나는 고흐의 별이 아픈 별이 아니라는 걸 세상에 보여주고 싶었다. 당장 나선은하를 찾아 나섰다. 손전화 직사각형 프레임 안에서 우주 풍경을 불러왔다. 은하는 천억 개 이상의 별을 거느린 별들의 집합소라고 한다. 파랑, 초록의 어린 별들이 태어나고, 노랑 빨강 갈색의 늙은 별들이 머물다 사라진다. 은하 중심엔 밝은 빛을 내는 핵이 있다. 블랙홀도 있어서 암흑물질과 가스 성간 먼지 주위의 별들을 끌어모으기도 한다.

여름밤 은빛 강물처럼 흐르는 별무리를 본 적이 있는가. 바로 사수자리에 떠 있는 은하수다. 어릴 적에 외가에서 여름 방학을 보낼 때였다. 그곳에서 은하수를 본 적이 있었다. 툇마루에 누워 팔베개를 하고 밤하늘을 보았다. 머리 위로 희뿌연 별무리가 쏟아질 듯 빛나고 있었다. 까마귀와 까치가 견우와 직녀를 만나게 하려고 은하수에 모여 몸을 잇대어 오작교를 만들었다는 전설을 떠올리면 더욱 마음이 설렜다. 순수한 그 시절, 설레는 마음을 온통 은빛 강물이 흐르는 별빛으로 적시고 싶은 여름밤이 나는 참 좋았다.

안드로메다는 지구에서 가까운 곳에 떠 있는 가장 밝고 거대한 운하라고 한다. 붉은색과 노란색 별들이 가득한 타원은하는 마치 레코드판 같이 생겨서 추억의 팝송이 들려오지 않을까 싶어 귀를 쫑긋거리게 된다. 챙이 넓은 멕시코 모자와 비슷하게 생겨서 이름 지어진 솜브레로 은하, 이 은하는 UFO같이 생겨서 외계인이 살고 있을 것만 같다.

사냥개자리에 떠 있는 별무리, 나선은하에서 바로 고흐의 소용돌이별이 탄생했다. 그것은 나선 팔 두 개를 갖고 있는 한 쌍의 은하다. 커다란 나선은하와 그 은하의 나선 팔 끝에 살포시 앉은 작은 나선은하를 가리켜 부자(父子) 은하라고도 한다. 커다란 나선은하는 M51a, 작은 동반나선은하는 M51b다. 나선은하 M51a에서는 두 개의 나선 팔을 회전하면서 우아한 소용돌이 율동을 볼 수 있다. 둥글게 회전하는 역동적인 모습이 자못 아름답다. 나선은하를 이루는 두 개의 나선 팔은 천억 개의 별들, 은빛별과 분홍별 파랑별 초록별 빨강별 보라별을 품고 있다. 아름다운 별과 함께 어두운 먼지, 가스, 죽은 별들도 나선 팔로 휘감고 있다. 두 개의 나선 팔에는 반짝이는 것들과 빛을 잃은 것들이 충돌하지 않고 함께 공존하고 있다고 한다. 마치 빛과 그림자 기쁨과 슬픔이 공존하는 인간의 삶을 들여다보는 듯하다.

나선은하에서 고흐의 소용돌이별이 보인다. 고흐는 생레미 마을 하늘에 반달과 짧은 나선으로 이루어진 은회색별, 노랑별 초록별 파랑별을 그려 넣었다. 소용돌이별 중앙에 중심별도 덧칠했다.

중심별 한가운데엔 노란색 주황색 빨강색 점을 찍어 은하에서 가장 밝게 빛나는 핵을 표현했다.

수없이 많은 짧은 붓질로 표현한 소용돌이별 나선에는 휘몰아치는 절망과 슬픔, 열정과 꿈 따뜻한 정을 그리워한 화가의 마음이 한데 섞여 회오리치고 있었다. 회오리별이 뜬 밤하늘은 세상 어디에도 마음 둘 곳 없던 예술가가 마음 놓고 편히 쉴 수 있는 품이 돼 주었을지도 모른다. 그 누구에게도 구애받지 않고 온전히 누릴 수 있는 자신만의 아늑한 공간이었을 거다. 소용돌이별은 상처투성이 예술가를 있는 그대로 보듬어주고 둥글게 안아준 품이 돼 주었지 싶다.

나는 언제부터 고흐의 소용돌이별을 좋아했을까. 부끄럽지는 않지만, 슬프도록 남루하고 초라해서 숨기고 싶은 학창 시절이었다. 해외 파견 건설 근로자로 선발된 아버지가 사막의 나라로 떠나셨다. 나와 여동생은 사촌언니 집에, 오빠는 사촌오빠가 있는 고모 집에 외딴 별처럼 뿔뿔이 흩어져 지냈다. 아버지가 보고 싶거나 엄마가 그리울 때면 하늘바라기 별바라기가 되었다. 별을 보고 있으면 먼 나라에 계신 아버지도 별을 보고 있을 거란 생각이 들어서 마음에 위안이 되었다. 친척 집에서 저녁을 먹고 나면, 창문 너머로 별을 바라보곤 했다. 길을 잃지 않도록 방향을 알려주던 북극성과 개밥바라기별은 얼마나 빛나는 존재였던가.

미술 교과서 <별이 빛나는 밤>에서 고흐의 별을 처음 보았다. 오각형별만 보아온 내 눈에 고흐의 둥근 별은 낯설어 보였다. 오래 지나지 않아 내가 어른이 되었을 때 세상엔 눈물 젖은 별도 있다는 걸 알게 되었다.

이제껏 살면서 겨울밤 같은 날들이 왜 없었을까. 지난날을 되돌아보면 손톱 끝이 닳도록 열심히 살아온 날들이 은하수처럼 아득하게 펼쳐진다. 이 세상에 나 혼자만 덩그러니 남아 있는 것 같은 마음이 들 때도 있다. 먼 곳으로 떠난 부모님이 그리워지는 날엔 무심히 밤하늘을 올려다보곤 한다. 춥고 어두울수록 삐쭉빼쭉 돋아나온 별들이 더욱 선명하게 보인다. 유난히 반짝이는 별 하나가 시선을 잡아끈다. 별에 도깨비 뿔이 여기저기 솟아난다. 어느 순간 도깨비별이 눈덩이처럼 둥글어진다. 순식간에 고흐의 소용돌이별이 되었다가, 천억 개의 별들을 거느린 나선은하 M51a가 되어 내게 굴러오는 것 같다. 그리움에 지친 눈물로 뭉쳐서 둥글어진 별무리, 나선은하가 울컥한 나를 안아준다. 내 마음을 다 알고 있다는 듯, 반짝이는 얼굴로 웃어준다. 나도 따라 눈물 어린 웃음을 웃는다.《선수필》 2025년 여름호

●

김미경
2021년《매일신문》신춘문예 등단 noblemind12@naver.com

| 평설 | **별, 경이로운 예술의 시원(始原)** | 한 혜 경 |

    1889년, 생레미 마을 정신병원에서 밤하늘의 별을 쳐다보던 사람이 있었다. "별이 반짝이는 밤하늘은 늘 나를 꿈꾸게 한다." 그는 그림을 그릴 때만 비로소 살아있는 느낌이 들었던 사람이었다.(『반 고흐, 영혼의 편지』) 많은 것을 사랑하며 살아가고 싶었으나, 세상이 알아주지 않아 불화와 가난으로 고통을 받았던 사람, 그는 이제는 너무나 유명한 빈센트 반 고흐이다.

    별을 그린 그림 중 가장 유명하고 몽환적인 <별이 빛나는 밤>에서 별은 흔히 알려진 모양이 아니라, 회오리치는 듯한 모양을 하고 있다. 고요히 어둠에 잠겨 있는 마을 위로 짙은 코발트색 밤하늘에 떠 있는 11개의 별들과 달은 두터운 빛들로 둘러싸여 있고, 그 가운데 흰빛과 노란빛, 푸른빛으로 소용돌이치는 빛무리가 역동적 에너지를 내뿜고 있다.

    김미경의 「고흐의 별, 나선은하 M51a」는 고흐의 별에서 자신의 이야기를 오버랩시켜 눈물 젖은 이들을 따뜻하게 감싸 안는 글이다. 학창 시절 가족이 뿔뿔이 흩어져 지낼 때 친척집 창문 너머로 바라보던 별. 별을 보며 위안을 얻었기에, 고흐에게도 별은 "눈물을 닦아주고 마음의 소리에 귀를 기울인 치유의 별"이었으리라고 짐작한다. 곧 "고흐의 별"은 작가 자신의 별이기도 하다.

    그래서 고흐의 별을 "병적인 문양"으로 해석하는 것에 이의를 제기하며, 나선은하를 보고 그린 것이라는 마이클 벤슨의 주장에 동조한다. 나선 팔 두 개를 갖고 있는 한 쌍의 은하. 무려 천억 개의 별들을 휘감고 회전하면서 만들어내는 소용돌이 율동에서 고흐의 별을 보는 것이다.

사실 고흐가 나선은하를 알았는가 여부는 중요하지 않다. "휘몰아치는 절망과 슬픔, 열정과 꿈, 따뜻한 정을 그리워한 화가의 마음"과 "더 이상 슬퍼하거나 아파하지 않겠다는 의지"가 소용돌이별로 표현되었으며, 그 별이 "상처투성이 예술가를 있는 그대로 보듬어주고 둥글게 안아준 품이 돼 주었지 싶다"고 느끼며 공감하는 누군가가 존재한다는 사실이 중요하다. 바로 예술 작품이 탄생하는 장면이자, 예술의 의의를 보여주는 지점이기 때문이다.

이때 별은 "수소 가스를 태워 빛을 내는 가스 덩어리"를 넘어선다. "어둠 속에 갇혀 빛을 갈구하는 영혼"의 간절한 희망이며, 강렬한 색채를 통해 표현된 꿈과 사랑으로 거듭난다. 그리고 누군가의 가슴을 울리는 감동의 선율이 된다.

그리하여 고흐의 별은 1889년에 완성된 그림 안에 갇히지 않고 영원한 빛을 획득한다. 지구상 어딘가에서 "남루하고 초라"한 현실 때문에 슬프고 외로운 누군가의 마음을 위무하고 안아주기도 하고 그 마음을 다 알고 있다는 듯 웃어주기도 한다. 좀 더 나아가, 그 심정을 꾹꾹 눌러 담아 수필을 완성하게도 하니, 별이란 경이로운 우주가 펼쳐내는 무궁한 기적에 감탄하지 않을 수 없다.

박물관에 안긴 어머니

이난영

    시어머님께서 골반을 다쳐 8년 동안 병석에 누워계셨다. 얼마 전부터 건강 상태가 예사롭지 않아 혼자 운명하실까 봐 신경을 곤두세웠다. 보름 동안 날밤을 새웠더니 다리를 주무르는데 졸음이 쏟아져 머리가 끄덕끄덕 곤두박질쳐졌다. 시계를 보니 11시 50분이다. 내려앉는 눈꺼풀을 손으로 밀어 올리며, "어머니! 저 눈이 자꾸 감겨요. 자도 될까요?" 하고, 여쭈었다. 저녁에 목욕시킬 때만 해도 이상 없었는데 말문이 닫힌 듯 대답을 못 하시고, 회광반조 현상이 나타났다. 생명의 해가 지고 있음을 직감했다. 남편과 아들을 깨우고, 준비했던 한복을 입히는데, 손은 떨리고 어머니 몸은 점점 굳어가고 있어 제대로 입힐 수가 없었다. 간신히 속옷과 속치마를 갈아입히고, 버선까지 신겨드리고는 마지막으로 분홍색 치마저고리를 입혀드렸다. 새색시처럼 선연했다. 품에 안으며 감사의 마음을 전했다. 이승의 번뇌를 해탈한 듯 염화미소 지으며, 0시 13분에 자는 듯 가셨다.

    시할머님의 오랜 치매로 온 가족, 특히 어머니는 긴장의 나날을 보냈다. 할머님이 90세에 영면에 들자, 대추방망이처럼 야무지단 소리를 듣던 어머님은 탈진증후군에 시달렸다. 다행히 78세에 바느질로 우울증을 극복하고, 인생 2막을 시작하셨다. 봉사활동을 하며 아름다운 노후를 보내던 중, 82세에 골반을 다쳤다. 정신은 또렷한데 옴짝달싹 못 하시니, 애절초절함은 뭐라 말할 수 없었다. 몇 개월 입원 치료하였으나 조금의 차도도 없으니 의사 선생님은 큰일을 대비하란다. 속울음을 삼키며 집으로 모셔 왔다.

현관에 들어서자, 표정이 밝아지셨다. 하지만, 해가 서산에 기울 듯 시나브로 쇠잔해지셨다. 갖은 정성 다해도 백약이 무효였다. 어머님은 청주의 대갓집 규수가 시골 가난한 선비를 만나 지난한 삶을 사셨다. 선비인 아버님을 대신해 집안일과 들일을 도맡아 하며, 삯바느질까지 하셨다고 한다. 허리띠를 졸라매면서도 60~70년대 시골에서는 보기 드물게 아들들을 대학교에 보낸 현모이시다. 빚은 물려받았으나 그런 어머님을 위해 우리는 평생 어머님 뜻을 어기지 않고, '안갚음'에 최선을 다했으나 아픔과 죽음을 대신할 수는 없었다.

삶의 마지막을 "한 세상 잘 살았노라. 행복했노라." 웃으며 가실 수 있도록, 선녀처럼 고운 모습으로 보내드리기로 했다. 화사한 분홍색 실크 한복을 채비하여 머리맡에 놓으며, 어머니는 우리의 우주였다고 말씀드렸다. 내 손을 꼭 잡으며 "타고난 맏며느리였다."라며, 고마워하시는데 눈물이 앞을 가렸다. 만일의 사태를 대비하면서도 희망의 끈을 놓지 않고, 양한방 치료를 병행하였다. 알 수 없는 힘의 작용인지, 양방과 한방의 융합이 효험을 보인 것인지, 옴짝달싹 못 하던 몸이 조금씩 움직였다. 머리맡에 두었던 한복을 장롱 속에 고이 모셔 두었다. 2년이 지나자, 보행 보조기에 의지하고 화장실 출입이 가능해졌다. 앉은뱅이처럼 누워서 저승 문을 들어설 수 없다는 어머님의 굳은 의지가 기적을 만들어냈지, 싶다. 8년이란 세월이 흐르고, 아들, 딸, 손주들이 지켜보는 앞에서 90세의 생신상을 받으셨다. 보고 싶은 자손들을 모두 보았기 때문일까. 기력이 급격히 떨어지셨다. 어둠의 그림자를 쫓아내려 고수련해도 소용이 없다. 장롱 속에 깊숙이 보관하던 한복을 꺼내 머리맡에 놓으며, 제 품에 안겨서 가셔야 한다고 신신당부했다.

맏며느리를 끔찍이도 사랑하시던 어머님은 내 품에 안겨서 꿈을 꾸는 듯 먼 여행을 떠나셨다. 인생 소풍 끝내는 모습이 천사처럼 고왔다. 팔 년을 누워계셨는데도 천명을 다하셨기 때문일까. 너무도 평온한 모습에 슬픔은 안도로 바뀌었다. 병원에 도착하니 이렇게 고운 옷 입고 가시는 분은 처음 본다며, 복인이라고 추어준다. 장례를 마치고 옷을 정리하는데 회한의 눈물이 쏟아졌다. 비옵하여 어머님의 삶이 오롯이 배어 있는 모시 치마저고리와 염주, 그리고 수계증을 보관했다. 유품을 볼 때마다 이승의 인연을 내려놓고, 새처럼 바람처럼 훨훨 날아가고 싶은데, 내가 붙들고 있는 것은 아닌가 하면서도 20년을 보관했다.

지난해 말, 삶과 죽음은 별개가 아니라 나란히 같이 걸어간다는 것을 터득할 정도로 가까운 친인척과 지인들의 애석한 소식을 자주 접했다. 특히 나보다 여덟 살이나 어린 동서의 죽음은 큰 충격이었다. 하여, 나도 주변 정리의 필요성을 느꼈다. 어머니 옷이 고민되었다. 아들에게 대물림할 수도 없고, 재활용함에 넣자니 죄스러웠다. 고심 끝에 충북대학교 박물관에 문의했다. 흔쾌히 가져오란다. 모시 치마저고리와 수계증을 상에 올려놓고 큰절을 올리고, 박물관으로 가져갔다. 박물관에 안착하기를 기도하면서 돌아오는데 발걸음이 떨어지지 않았다. 뒤를 돌아보니 하얀 나비 한 마리가 나풀나풀 춤을 추고 있다. 어머님을 대하듯 한참을 바라보았다.

모시옷을 기증한 지 100일째 되는 날 궁금하여 박물관에 전화했다. 보존 가치가 있다고 한다. 어머니의 체취가 배어 있는 모시옷이 박물관에 안긴 것이다. 안도와 감사함으로 수화기를 내려놓는 손이 사르르 떨렸다. 꽃잎 떨어져도 향기가 남아 있듯 어머님이 우리 곁을 떠나신 지 오래되었지만, 그 향기는 영원히 가슴속에 남아 있다. 인자하고 부드러운 숨결로.《수필문학》 2025년 1·2월호

이난영
2000년《한맥문학》등단 / 수필집 『행복 부스터, 바람을 덮다』 외 1권
lny2945@hanmail.net

| 평설 | **회광(回光)하여 반조(返照)하는 사랑** | 이 방 주 |

    회광반조(回光返照)는 "희미한 빛이 반사되어 비춘다"라는 의미이다. 대개 죽음을 앞두고 잠시 기력을 회복하는 모습을 보일 때도 회광반조 현상이라고 말한다. 불가에서는 삶의 끝자락에서 깨달음을 얻어 내면의 믿음이 깊어지는 것을 이르기도 한다. 자식이 부모를 공경하는 것은 당연한 도리이다. 그런데 효도는 일방적이라고 생각할 수도 있어서 예로부터 부자자효 형우제공(父慈子孝 兄友弟恭)이 진정한 사랑이라고 가르쳤다. 가족 구성원 간에도 사랑은 수평적이어야 한다는 말이다. 고부간의 사랑도 수평적이어야 시어머니께 진정한 마음을 담아 공경하고 효도를 다할 수 있을 것이다.
    이난영의 「박물관에 안긴 어머니」는 고부간의 수평적 사랑을 평이하고 잔잔한 어조로 그려내어 독자에게 깊은 울림을 준다. 시어머니에 대한 사랑은 그분이 살아온 여정에 대한 존경심으로부터 시작된다. 고난의 역사 속에서 살아온 우리 겨레의 부모님들 삶은 순탄할 수 없었다. 작가의 시어머니도 대가집 규수가 가난한 선비를 만나 '지난한 삶'을 살면서 밭일, 삯바느질을 하여 자식을 공부시키고, 치매인 구순 노모를 모시는 등 '안갚음'에 최선을 다했다. 그런 시어머니를 '우리의 우주'라며 존경하면서 자신도 맏며느리로서 안갚음에 솔선수범한다.
    시어머니에게 운명(殞命)의 시간이 다가오고 회광반조 현상이 일어나자 경건하게 임종을 준비한다. 병원에서 '속울음을 삼키며' 집으로 모셔와 '생명의 해가 지고 있음을 직감'하여 '장롱 속에 깊이 보관한 한복'을 준비한다. 그리고는 '제 품에 안겨서 가셔야 한다'고 시어머니 마음을 안정시킨다. 생사를 달관하는 사랑이다. 그러면서 '어둠의 그림자'를 쫓아내려 '고수련'한다. 시어머니 가시는 길에 분홍색 치마저고리로 마지막 배웅의 옷을 입혀드리고 아기를 잠재우듯 품에 안는다. 어머니는 맏며느리 품에 안겨서 '꿈을 꾸듯 먼 여행'을 떠나셨다. 그렇게 시어머니를 보내드릴 수 있는 며느리는 그만큼 자애로운 사랑을 받았기 때문이다. 자신이 받은 사랑의 빛을 되비쳐드리는 모습에 읽을수록 감동이다.

그리움으로 세월을 보낸 작가는 생각의 반전을 맞는다. 삶과 죽음은 다른 것이 아니고 나란한 것이라는 진리를 문득 깨닫게 된 것이다. 시어머니를 보낸 슬픔과 그리움이 빛이 되어 자아의 내면에 반조된 것이다. 보관해오던 어머니의 치마저고리, 염주, 수계증을 모셔놓고 작별의 큰절을 올린다. 그리고 모시 치마저고리를 박물관으로 보낸다. 소대(燒臺)에 올려 태우는 것이 망자가 편안하게 이승의 강을 건너도록 하는 전통 예법이겠으나, 박물관에 모시는 것이 오히려 사랑하는 어머니가 영생하는 길이라고 믿었을 것이다.

이 작품은 수필에 수용되는 서사의 중요한 요건인 진정성 있는 고백으로 독자에게 큰 공명을 일으켰다. 효를 넘어선 고부간의 사랑으로 독자에게 깨달음의 빛으로 돌아가 내면에 깊은 믿음을 심어준 작품이라 할만하다.

진혼굿

황혜란

"신의 세계에 발을 들여놓고 내가 신을 나 몰라라 하면 혹시 애들이 잘못될까, 그러면서 전전긍긍 살았어. 우리 큰아들이 네 살 그 어린 나이에 허망하게 죽었는데 작은집 조카새끼가 스물다섯에 또 교통사고로 저세상을 간 거야. 우리 아들의 원혼은 못 달래줬지만 조카새끼도 내 아들 아닌가. 그 녀석을 잘 달래서 보내주면, 지노귀굿을 해서 잘 보내주면, 다시는 우리 집안에 이런 비명횡사는 일어나지 않겠지, 그런 마음으로 굿을 했어. 코딱지만 한 어린 자식을 보내도 그리 아픈데, 다 키워 죽인 자식 정을 떼는 그 아픔은 또 얼마나 클 것이야." —연화보살

그녀는 십삼 년 전 추석 전날을 떠올리며 몸서리를 쳤다. 모두가 깊이 잠든 밤, 연화보살의 휴대폰이 울렸다. 그녀의 막내아들과 꼭 동갑인 작은집 아들이 오토바이 사고로 목숨을 잃고 말았다는 비보였다. 얼마나 크게 소리쳐 울었는지 모른다. 어찌 양쪽 집안에서 자식을 교통사고로 똑같이 잃을 수가 있단 말인가.

전화를 받고 오열하는 그녀를 그저 바라볼 수밖에 없었다. 얼굴이 창백한 사촌동생이 누워있던 새벽의 응급실에서도 멍하니 서

있을 뿐이었다. 죽은 사촌동생이 화장터의 이글거리는 불 속에서 타들어갈 때도 다리에 말뚝이 박힌 듯 버티고만 있었다. 죽은 이를 보내는 행위 앞에 나는 빈틈없이 무기력한 인간이었다.

그녀는 녀석의 부모보다 더 비통하게 울어주었다. 부모가 어찌 스물다섯 해나 키우며 쌓은 정을 단번에 끊어낼 수 있으랴, 자식을 잃어본 어미의 마음을 나 아니면 누가 알랴, 서럽게도 울었다.

장례를 치르고 나서 그녀는 죽은 아들을 위한 것인 양 조카자식을 위한 진혼굿에 심혈을 기울였다. 가장 좋은 날을 잡고, 망자를 위한 상차림도 더할 나위 없이 거하게 차렸다. 통돼지 한 마리를 배를 갈라 속을 비워 준비했다. 큼직한 소갈비 한 짝도 주문해두었다. 도매시장에 나가서 갖가지 과일을 직접 골라왔다. 모둠전도 종일 쪼그려 앉아 부치고 또 부쳐댔다. 삼색나물을 관절이 시큰하도록 꼭 짜서 무쳐두고 생선과 해물 등도 깔끔히 손질해두었다.

넉넉한 사람들이라면 굳이 억울하게 죽지 않아도 넋을 달래기 위한 굿을 한다. 모두가 사람의 혼을 이리 정성스레 보내주면 좋으련만 현실은 그리 녹록지 않은 경우가 많다. 그래도 젊은이가 사고로 죽거나 억울하게 생을 마감했다면 필시 원혼을 위해 굿을 해줘야 한다고 그녀는 늘 말해왔다.

스물다섯. 꽃이 피기도 전에 져버렸으니 망자는 얼마나 외롭고 힘들 것인가. 그녀는 자신의 큰아들과 꼭 같이 교통사고로 생을 달리한 조카자식이 하염없이 가엾었다. 집안에 드리운 비명횡사의 대물림을 꼭 끊어내고 싶었다. 반드시 그렇게 해야만 했다.

그녀의 할머니도 무당이었다. 그녀의 뿌리, 대물림의 시초였다. 할머니의 남편인 할아버지는 집 뒤편 나무에 목을 매달아 자살했다. 아버지는 일본 노무대에 끌려갔다가 병을 얻어 돌아와 일찍 생을 마쳤다. 그녀의 큰오빠와 막내 남동생도 어린 나이에 병으로 모두 죽었다. 이 집안에 뿌리 깊게 틀어박힌 죽음의 고리를 무엇으로도 설명할 길이 없었다. 빌고 또 빌어야만 했다. 그녀가 할 수 있는 것은 기도뿐이었노라 되뇌었다.

유독 집안의 남자들에게 불운이 반복되었다. 죽음의 신이 그녀의 조막만 했던 아들에게도, 조카자식에게도 내려앉았다. 그런 일이 다시는 없기를 바라는 마음으로 진혼굿에 그녀는 온 마음과 몸을 담았다.

진혼굿이 벌어지던 날 밤에도 나는 그곳에 머물렀다. 우리는 무언가를 했지만, 또 아무것도 하지 않음과 같았다. 떠나가는 사람을 위해서 하는 어떤 행동도 죽은 이와 소통이라는 생각은 없었다. 나는 홀로 완벽하게 외로웠다.

어스름한 저녁, 굿당으로 모두가 출발했다. 트렁크 가득 실린 갖가지 음식을 내려 너른 교자상 세 개를 쪼르르 붙여서 제단을 차렸다. 그녀의 법당에서 장구며, 징, 방울이 외출하는 날이다. 일하는 사람들은 필요한 물건을 신속히 가져다주며 분주했다. 그녀도 챙겨 입을 옷을 가지런히 정리하며 머리를 한 번 더 단정히 빗었다. 방에 딸린 화장실에 들락거리며 네 명의 무당이 굿판을 위한 시동을 걸었다. 망자를 위한 화려한 치장이었다. 선홍빛의 립스틱을 칠하고 분도 두텁게 두드려 발랐다. 한 구절마다 갈아입을 옷의 색은 노랑, 빨강, 파랑, 초록으로 눈이 쨍하게 밝고 호화스러웠다.

굿 비용이 비싼 이유가 있다. 엄청난 노동의 대가이고 정갈한 마음으로 지극한 정성을 바쳐야 하는 일이기 때문이다. 차려질 음식을 돈 주고 사면 좋지만 그러면 정성은 반감된다. 하나하나 조심조심 지극하게 마음을 기울여 음식을 마련한다. 그녀는 수일 전부터 시장을 들락거리고 음식을 마련하느라 입술이 부르틀 지경이었다.

초여름의 산속은 한기가 돌았다. 나무들 사이로 구슬픈 풍악이 울려 퍼졌다. 굿당은 보통 깊은 산속에 위치한다. 망자를 위해 소리치고 울어도 전혀 방해받지 않을 만큼 세상과 동떨어져 있어야 한다. 무당들은 자신이 맡은 부분에 최선을 다하며 악사의 가락에 몸을 맡겼다. 굿이 벌어진 방의 열기가 무르익고 있었다. 춤을 추며, 부채를 들었다가 칼을 휘두르는 무당의 입에서는 거친 숨소리가 연신 뿜어져 나왔다. 한바탕 쏟아내고 나면 얼굴은 땀으로 번질거렸고, 한복 겨드랑이가 흥건히 젖어버렸다.

아들을 잃은 작은엄마 작은아빠는 벽에 붙어 서서 무표정한 얼굴이었다. 나는 동생들과 그 옆에 함께 서 있었다. 이상하리만치 작은엄마는 눈물이 없었다. 사촌동생이 누워있던 응급실에서도 멍하니 서 있기만 했었다. 머리가 다 하얗게 세어버린 작은아빠는 고개를 뚝 떨군 채 당장이라도 무너질 것처럼 보였다.

연화보살, 나의 엄마는 목에 핏대가 서도록 악사의 피리에 맞춰 소리를 뽑아내었다. 당신의 잃어버린 아들을 위한 노래인지도 몰랐다. 서럽게 울며 작은엄마의 손을 잡았다가 작은아빠의 어깨를 쓰다듬기도 했다. 그들은 그제야 함께 눈물을 흘렸다. 아들의 온기라도 느껴지는 것일까.

그녀는 서글피 노래를 하다가 갑자기 굵은 목소리로 말하기 시작했다.

"엄마, 내가 그날 오토바이를 타지 않는 건데 미안해. 엄마도 알지? 나 오토바이 한 번도 몰아본 적 없는 거. 아, 글쎄 그날따라 친구 녀석이 그렇게 같이 타고 가자고 나를 끌어대는 바람에 내가 어쩔 수 없이 타게 된 거야. 너무 미안해. 엄마. 내가 엄마한테 마지막 인사도 못 하고 이렇게 떠나서 미안해…."

작은엄마는 그저 그녀의 손을 잡고 고개를 연신 끄덕이며 중얼거렸다.

"오냐, 오냐. 안다. 알아…."

다리에 힘이 풀린 작은아빠는 주저앉으며 울기 시작했다. 굿판이 절정에 다다르고 있었다. 그 방에 있는 숨 쉬는 존재들은 모두가 함께 울고 있었다. 무당은 춤사위로, 악사는 피리로, 나는 온몸으로 통곡했던 밤이었다.

마지막으로 그녀는 내게 다가왔다. 뜨거운 손이 나를 감쌌지만

나는 차마 그녀의 얼굴을 볼 수 없었다. 엄마인지 누군지 모를 존재가 내게 말했다.

"누나, 나 이제 갈게."

귀가 멍멍하고 말문이 막혔다. 나를 잘 따르던 사촌동생이 내게 마지막 인사를 건네는 것인가. 지켜보며 눈물을 가까스로 삼켰던 나는 급기야 울음소리가 터졌다.

나는 신내림 굿과 진혼굿을 자주 보아온 무당의 딸이다. 엄마가 그 속에 있지만 우리 엄마가 아닌 듯 늘 장면 장면은 생경하기만 했다. 상다리가 부러질 것만 같다는 표현이 딱 들어맞도록 거하게 차려진 음식. 죽은 이를 보내는 과정은 이처럼 화려하고 돈이 많이 든다. 이렇듯 많은 노력과 정성에 금전까지 들여가며 굿을 하는 이유는 뭘까? 나는 그 연유를 죽음의 하찮음, 헛헛함에서 찾았다. 사람이 죽는 장면이나 상황은 어이없이, 예고 없이 일어나곤 한다. 특히 준비되지 못한 죽음 앞에서 남은 이들의 선택은 강제된 무기력뿐이다.

살아있는 사람은, 끔찍한 사고 앞에선 경직되고, 병들어 죽어가는 이 앞에선 눈물이나 떨굴 수밖에 없었다. 그렇게 보낸 사람을 위해 무엇이든 해야만 맺힌 설움이라도 터져 나올 것이다. 마지막이라는 의미 앞에서 남은 사람들은 그동안 꺼내지 못했던 가슴 속 깊은 보석까지 꺼내오는 것인지도 모른다. 이미 떠났지만, 지금이라도 그럴 수 있어서 다행이라면서.

어제까지도 곁에 있었던 심드렁한 일상이 오늘은 너무 값진 소원이 되어버릴 것이다. 매우 늦었지만, 그 일상의 소중함을 잊은 대가로 진혼굿을 하는지 모른다. 나는 무당 엄마에게서, 사촌동생을 날려 보낸 작은엄마에게서 뒤늦은 후회를 엿보았다. 속절없이 보낸 죽음의 대물림이 제발 이번 대에서 끝났기를. 집안 여인들의 곡소리가 울렸던 깊은 밤, 산속의 굿당에서 나는 역시나 우두커니 서 있었다. 그리고 아주 깊게 소리 내어 울었다.

《에세이스트》 2024년 3·4월호

●

황혜란
2022년 《에세이스트》 등단 / 산문집 『조연시대』 polhwang@naver.com

| 평설 | 울음으로 완성되는 공감의 장(場) | 한 혜 경 |

"신의 세계에 발을 들여놓고 내가 신을 나 몰라라 하면 혹시 애들이 잘못될까, 그러면서 전전긍긍 살았어."

황혜란의 「진혼굿」은 이 선득한 고백으로 글을 연다. 모두 다섯 문장으로 이뤄진 연화보살의 말은 소설에서 인물의 내면을 보여주기 위한 전략으로 종종 활용되는 내적 독백이다. 황혜란은 이를 수필에 도입하여 연화보살의 독백을 전면에 배치, 앞으로 전개될 이야기를 압축해 보여준다.

본문은 3인칭 소설처럼 "그녀는"으로 시작한다. "그녀는 십삼 년 전 추석 전날을 떠올리며 몸서리를 쳤다." 이 음산한 문장은 현재 작은집 아들이 오토바이 사고로 목숨을 잃었다는 비보에 과거 어린 아들의 죽음이 오버랩되었음을 암시한다.

집안의 비명횡사는 이뿐만이 아니다. 그녀의 할아버지는 자살했고, 아버지는 일찍 생을 마쳤으며, 큰오빠와 막내 남동생도 어린 나이에 병으로 죽었다. 이처럼 집안 남자들에게 내려오는 '뿌리 깊게 틀어박힌 죽음의 고리'를 끊기 위해서 무당인 그녀가 할 수 있는 것은 기도뿐이다. 그러니 그녀의 진혼굿은 '그런 일이 다시는 없기를 바라는 마음'으로 '온 마음과 몸'을 담아낸 안간힘이라 할 수 있다.

이처럼 굿을 할 수밖에 없는 사연과 준비과정을 세세히 서술한 후,

'나'는 자신이 연화보살의 딸임을 밝힌다. '그녀'를 주인공으로 한 묘사 위주의 앞부분에서 '나'는 숨은 서술자로 기능하다가, 후반부 자신의 생각을 나타내면서 모습을 드러낸다. 이에 따라 초여름 깊은 산속에서의 굿의 정경이 생생하게 펼쳐지는 것이다.

굿의 클라이맥스는 연화보살이 "갑자기 굵은 목소리로" 말하는 장면이다. 친구 강권으로 어쩔 수 없이 오토바이를 탔다가 사고 난 것이라며, "너무 미안해. 엄마."라고 말하는 그녀 앞에서 작은엄마와 아빠는 물론이고 모든 사람이 운다. 끝으로 '나'에게 다가와 "누나, 나 이제 갈게." 인사를 건넸을 때, '나' 역시 울음이 터진다.

이로써 그동안 '떠나가는 사람을 위해서 하는 어떤 행동도 죽은 이와 소통이라는 생각'이 없던 '나'는 변화한다. 서술자이면서 엄마와 다른 캐릭터를 표상했던 '나'는 "애들이 잘못될까" "전전긍긍"하면서 "빌고 또 빌"던 엄마와 달리, 굿의 장면이 "생경하기만" 했던 자이다. 이제 엄마의 비통함에 한층 가까워짐으로써, 죽음과 굿의 의미를 객관적으로 파악해 왔던 것에서 벗어난다. "무엇이든 해야만" 견딜 수 있고 '뒤늦은 후회'와 기도 외에 할 수 있는 것이 없는 인간의 무력함과 연약함에 공감하는 것이다.

그리하여 "아주 깊게 소리 내어 울었다."는 마지막 문장은 "우두커니 서" 있던 관찰자가 공감자로 변화하는 지점을 감동적으로 보여준다.

어떤 연

강길수

"어! 이게 뭐야?" 나도, 아내도 깜짝 놀랐다. 화장실 세면대 안에 새끼손가락보다 작은 생물 하나가 붙어 느릿느릿 움직이고 있는 게 아닌가. 오륙 년 전, 늦가을 어느 날 저녁의 일이다. 첫 순간은 얼핏 지렁이가 연상되기도 하였다. 나는 불문곡직하고 종이에 그것을 싸 들고 뒤란 작은 텃밭에 방생했다. 그곳은 단풍 든 취나물, 부추, 상추 같은 먹거리들이 아직 있었기 때문이다. 한낱 미물을, 이 정도 배려해 주는 것만도 잘하는 일이라 여겼다. 이 생명체와 우리의 연은 이렇게 시작되었다.

그 후 두세 해 더 보였는데, 그때마다 같은 방법으로 처리했다. 방생 횟수가 늘어나는 동안, 밤이면 싸늘해질 날씨가 마음에 걸렸다. 도시 한가운데이니 뾰족한 수가 있을 리 없었다. 애완용으로 키우는 이들도 있다지만, 언감생심 그런 생각은 안 했다. 결국, '이것도 네가 엉뚱한 곳에 살러 들어와서 자초한 운명이야'라고 속말로 책임을 전가하곤 했었다.

이태가 아무 일 없이 지나갔다. 그 사실도 까마득히 잊었다. 잊는다는 건 다른 만남일까. 지난 늦가을 느닷없이 녀석이 다시 나타났다. 오랜만의 재회다. 옛 학습효과 때문인지 이질감이 별로 들지 않았다. 밤엔 기온이 영하로 내려갈 텐데, 전처럼 방생을 구실삼아 버린다면, 한 삶이 나 때문에 명을 단축할 것이 분명했다. 어찌해야 하나, 걱정이 속 갈등으로 변했다.

아내에게 '우리 품에 온 생명이니 이번은 그냥 두고 보자'라고 말했다. 마음 모질지 못한 그녀는 동의해 주었다. 처음엔 밤에 거의 나왔으나, 시간이 갈수록 밤낮없이 나타났다가 사라지곤 하였다. 처음 활동무대는 세면대였다. 물목 구멍에서 나와서 돌아다니거나 먹이활동을 하다가, 다시 그곳으로 돌아갔다. 세면대 구조상 그 속은 배수관과 이어진 깜깜한 작은 공간이다.

배수관 중간에 트랩이 있다. 손을 씻거나 세면하고 양치질할 때의 오물들이 들어가 일부가 걸리고, 나머지는 흘러나가는 구조다. 녀석이 트랩을 생존의 터전으로 삼은 건 확실해 보였다. 사람이 조사, 연구한 생존 정보는 일단 찾지 않기로 했다. 어린 시절 산골에서 자연을 느끼고 즐기던 방식을 다시 맛보고 싶어서였다. 자주 만나 함께 하다 보면, 어떤 교감이라도 나눌 수 있을 테니까.

맞아. 이제야 이 연체동물이 살아내는 방법이 이해되었다. 유기물 먹거리가 있는 유일한 곳이 배수관 오물 트랩이므로. 우리 가족이 씻고 뱉은 때, 침, 가래, 잇새에 끼었던 음식물 조각 같은 것들을 비누나 세제, 치약이 묻은 상태로 먹으며 살아내는 생명이다.

때로는 배가 고팠는지, 세면대 위 비누통 밑에 흘러내린 비눗물을 먹는 광경도 보았다. 다행히 중성 비누여서 망정이지 산성이나 알칼리성 비누였다면 어찌 되었을까. 그 광경을 보는 마음이 짠했다. 이렇게 겨울이 가는 동안, 녀석은 벽타일 사이 줄눈을 따라 기어가며 먹이활동을 하는 것같이 보인 적도 여러 번이다. 먼지를 먹어 무기물이라도 섭취했을까.

그뿐이 아니다. 시간이 갈수록 사람이 있거나 없거나 행동에 제약받지 않는 것 같았다. 거울에 기어오르며 화장하는 듯도 보였고, 바닥 사방을 다니는 모습은 군 당직 사관의 내무사열 같기도 했다. 어떨 땐 바닥과 벽이 자기 산책로거나, 관광지로 보는 것 같았다. 이때쯤 내 느낌은, 녀석이 우리와 보이지 않는 생체 파동으로 교감을 나눈다 싶기도 했다. 우리가 결코 자신을 해치지 않을 믿음이라도 얻었던 걸까.

어느 날, 녀석은 친구를 데리고 나타났다. '많이 데려오면 어쩌나' 하고 덜컥 겁이 나기도 했지만, 나는 담담히 지켜보았다. 친구는 녀석보다 조금 작았다. 주로 혼자 활동했지만, 어떨 때는 둘이 같이 나와서 서로 만나는 것도 보았다. 애석하게도 친구는 한 달 정도 후엔 나타나지 않았다. 세상을 떠난 건지, 먹거리가 없는 곳이 싫어 떠났는지 아니면, 서로 다투다 헤어졌는지 모르겠다.

더 놀라운 일이 늦봄에 일어났다. 반년을 함께 살았던 녀석이 안 보여 궁금한 지 열흘 정도 지난 아침이었다. 볼일을 보며 책을 읽고 있는데, 오른편 벽타일 사이 줄에 뭔가가 움직이는 것 같은 느낌이 들었다. 자세히 쳐다보니 갓 깨어난 녀석의 새끼였다. '신생 민달팽이'는 난생처음이다. 어릴 때 냇가에서 놀며 보았던 송사리 새끼가 타일에 붙었나 싶기도 했다. 갓 태어난 생명은 뭐든 귀하듯, 어버이를 볼 때와는 차원 다른 마음이 들었다.

제대로 알고 싶어서 비로소, 웹에서 '민달팽이'를 검색해 보았다. 특징적인 것은, 자웅동체이며 야행성이고, 습한 곳에 살며 아가미 대신 폐로 호흡하고, 초여름에 산란한다. 약 한 해 동안 다 성숙하며, 이듬해 알을 낳고 죽는다. 그러니 고작 만 한 해 정도 사는 생물이었다. 지구촌 모든 생명은 번식 후 사망한다. 생존 기간만 다를 뿐이다. 하지만, 알을 낳고 바로 죽는 민달팽이라니, 살신성인하는 생명체였다. 녀석은 서럽고도, 거룩한 또 하나의 생태계 표본이었다.

우리 집에서 민달팽이 녀석들을 만난 것은, 21세기 들어 지구 생태환경의 급속한 변화와도 무관하지 않은 것 같다. 갈수록 더 가슴에 와닿는 지구촌 기후변화의 가속화 현상을 저 연체동물이 본능으로 알아챘을지도 모른다. 하여, 무엇에 쫓기듯 1층인 우리 집 화장실의 어떤 곳으로 들어와 겨울나기를 하며 번식을 꾀했을 게 아닌가. 만일 내가 마음을 바꾸지 않고 이번에도 예전처럼 방생했더라면, 녀석의 생은 당대에 끝나고 말았을 터다.

한 유튜브 방송에서 '인간이 사라진 지구'란 가상 시나리오 프로그램을 보았다. 요약하면, 지구에서 인간이 어느 날 갑자기 사라지면, 생태계는 인간 문명의 산물을 시나브로 원 자연으로 되돌리며 진화한다는 내용이었다. 세월이 흐르면 지구상에 인간이 만든 농장, 도시, 공장, 시설 등 모든 인조물이 허물어져 자연으로 되돌아간다. 지구는 다시 생물 다양성이 회복, 발전되며 균형을 유지하고 환경은 쾌적해질 것이다.

그렇다. 어떤 연으로 우리 집 세면기에 스스로 터 잡은 민달팽이는, 온갖 역경 속에 한 생을 살아내며 우리와 교감 나누고 또, 대를 잇고 갔다. 우리도 점증하는 기후변화 시대를, 저 연약한 연체동물 민달팽이와의 연을 거울삼아 꿋꿋이 살아내야 하리….

《수필미학》 2025년 봄호

강길수
2006년 《에세이21》 등단 kboni@daum.net

| 평설 | **자연의 시각으로 바라보는 자연** | 이 방 주 |

  서울대공원은 기린의 먹이통을 목 길이만큼 높은 곳에 설치했다고 한다. 동물행동 풍부화 프로그램의 일례이다. 기린의 습성을 이해하고 자연을 닮은 서식 환경을 조성해줌으로써 나태한 행동방식에 변화를 주자는 데 목적이 있다. 동물을 보호하고 사육하는 것이 아니라, 인간처럼 스스로 자연에 적응하도록 하는 생태주의 사고의 결과이다.

  <고스트 앤 다크니스>는 1996년에 개봉된 스티븐 홉킨스 감독의 공포 영화이다. 1898년 동아프리카 철도공사장에서 두 마리의 사자에 많은 사람들이 목숨을 잃었던 사건을 모티프로 한 작품이다. 사자들의 잔인한 야성이 문명인들에게 눈길을 끌었던 이유는 무엇일까. 시나브로 망가져 가는 생태계를 두고 '야성으로 돌아가라'는 가이아(Gaia)의 제시에 문명인들이 은연중에 귀를 기울이고 있는 것은 아니었을까. 이에 대하여 강길수는 「어떤 연」에서 "인간이 어느 날 갑자기 사라지면 생태계는 원자연으로 돌아가 다시 서서히 진화할 것"이라고 답한다.

  작가는 민달팽이를 만난 화장실 세면대를 하나의 생태계로 규정한다. 적어도 '세면대'라는 세계에서는 작가와 작가의 아내, 그리고 민달팽이는 동등한 생명체로 존재한다. 생명이란 관점에서는 인간이나 자연적 존재가 수평적으로 존재하는 것이다. 작가의 인식은 여기서 발전하여 달팽이는 물론이고 다른 사람, 다른 동물, 식물 등 모든 지구가 하나의 생명이고 하나의 유기체를 구성하는 요소라고 생각한다. 민

달팽이에 대한 자아의 감성을 제고시키고 이에 따라 생명을 인식하는 가치관의 변화를 가져온다. 어떤 면에서 낭만적 생태주의의 일면을 보인다.

작품에서 자아의 내면은 단계적으로 변화하여 행동화에 이르게 된다. 처음 달팽이를 만났을 때는 "불문곡직 텃밭에 방생"했다가, "싸늘해질 날씨가 마음에 걸렸다"고 했다가, 다시 만났을 때는 오랜만에 재회라 여기면서 "이질감이 별로 들지 않았다"라고 고백한다. 그리고 "우리 품에 온 생명"이라 여기기로 한다. 중요한 인식의 변화는 사람이 조사 연구한 정보를 찾지 않기로 한 것이다. 자연을 자연의 시각으로 살피고자 하는 것이다. 달팽이는 시간이 갈수록 사람을 의식하지 않는 것으로 보인다. 사람이 그를 달팽이로 인식하지 않은 결과이다. 교감(交感)이다. 달팽이는 친구를 데려오고 급기야 새끼까지 발견된다. 세면대라는 생태계에서 번식하여 대를 이은 것이다. 세면대는 온전한 생태 영역이 되었다.

고대 그리스인들이 대지의 여신으로 여기는 가이아는 지구를 은유하기도 한다. 생태학자들은 가이아를 하나의 유기체로 이해한다. 생태계의 일부가 망가지면 지구 전체가 무너진다는 생각이다. 작가는 세면대를 하나의 작은 가이아로 여겨서 달팽이가 꿋꿋이 살아내며 대를 잇는 과정을 해를 넘기면서 관찰한다. 이 관찰 서사를 모티프로 낭만적 생태주의 인식을 담아냈다. 이 작품은 수필의 주제와 소재 영역을 확장했다는 데 큰 의미가 있다.

막걸리 한 잔

박지니

    사람들의 잔이 술로 채워진다. 누군가 농담이라도 던졌는지 한쪽에서 웃음소리가 들려온다. 다른 한쪽에서는 맨정신으로 하지 않을 이야기를 술기운을 빌려 옆 사람과 나눈다. 기다란 테이블에 둘러앉은 사람들이 몇몇씩 무리 지어 이야기를 나누니 금세 왁자지껄해진다. 나는 술잔 대신 물병을 앞에 두고 맞은편 사람의 이야기에 귀를 기울인다.

    예전에 술병으로 고생한 뒤로 술자리를 피했다. 어쩌다가 참석할 때 분위기를 맞춘답시고 첫 잔의 한두 모금만 마신 후 나머지는 쓰레기통에 덜어냈다. 그러다가 잔이 비면 생수로 채우곤 했는데, 두어 해 전부턴 꼼수도 부리지 않는다. 그날 회식에서 옆에 앉은 동료가 잔에 술이 남아 있으면 남아 있다며 잔을 비우게 했고, 잔이 비면 비었다고 잔을 채웠다. 싫어요, 안 마실래요. 분위기를 깰까 봐 한마디를 못 해서 다 받아 마셨다. 집에 오는 내내 움직일 때마다 머릿속은 쿵쿵댔고 온몸에 밴 술 냄새에 메슥거렸다. 집에 도착했지만 집 안에 들어갈 수 없었다. 집 안이 훤한 것이 어머니가 아직 깨어 있는 듯해서였다. 냄새라도 없애볼까 싶어 한참을 대문 앞에 서 있는데 불 켜진 창 아래 시들어가는 꽃나무가 눈에 들어왔다.

"오늘 기분 어때?"

아버지는 이따금 그리 물었다. 난 뭐라고 대답해야 할지 몰라 "예."라고만 했다. 어머니는 시험 잘 봤냐, 발표 잘했냐, 소개팅 상대는 어땠냐 등 맥락이 분명한 일에 구체적으로 물어봤기에, "그냥 그랬어요."로도 충분했다. 아버지는 어떤 대답을 듣고 싶었던 걸까? 나는 뭐라고 답해야 했을까?

아버지는 술을 즐겼다. 젊은 시절엔 양주를 하다가 환갑 즈음에 수술을 받은 후로는 맥주를 마셨다. 술을 줄이라는 의사의 권고에도 식사 때마다 와인 한 잔을 꼭 곁들였다. 단골식당 카운터에 친구와 나란히 앉아서 술 한 잔 따라놓고 주방장이 내주는 음식을 먹는 걸 좋아했다. "집밥은 맛없어." 집에서 먹는 게 건강하지, 왜 그런 데 돈을 쓰냐. 어머니가 못마땅한 기색을 비칠 때마다 아버지는 불평을 내뱉었다. 아버지가 외식하는 만큼 과음도 잦으니 아버지 건강이 안 좋아진 건 친구 탓이요 외식 탓이라고, 어머니는 여겼는지 모른다. 술을 전혀 못 하는 어머니로선 허구한 날 술을 마시는 아버지를 이해할 수 없었을 것이다.

가족끼리 식사를 할 때면 아버지는 내게, 요즘은 여자도 와인 한 잔쯤은 할 줄 알아야 한다며 잔을 권하곤 했다. 나는 싫다고만 했다. "인생이 쓰면 술이 달다"고 혼잣말처럼 읊조리는 말이 '내 인생은 한없이 편하다'는 말로 들려서 입만 비죽일 뿐 대꾸하지 않았다. 마시지 않고 그러는 척만 했어도 아버지는 알고도 모른 체했을 텐데. 회식이나 친구들 모임에서는 한두 모금씩 마시면서 아버지가 권하는 잔은 왜 받으려고도 안 했는지…. "여자애가 함부로 술 따르는 거 아니다." 매번 같이 마시자던 아버지가 나에게 술을 따르라고 한 적은 없다.

나에게 아버지는 투명한 사람이었다. 아버지의 모든 말과 행동을 이해하는 건 아니어도 앞뒤 사정은 가늠할 수 있었다. 어쩌다 내게 화를 낸 후에는 금세 필요한 건 없냐, 가고 싶은 데는 없냐며 말을 걸어왔다. 그 모습이 잘못을 저지르고 눈치 보는 어린아이 같아서 보기 싫었다. 그런 아버지의 딸인 나 역시 어린아이와 다름없었기에 내 잘못을 인정하려 들지 않았다. 건강이 악화되면서 아버지의 와인 한 잔은 막걸리 반 사발이 되었고 마지막 몇 달 동안은 술을 금해야 했다. 건강했을 때도 정종은 맛없다던 아버지. 제사상에 막걸리 한 잔은 어떠세요? 물으면 아버지는 뭐라고 할까?

왁자그르르한 속에서 어떤 이가 목청을 높여 노래를 부르기 시작하니 한 테이블에서 끼리끼리 대화를 나누던 사람들이 말을 멈추고 같이 흥얼거린다. 흥에 겨운 누군가 자리에서 일어나 장단에 맞춰 몸을 흔들어 대니 옆 사람도 따라 일어나 춤을 춘다. 각자 앉은 채로 고갯짓으로, 손짓으로 박자를 맞춰가며 한목소리로 부르는 노랫소리가 흥겹다. 나도 같이 취한다. 술 한잔 걸친 날에는 뽕짝을 즐겨 부르던 아버지에게 우리 집은 너무 조용했는지도 모르겠다. 아들들은 결혼해서 제 가족만 챙기고 하나 있는 딸내미는 이 모양이니, 울 아버지 외로웠겠네.

"기분 어때?"

생전에는 괜히 할 말 없으니 꺼내는 말이라고만 여겼다. 인생 별거냐, 건강할 때 놀아라, 젊을 때 즐겨라. 아버지가 그리 말할 때마다 내 인생 대신 살아줄 것도 아니면서 무책임하다고 생각했다. 세상살이 마음먹기에 따른 것이니 즐겁게 살려무나. 아버지는 그저 내가 웃는 걸 보고 싶었는지도 모른다. 아버지가 떠난 후로 해 바뀔 때마다 물어보고 싶은 게 많아진다. 물어볼 수 없기에 점점 아버지는 모를 사람이 되어간다.

행복하니? 오가는 술잔들을 보니 아버지가 내게 묻는 듯하다.

술을 삼킬 때는 목이 아프고 마시고 나면 속이 쓰리다.

술을 보면 비뚤게 굴던 그때가 생각나 화가 난다.

그 기억조차 희미해질까 봐 나는 술잔을 비울 수가 없다.

《한국산문》 2025년 4월호

박지니
2022년 《한국산문》 등단 arie751522@gmail.com

| 평설 | **반추하는 술의 모멘텀** | 유 종 인 |

근년에 압생트(absente)라는 녹색 빛이 도는 양주를 몇 잔 마신 적이 있다. 압생트에 관련해 회자되는 호사가들 얘기는 양주를 별로 반기지 않는 내게도 호기심을 자극했다. 환각 성분과 오이와 바질, 라임의 맛이 감돈다고는 하나 내겐 그저 전작이 많던 차에 정신을 꺼뜨리지 않고 먹는 게 먼저였다. 예전의 압생트와 인기와 명성이 가미된 작금의 압생트는 꽤나 다를지도 모른다. 맥락을 유지한 채 술의 본령을 지킨다는 측면에서 세월은 여전히 술과 함께 풍미를 도모하는지도 모른다. 비단 술만이 그러하랴.

박지니의 「막걸리 한 잔」은 압생트 같은 독주에 얽힌 내력이 아닌 애주가 아버지와 비애주가인 딸의 만남을 주선한다. 그 만남은 시간의 일치와 시간의 불일치마저 술을 매개로 하나로 아우른다. 술자리는 아무려나 딴전을 피워도 좋은 판에 실상은 삶을 곡진하게 응시하는 뒤끝을 남기기도 한다. 돌아보면 숙취만 남기고 술은 다 어디로 갔을까.

박지니에게 아버지는 물음법을 선사했다. "오늘 기분이 어때?" 이는 일견 범박한 듯하지만, 누구에게든 '네 실존은 어떻게 꾸려져 잘 굴러가고 있느냐.' 에둘러 묻는 것만 같다. 단순한 물음에서부터 웅숭깊은 성찰의 화두까지 견인해준 아버지의 애주가 지닌 소박한 풍류 때문인지도 모른다.

그런데 화자에게 아버지는, 정확히는 아버지가 술을 대하는 모습은 생전엔 잘 모르거나 이해하기 어려운 듯 생각의 되새김을 낳는다. 그 선량한 무지와 소박한 몰이해는 어쩌면 당연하다. 왜냐면 이건 주식이 아닌 기호(嗜好)의 영역이고 취향의 아우라이기 때문이다. 그런데 이해하고 좋아하라고 할 수 없고 이것에 깊이와 취향을 새삼 가져보라고 강요할 수 없다. 다만 그럼에도 불구하고 불가피하게 접하는 음주는 부지불식간에 아버지의 존재를 환기시킨다. 우리가 아무리 술이 가진 바쿠스, 즉 디오니소스적 황홀경과 시인 김수영이 말한 '도취(陶醉)의 피안(彼岸)'을 말해도 술은 양면을 넘어 다면체의 활성을 가진다. 그 한 측면이 광기의 마성 같은 파괴적인 심성이다. 화자의 아버지는 생의 여러 주기마다 술의 종류가 바뀌었다. 자기의 몸과 마음에 맞게 술을 마시고 다스렸다는 것이니 이는 화락(和樂)의 정신에 근거한다. 그 소박하지만 화락하는 속종은 술이 주는 여러 부정성을 생의 끝날까지 여투고 다스리고 아꼈다는 분위기로 개진된다.

 화자의 어머니가 남편의 음주에 대해 지청구를 늘어놓고 화자마저 마뜩하지 않게 여긴 부분이 있어도 아버지의 술이 못내 그리운 것은 또 다른 차원의 심정이다. 그 아버지의 술이 지닌 은근한 정취와 관대함과 삶의 긍정이라는 마음 바탕에 도래샘을 대고 있다. 이 같은 속종은 메두사 같은 파괴적인 심성을 억누르고 관대히 다스린다. 좋은 것에 다 좋은 것이 없고 싫은 것에 다 싫은 것이 없으니, 사람이나 사물이나 별반 차이가 없다. 술을 별로 좋아하지 않는 화자가 술을 아끼고 사랑한 아버지를 생각함은 술도 술이지만 술을 대하는 온건한 자세에 있다. 이것이 생활 풍류에 마춤하다. 술을 아무리 잘 먹고 술이 세다

해도 혼군(昏君)을 현시하며 세상에 없는 계엄이라는 희대의 안주를 스스로 버무려낸 작자에겐 술은 여전히 저열한 광기일 따름이다.

아버지의 소박한 음주 속엔 푸근한 인간미와 행복에 대한 달관의 미소가 여여하다. 그러니 박지니는 당신이 돌아가신 뒤에도 여전히 아버지와 대작하고 마음의 술을 대 먹고 있지 않은가.

꽉

임승주

동생이 울며 들어왔다.

키는 큰데 어쩐지 심약한 내 동생은 번번이 모든 딱지를 잃고 울며 들어왔다. 그런 동생에게 딱지 열 장 정도를 용돈 주듯이 건네면 울음은 금방 그쳤다. 이 신통한 약을 봐라. 난 그래서 더욱 딱지 수집에 몰입했을 것이다. 모르긴 몰라도 세상의 많은 것을 치유할 수 있는 만병통치약, 딱지였다.

한번은, 얼굴과 몸통, 다리에 솜을 넣은 하얀색 사람 인형을 엄마가 만들어주었다. 머리에는 몇 가닥 머리털 역할을 하는 털실이 나 있고 눈코입을 볼펜으로 그려 넣은 그것은 내 취향이 아니었던지, 반나절 갖고 다니다가 어디론가 던져버리고 잊었다. 나는 딱지와 구슬에 열중해 있었다. 지름 약 4센티미터의 동그란 딱지는 만화 그림이 중심에 있고 가장자리를 따라 작은 별이 그려져 있었다. 한 개 있는 것부터 여러 개 있는 것까지 서로 다른 개수의 별이 그려져 있었다. 뒷면은 섞고 접을 때 앞면의 모양을 알 수 없도록 서양 카드처럼 빽빽하게 체크무늬가 있었다.

빨간 내복이 담겨 왔던 빈 상자는 내 소중한 보물을 보관할 수 있는 금고 같은 것이었다. 우리는 그 상자를 '꽉'이라 불렀다. 꽉이지만 '꽉'이라고 발음했다. 거기에 딱지 백 장 정도를 세워 쌓으면 높이가 딱 맞았다. 나는 가끔 '내 꽉 건드리지 마!'라며 엄포를 놔야 했다. 늘 부러움과 존경심의 눈빛으로 날 바라보던 동생이 내 꽉을 탐낼 수도 있고, 이쪽 세계에 대해서 모르는 엄마는 내 꽉을 쓰레기 취급할 수 있기 때문이었다. 손대면 죽는다는 으름장은 먹혔다.

시간이 나는 대로 양쪽 주머니에 딱지 각 백 장씩 넣고 동네로 나갔다. 나가면 어김없이 애들이 몰려있었다. 숨바꼭질 같은 것을 할 때도 있었지만, 역시 딱지와 구슬이 대세였다. 딱지놀이에는 우선 '치기'가 있다. 테이블 위에서 엄지와 중지를 모았다가 중지를 튕기며 누워있는 딱지로 상대방 딱지를 테이블 바깥으로 밀어내는 치기가 있고, 딱지를 세워서 누워 있는 상대방 딱지를 직접 쳐서 뒤집는 치기가 있다. 그리고 '접기'다. 딱지를 잘 섞은 다음, 앞면이 안 보이도록 고사리 양손에 각각 야무지게 오므려 내민다. 그 양손 중에 별이 많은 쪽을 선택하면, 걸은 딱지 개수만큼 먹는 거고 적은 쪽이면 먹히는 거다. 나는 왠지 재수가 좋았다.

그쪽 세계로 뛰어든 지 얼마 되지 않아 나는 그 세계의 여왕벌이 되어 있었다. 머리 하나는 더 달린 내 키 때문이었기도 했고 결정적인 것은 갖고 있는 딱지의 양 때문이었다. 간혹 내게 낡은 중고 딱지를 사려는 아이들이 찾아오곤 했다. 당시 새 딱지는 A4보다 조금 더 큰 마분지에 대략 삼십 장 정도 붙어 있었는데, 같은 돈으로 나는 백 장 넘게 낡은 딱지를 내주곤 했다. 그렇게 돈이 생기면 구멍가게로 가서 약한 단맛이 도는 식용 고무줄, 쫀드기와 라면처럼 곱슬곱슬한 과자, 라면땅을 사 먹곤 했다.

그런 딱지와의 사랑은 국민학교를 졸업하며 동네를 벗어난 후 잊혔다. 이후 세상에 나와 더 훌륭한 사람을 만나고 더 세련된 것을 보게 되고 맛있는 것도 원하는 대로 사 먹을 수 있어서 어릴 적보다 나는 더 행복해졌다, 면 좋았겠지만 그렇지 못했다. 세상은 잘난 사람이 넘쳐나고 그만큼 경쟁이 치열한 곳이었다. 더욱이 꽉을 절로 채워줄 행운 같은 것은 사라지고 없었다. 세상이 그렇게 나올수록 나는 꽉을 더 세게 꽉 쥐었으나 쥐면 쥘수록 구겨져 갔고 공간은 줄어들었다.

어릴 적 그것과는 달리 어른의 꽉에서는 땀과 피 냄새가 난다. 그것이 열정이든 욕망이든 벌판 위 외로운 싸움은 누구에게나 고된 일인 거 같다. 가끔 행복은 어디에 있는 거냐고 묻지만 어디서도 찾기 쉽지는 않다. 바람이 불고 그 바람 한 줄기에 불안이 묻어왔다.

동생이 고개를 숙이고 들어왔다. 자주.

지적학과를 나와 한국국토정보공사의 전신인 대한지적공사를 다녔다. 우리 국토를 날다람쥐처럼 뛰어 돌아다니며 강산의 맛집을 두루 맛볼 기회를 몇 년 지나지 않아 스스로 저버렸다. 토지와 토지 사이의 첨예한 경계를 긋는 일, 현실은 작업화를 신고서 거친 나무를 헤치며 산을 타고 밭을 건너다녀야 하는 일이라며 적성에 맞지 않는다고 했다. 이후 매번 출발선에 다시 서는 일이 시작되었다. 예상치 못했고 두려운 거였겠지만 그것도 그럭저럭 시간이 흐르고 그렇게 삶이 되었다.

산을 오르는 데는 저마다 목표지점과 체력과 감상 취향이 다르다. 정상에 오르는 사람이 있지만, 아예 정상을 염두에 두지 않고 산의 중턱쯤에서 산소를 마시는 것만으로도 만족하거나 둘레길만 걷다가 산 초입 가게에 앉아 탁주 한잔하며 평상에 누워 늘어지게 낮잠을 청하는 사람도 있다. 오르다 보면 무릎도 닳고 자칫 넘어져 힘들더라도 정상에서 내려다본 경험은 희열이 아닐 수 없을 것 같다. 그럼에도 아래서 산을 오랫동안 올려다본 경험 또한 좋은 거 아닐까. 내려다보았다면 낮은 산과 마을이 보이는 거고, 올려다보았다면 하늘과 높은 산이 보이는 거 아니겠는가. 시각의 차이로 다른 걸 발견할 수 있지 않을까. 산 아래서 느긋하게 하늘을 안주 삼아 탁주 마시고 둘레길을 돌았던 동생이 산 위의 전망을 보지 못했다 한들 어떠하랴. 뭔가 다른 걸 봤을 테니 말이다.

젊은 날 정상에 대한 나의 집착은 어릴 적 '꽉'을 잡은 손만큼이나 강렬했다. 그러고도 정상까지 오르기란 열정만큼이나 체력이 소모되는 일이었고 적극적으로 성취하기에는 허약한 존재라는 걸 깨닫는 과정이었다. 뭐 그렇게까지 오르려 했나 하는 생각에 잠기기도 한다. 잃어버린 것 또한 크기 때문이다. 오르는 동안 즐거움보다는 성급한 마음에 지쳐갔고 사는 모양새가 여유와 너그러움이 없었다. 지면 큰일 나는 줄 알았던 나보다 동생은 많은 걸 양보할 줄 아는 넓은 마음으로 살아온 걸 보면.

동생의 이마는 끊임없이 기어올라 어느덧 태양과 가장 가까운 자리에 앉았다. 철삿줄 같았던 내 머리털도 빗질 몇 번이면 제압되는 그런 날이 왔다. 올 게 오고야 말은 건데, 어쩐지 반갑지 않고 낯설다. 연년생인 우리 남매가 사자처럼 으르렁거리며 싸우던 사춘기를 훌쩍 넘어 서로 갱년(更年)을 이야기하는 나이가 되었다. 여기서 갱(更)은 "다시, 바뀌다, 새로워지다, 고치다"의 뜻이어서인지, '꽉'을 움켜쥐었던 손아귀의 긴장이 풀린다.

일생 곁에 딱 붙어 있던 꽉에서 나는 이제 좀 거리를 둘 줄 알게 되었다. 세상 밖에서 말고 내 안에서도 채울 수 있음도 알게 되었다. 이렇게 '꽉'은 다른 의미가 되어간다. 그렇게 가지려고, 더 가지려고 애쓰던 내 사랑 '꽉'은 어쩌면 생에 대한 애착이었고 삶을 지탱할 기둥이었는지 모른다. 그것은 무척이나 달콤하고 유쾌한 것이기도 했다. 그래선가. 갱년 앞에 호승심(好勝心)은 무릎 꿇었지만 생을 짓는 마지막까지 '꽉'을 놓아주지는 못할 거 같은, 어찌지 못할 거 같은 예감이 든다.《인간과문학》 2024년 겨울호

●

임승주
2024년《인간과문학》등단 archiway@naver.com

| 평설 | **얼어붙은 바다를 깨는 여정** | 한 혜 경 |

삶이란 무엇일까? 어떻게 살아야 잘 사는 것일까?

좋은 문학은 이 질문을 토대로 구축된 건축물이다. 이 물음은 독자의 마음에 파동을 일으키다가 내면 깊숙한 곳에 똬리를 튼다. 그리고 때때로 솟아올라, 카프카의 표현을 빌면 우리 안의 얼어붙은 바다를 깬다.

임승주의 「꽉」은 인생을 상자와 산 오르기에 비유하여, 소유에 대한 집착과 이른바 '정상(頂上)'에 대한 사유를 풀어낸 글이다. 상자를 축으로 한 이야기에서는 집착에 거리두기까지의 도정을, 산의 이야기에서는 정상에 오르지 않는 삶을 보여줌으로써, 다양한 삶의 방식을 성찰하게 한다.

어린 시절, 인형 놀이보다 딱지치기를 좋아해 '여왕벌'로 군림했던 작가와 달리, "어쩐지 심약한" 동생은 번번이 딱지를 잃고 울며 돌아왔다. 그런 동생에게 딱지를 주면 울음을 그쳤으므로, 어린 마음에 딱지는 '만병통치약'이자 '보물'이었다. 내복이 담겼던 빈 상자에 딱지를 가득 채우면, 이 무용했던 '곽'은 보물을 보관한 '금고'인 '꽉'으로 격상한다. 동시에 '꽉'은 힘주어 움켜잡는 태도와 꽉꽉 채우려는 욕구를 상징한다.

그때는 "왠지 재수가 좋"아 쉽게 딱지로 채웠지만, 어른이 되어 꽉을 채우기는 쉽지 않다. "세상은 잘난 사람이 넘쳐나고 그만큼 경쟁이

치열한 곳"이므로. 그리고 "꽉을 절로 채워줄 행운 같은 것"은 없었고, 꽉을 "쥐면 쥘수록 구겨져 갔고 공간은 줄어들었"으므로.

어른의 꽉에서는 '땀과 피 냄새'가 나며, 삶이란 '벌판 위 외로운 싸움'임을 알게 된 뒤, 나아갈 길은 어디일까? 바람이 불고 불안이 묻은 시간을 지나며 자신이 '허약한 존재'임을 깨닫기까지 넘어야 할 산은 얼마나 많을까?

적성에 맞지 않던 첫 직장을 그만둔 후 매번 출발선에 다시 서는 중인 동생을 보며, 작가는 정상에 오르는 대신, 산 아래에서 느긋하게 둘레길을 돌며 살아가는 삶도 있음을 터득한다. 산 정상에 올라 아래를 내려다보는 희열만큼 산 아래서 올려다본 경험도 의미가 있으며, 사람마다 "목표지점과 체력과 감상 취향이 다르다"는 점을 인식하기에 이른다.

이제 갱년을 이야기하는 나이에 이르러 작가는 그동안 보지 못하던 것을 본다. '여유와 너그러움'이 깃들지 못했던 연유를 파악한다. 이제 꽉에서 거리를 둘 수 있고 꽉을 채우는 것은 세상의 것만이 아니라 "내 안에서도 채울 수 있음"을 알게 되었다는 고백에서, 독자 역시 자신의 삶을 돌아보게 된다.

그리하여 꽉은 더 이상 욕망과 집착의 상징이 아니다. 거리를 두고 바라보니, 꽉은 '생에 대한 애착'이며 '삶을 지탱할 기둥'이었고 그래서 '달콤하고 유쾌한 것'이기도 했음이 보인다. 이처럼 꽉의 양면을 헤아리게 되었으니, 꽉을 놓지 않는다고 해서 무슨 상관이겠는가. 이미 자유로운데….

편집 후기

비평의 언어는 글의 얼개를 파악하고 맥락을 설명하는 예리함과 작가의 의도를 헤아리는 섬세함, 그 너머를 볼 수 있는 혜안과 표현의 묘미를 감지하는 미감(美感)으로 이루어진다. 지난 1년 반 동안 좋은 수필을 고르고 평을 쓰는 일은 작가의 시선을 가로지르며 그 너머를 향하던 시간이었다. 힘들었어도 행복했다.

— **한혜경** 평론가

10종이 넘는 수필 전문 잡지를 샅샅이 읽으며 '좋은 수필'을 찾느라 밤이 새는 줄을 몰랐다. 좋은 수필이란 무엇일까. 서사가 감동적이어야 하고, 거기에 서정으로 옷을 입혀야 한다. 좋은 작품에 표지(標識)를 하고 두 번 세 번 더 읽고 원하던 좋은 수필을 찾았을 때의 희열로 단숨에 평론을 쓰기도 했다. — **이방주** 평론가

무더위 끝에 대기의 기류가 조금씩 바뀌는 걸 느낀다. 자연의 흐름은 내 기대치보다 느리고 답답할 때도 있지만 변화 자체를 거부하지는 않는다. 새벽에 부엌에 나가보니 여름벌레가 귀뚜라미로 바뀌어 있다. 반갑다. — **유종인** 평론가

때로 나는 보물찾기를 하고 있다는 느낌이 들 때가 있다. 선험적으로 이런 글이 좋은 수필이야, 라는 확신이 있기라도 한 사람처럼. 그러나 나의 주관적 감상과 박제된 믿음을 벗어나는 '푼크툼(punctum)'으로서의 글이 발견될 때의 기쁨은 크다. 비평은 이러한 발견의 순간에 낯선 손님으로 찾아온다. 그를 환대하는 것이 나의 몫이다. —**신상조** 평론가

수필은 고급문학으로서 당대인들의 예술 철학적 욕구를 반영할 수 있는 방안을 찾아야 할 것이다. 옥석을 가리는 이 책의 발간은 작가뿐만 아니라 독자를 위해서도 바람직한 일이다. 독자에게 양질의 작품을 쉽게 접할 수 있는 차원에서도 의의가 크다고 하겠다. —**권대근** 평론가

한 사람을 만나 이야기를 나누는 것은 그의 삶을 껴안는 일이다. 비평도 그렇다. 비평은 다른 이의 이야기를 읽고, 그것을 껴안아 이해하고 해석해 독자에게 건네주는 일이다. 그동안 좋은 수필을 찾아 '나'의 눈으로 평문을 쓸 수 있었던 것은 의미 있는 일이었다. —**나윤옥** 평론가